3 Kinder,
2 Beine,
1 Gold

Sebastian „Fleggo" Windt

3 Kinder,
2 Beine,
1 Gold

Sebastian „Fleggo" Windt

Impressum

*Bibliografische Information der Deutschen Nationalbibliothek:
Die Deutsche Nationalbibliothek verzeichnet diese Publikation
in der Deutschen Nationalbibliografie; detaillierte
bibliografische Daten sind im Internet
über dnb.dnb.de abrufbar.*

© 2021 Sebastian „Fleggo" Windt
https://likethewindt.de

Herstellung und Verlag: BoD – Books on Demand, Norderstedt

ISBN: 978-3-7543-0707-6

Für Chrissy, K1, K2 und K3
Ihr seid die Besten! :)

Vorwort

Hallo Welt!

Schön, dass du dieses Buch in die Finger bekommen hast! :)

Als allererstes möchte ich kurz abreißen, was das hier eigentlich wird. Oder werden soll... Nämlich: Ein Ritt durch meine wilden sportlichen Erlebnisse! Wie ich mit Anfang 30 als Familienvater mit Vollzeitjob mehr oder weniger aus dem „Nichts" mit dem Laufen angefangen habe, dann nach ein paar Jahren mit einer komplett neuen Sportart - dem LaserRun - begann und dadurch wiederum zu einer Deutschen-, Europa- und Weltmeisterschaft innerhalb weniger Wochen gekommen bin! Also... als aktiver Teilnehmer, nicht nur als Zuschauer. Los geht's aber damit, wie ich überhaupt zu dem „Nichts" kam, bevor sich alles überschlug.

Ich habe lange mit mir gerungen, ob ich das versuchen will. Ein Großteil steht einerseits ja schon in meinem Blog https://www.likethewindt.de, andererseits frage ich mich wirklich, ob das überhaupt jemanden interessiert... aber irgendwie hat mich der beiläufig in einem Artikel aufgeworfene Gedanke das Ganze als Buch zu bündeln dann doch nicht los gelassen. Und mal ehrlich - es wurden schon aus schlechteren Plots Bücher geschrieben. Und bei Disney oder Netflix verfilmt. Die Filmrechte sind übrigens noch zu haben! ;)

Die Grundidee war das Alles frei von der Seele einzusprechen und „nur mal eben kurz" via Spracherkennung ausgeben zu lassen, etwas umzuformulieren - dazu hier und da den jeweils passenden Blogartikel einzufügen und schwupp - fertig.

Nachdem ich bereits dieses Vorwort zum gefühlt 17. Mal anpasse: Nein, das klappt (für mich) so nicht. Das Vorgehen sieht jetzt so aus, dass ich die für die Geschichte anhand der passenden Blogartikel erzähle und dazwischen aus heutiger Sicht ergänze. Das führt dazu, dass Inhalte vielleicht teilweise doppelt auftauchen, sich manchmal vielleicht auch widersprechen, weil die Sicht von damals nicht mehr zur Sicht von Heute passt. Aber vielleicht sind die Unterschiede von meiner damaligen zur heutigen Ansicht sogar ganz interessant zu sehen - auch für mich! Ich lese die Blogartikel bevor ich die Dinge aus heutiger Sicht ergänze nicht nochmal durch, erst ganz am Ende gehe ich nochmal für die Rechtschreibkorrektur (hoffe das klappt) drüber und kürze vielleicht. Die Blogtexte erkennt man dann an der „Veröffentlich am ..." Zeile unter der Kapitelüberschrift (diese ist mit dem E-Book-Reader anklickbar und führt zum Blog) und dem QR-Code zum Blog-Artikel.

Ansonsten hoffe ich wie bereits geschrieben, dass das hier überhaupt irgendjemand liest und ich hoffe auch, dass das alles für dich auch halbwegs interessant wird. Ich hoffe, ich werde Spaß an der Umsetzung haben, auch wenn ich jetzt schon sehe, dass es viel mehr Aufwand sein wird als anfangs gedacht! Am Ende werde ich zehn mal drüber gelesen haben, aber es werden bestimmt zig Fehler drin sein. SorryNotSorry! Ich versuche zwar wie immer und überall - ich hoffe, das kommt auch im Buch heraus - mein Bestmöglichstes zu geben, aber es wird nicht immer klappen und es werden Fehler passieren. So ist das und so soll es auch sein und es ist irgendwo auch gut so.

Also: Ich werde mir Mühe geben, ich hoffe du hast Spaß damit, ich hoffe ich habe Spaß an der Umsetzung und vielleicht kannst du sogar was draus lernen? Zumindest versuche ich meine Learnings aus den Jahren mit einfließen zu lassen - das kann ja vielleicht hilfreich werden. Versprechen will ich das aber ausdrücklich nicht! :)

Vorwort 2

Natürlich habe ich gleich etwas vergessen und zwar: ich würde mich sehr über irgendeine Art von Feedback freuen!

Kontaktiert mich am Besten per E-Mail über: buch@likethewindt.de
... oder auf Social Media, wenn ihr mich da findet :)

Vielleicht hat am Ende ja irgendwer sogar Lust auf Laser-Run bekommen! Wenn ja, dann findest du hier alles für den Einstieg: https://www.laser-run-shop.de!

Und eins noch: es kommen einige Bilder vor. Um die Druckkosten nicht explodieren zu lassen habe ich mich für einen Schwarz/Weiß Druck entschieden. In ihrer vollen Farbpracht sind die Bilder im jeweils verlinkten Blogartikel zu sehen! (Und auch noch mehr Bilder als hier eingebunden!)

1: Die ersten 30 Jahre

J a, 30 Jahre!

Naja, wahrscheinlich auch nicht ganz, aber ich dachte mir: wo fängt man denn jetzt am Besten an? Am Ende bin ich da gelandet wo ein Anfang nun mal beginnt: ganz vorne.

Ich hatte eine fantastische Kindheit. Nein, ich hatte bisher ein fantastisches Leben. Ich hatte alles was man sich wünschen kann, mir standen alle Türen offen - ich musste mir eigentlich nur aussuchen, durch welche ich wann gehen will. Mein größtes Problem war irgendwann die fehlende Zeit, alles was ich machen wollte unter einen Hut zu bekommen und ich glaube, damit ist meine privilegierte Position in dieser Welt, der ich mir (glaube ich) mittlerweile recht gut bewusst bin, durchaus treffend beschrieben.

Die erste Erinnerung die ich habe, wenn ich an mich im Zusammenhang mit Sport denke - und vielleicht ist es sogar eine der ersten Erinnerungen an die ich mich so überhaupt erinnern kann, denn je weiter man gedanklich in die Vergangenheit reist, desto mehr vermischt sich alles irgendwie mit der eigenen Phantasie - ist die, dass ich im Kindergarten mit einem Tennisschläger in der Hand einen Ball gegen die Wand unter einer kleinen Überdachung im Garten spiele. Sofern mich mein Kopf nicht völlig veräppelt hatten wir da einen „Aktionstag", an dem alle Kinder von zu Hause was mitbringen konnten. Ob das jetzt auf Sport eingeschränkt war oder komplett frei weiß ich nicht mehr. Dass ich aber da mit vielleicht 5 Jahren im Tennisoutfit im Kindergarten war und einen Ball gegen die Wand gespielt habe, daran kann ich mich noch erinnern.

Das war zwar nicht im Kindergarten, aber der Eindruck stimmt ;)

Die logische Frage ist jetzt natürlich, wie man als 5 Jähriger dazu kommt mit einem Tennisschläger in den Kindergarten zu marschieren. So ein Schläger ist ja gefühlt genauso groß wie ein Kind mit 5 Jahren!

Damit wären wir bei meiner ersten „passiven" Erinnerung an den Sport angekommen. Wobei das vielleicht auch falsch ausgedrückt ist, denn eine wirkliche Erinnerung daran habe ich nicht, das ist mehr rekonstruiert, aber egal. Mein Papa hat seitdem ich denken kann Tennis gespielt und ziemlich sicher auch schon davor. Das bedeutete für mich, dass ich in meiner frühen Kindheit viel Zeit beim glorreichen SV Kammerstein verbracht habe. Nahezu meine komplette „erwachsene männliche Verwandtschaft" - also Papa und Onkel, an meine Opas habe ich quasi keine Erinnerung mehr, dafür sind sie zu früh gestorben - haben dort gespielt. Und damit haben sie zu dritt geschätzt rund ein Drittel der aktiven Tennisabteilung gestellt. Um mal die Größe des Vereins zu verdeutlichen 😉

Ich war dann also ziemlich oft mit zum Zusehen dabei und wenn die Erwachsenen fertig waren schlug die Zeit der Kids. Also die Zeit von zwei Kindern: meinem Cousin Matthias - er wird uns noch ein paar mal über den Weg laufen - und mir. Somit ist auch die komplette Jugendabteilung der Tennistruppe des SV Kammerstein in der Geschichte vorgestellt! Immer wenn die Großen die Plätze räumten und sich den vorhandenen Getränken widmeten schlug unsere Stunde. Matthias ist knapp zwei Jahre älter als ich und - vielleicht auch aus Mangel an Geschwistern - mein „Vorbild" die komplette Jugend hindurch. Vorbild ist vielleicht nicht das ganz passende Wort, vielleicht wäre „Bruderersatz" besser, aber das lässt sich als Einzelkind schwer einschätzen, da fehlt mir natürlicherweise die Erfahrung. Aber wie gesagt - er kommt noch des Öfteren vor und du wirst verstehen, wie das gemeint ist.

Es ging also gefühlt im Kindergartenalter los mit dem Sport. Und bereits hier wurden irgendwann die Grundlagen für mein späteres Sportlerleben gelegt, denn wenn wir spielten, spielten wir im Wettkampfmodus. Ja, klar, aufwärmen. Aber so schnell es ging kam von einem von uns die Frage über's Netz: „Zählen wir?" Und los ging's! Mir war es vollkommen egal, dass er in der Regel gewonnen hat. Ich weiß nicht ob ich es einfach realistisch einschätzen konnte, dass er als der Ältere einfach besser war - je jünger man ist, desto „normaler" ist der Altersvorsprung ja. Mir war es wirklich egal und ich habe nie den Spaß daran verloren. Irgendwann wurde es auch alles knapper und wir waren gleichwertige Gegner!

Es hat natürlich eine Menge Nachteile, wenn man nur zu zweit die Jugend bildet, vor Allem diese beiden: Der Gegner ist quasi immer der gleiche und man kann sich in keiner Liga anmelden, da im Tennis sechs Spieler eine

Mannschaft bilden (in der Hallenrunde vier). Andererseits hat es in so einem kleinen Verein auch Vorteile: wenn man spielen will und irgendwann alt - und somit gut - genug ist, spielt man halt auch mal gegen Erwachsene. Zum Glück waren nahezu(?) alle(?) auch bereit dazu - zumindest erinnere ich mich so daran. Das hieß: man bekam zwar kräftig auf die Mütze, aber auch hier war mir - zumindest von heute rückblickend - klar: so wirst du besser. Und ich (wir) wurden besser. Irgendwann konnten wir zumindest mitspielen und mit wachsendem Alter auch die schwächeren Erwachsenen besiegen. Das war für uns ziemlich cool!

Den größten Erfolg hatte ich gegen Ende meiner „Tenniskarriere" 1998: eine Vereinsmeisterschaft im Doppel. Ich habe den Pokal der Vereinsmeisterschaft, die ich zusammen mit meinem Onkel gewonnen habe immer noch hier stehen!

Mein wohl erster Titel in irgendwas und ein Eintrag in den nicht vorhandenen Geschichtsbüchern des SV Kammerstein!

Jetzt war es aber natürlich keineswegs so, dass ich „nur" in der Regel „wettkampfloses" Tennis gespielt habe. (In der Regel deshalb, weil es neben den Vereinsturnieren auch eine Schultennismannschaft gab, mit der wir ab und zu gegen andere Schulen spielten).

Meine nächste(n) sportliche(n) Erfahrung(en) stammen aus der Grundschulzeit. Ich wohnte in einer Sackgasse. Wenn ich da mit einem Fußball in der Hand zur Haustür raus bin und den Ball die Straße runter gekickt habe, rollte er bis zum Spielplatzrand, an dessen anderem Ende ein Bolzplatz war. Das war während der Grundschuljahre mein zweites Zuhause. Sobald es warm genug war sah mein Tagesablauf so aus, dass ich nach der Schule heim bin, was gegessen habe, sofern etwas auf war noch die Hausaufgaben gemacht habe und raus bin zum Bolzen. Mein bester Kumpel in der Grundschule - ebenfalls Matthias (Matze) - wohnte fast bei mir ums Eck. Wir trafen uns immer dort, meistens mussten wir es nichtmal absprachen und in der Regel waren auch andere Kinder da gegen die man spielen konnte. Waren es nicht genug, spielten wir Lattenschießen oder von eins gegen eins. Egal. Irgendwas fiel uns ein um gegeneinander spielen zu können, wenn wir nicht gegen andere spielen konnten. Auch hier war wieder alles sofort im Wettkampfmodus. Ich habe echt keine Ahnung ob das eine persönliche Sache von mir ist, oder ob Kinder einfach so sind (ich glaube letzteres oder? ODER?

😁), aber so war es. Gelegentlich verabredeten wir uns auch beim Sportverein in der Nähe, um uns auf den dortigen Trainingsplatz zu „schleichen" und auf richtigem Rasen mit richtigen Kleinfeldtoren zu spielen. Wenn wir nicht Bundesliga nachspielten, spielten wir die Kickers und Captain Tsubasa. Wenn du das nicht kennst, dann solltest du es unbedingt mal auf irgendeinem Streamingportal anschauen, wenn es verfügbar ist. Ich hoffe, es ist nicht so schlecht gealtert wie ich befürchte, aber allein die Erdkrümmung am Fußballfeld ist es wert sich das nochmal anzusehen!

Rückblickend finde ich es sehr spannend, dass ich in der frühen Jugend jede freie Minute am Bolzplatz verbracht habe, es mich aber nie wirklich in einen Fußballverein gezogen hat. Mir war es als Kind wohl immer wichtiger Sport mit meinen Freunden zu machen, als den Sport an und für sich zu machen.

Dazu passt auch, dass Matze während der Grundschulzeit mit Judo angefangen und mich gefragt hat, ob ich denn nicht mal mitkommen wollen würde. Klar war ich dabei! Wieso auch nicht? Weit gebracht habe ich es da aber nicht wirklich. Es war zwar nicht schlecht, aber mir hat wohl - und auch das kann ich nur aus heutiger Sicht betrachten - der Wettkampfcharakter gefehlt. Ich habe es sage und schreibe bis zum gelben Gürtel (also die „erste Stufe") und einem Turnier gebracht. Das Turnier war irgendwie schneller vorbei als es angefangen hat und ich

habe gefühlt einen halben Tag gewartet um 5min auf der Matte zu stehen ... und das war es dann auch.

Wie dann der genaue Ablauf war weiß ich nicht, vielleicht hat es sich überlappt, oder es ging mehr oder weniger nahtlos ineinander über, aber Matthias (Cousin!) fing im gleichen Verein mit Tischtennis an und ich wechselte einfach die Abteilung. Oder machte erstmal beides. Keine Ahnung. Aber Tischtennis war richtig, richtig gut!

Der TV 1848 Schwabach war ziemlich sicher einer der größten Vereine in der Umgebung, was die Tischtennisjugend betrifft. Wir hatten richtig viele Mannschaften, die Möglichkeit drei oder vier mal pro Woche zu trainieren und entsprechend natürlich auch Ligen, in denen wir gegen andere Vereine antreten konnten. Was ebenfalls toll war: im Tischtennis geht es kaum nach Alter. Bist du gut, dann bist du in einer der „niedrigen" Mannschaften (Mannschaft 1 = Beste, 2 = Zweitbeste, usw.). Um die Größe des Vereins zu verdeutlichen: pro Mannschaft/Liga hat man 6+x Kinder (6 spielen, ein oder zwei als Ersatz, es kann ja immer mal jemand nicht). Wenn ich mich nicht total täusche hatten wir immer mindestens 6 Jugendmannschaften gemeldet und soweit ich weiß gab es dabei wie gesagt keine harten Altersklassen. Vielleicht gab es die doch und ich habe mich damals einfach nicht dafür interessiert. Was ich sagen will: Wir hatten teilweise eine riesige Turnhalle voll mit Tischtennis-platten und an allen wurde gespielt! Auch hier war es wie beim Tennis: Miss dich mit den Guten und du wirst besser werden! Und genau so war es. Ich nahm an Training mit was ich bekommen konnte. Immer Lust drauf, immer Vollgas. Weil ich auch immer konnte wussten die Trainer im Verein auch irgendwann, dass sie mich einfach fragen konnten, wenn mal eine Aushilfe in einer stärkeren Mannschaft benötigt wurde! Und das tolle war, dass man dort nicht unbedingt chancenlos war.

Virtuos an der Platte - irgendwo im Schullandheim ;)

Ein kurzer Exkurs in die Tischtenniswettkampfkunde: In Tischtennisligen spielen die sechs Spieler:Innen jeweils „über Kreuz". Also: innerhalb einer Mannschaft wird von Position 1-6 aufgestellt, normalerweise von stark nach schwach. Dann spielen Position 1 und 2 einer Mannschaft gegen 1 und 2 der anderen Mannschaft. Genauso 3 und 4 bzw. 5 und 6. Dazu werden dann drei Doppel gebildet und nach „Positionssumme" aufgestellt. Also: bilden Spieler 1+3 (=4), 2+4 (=6) und 5+6(=11) ein Doppel sind 1+3 Doppel 1, 2+4 Doppel 2 und 5+6 Doppel 3. Das wird übrigens am Anfang festgelegt, bevor es los geht. Gewonnen hat am Ende die Mannschaft, die in Summe mehr Spiele für sich entschieden hat: also aus 6 Einzel und 3 Doppel mindestens 5. Schon wird klar, warum es wichtig ist keinen Platz leer zu lassen, sonst hat man direkt drei Spiele verloren. Außerdem ist es nicht so, dass man chancenlos ist, wenn man aus einer oberen Position der eigentlich schwächeren Mannschaft auf die untere Position einer stärkeren rutscht - man hat durchaus Chancen da auch zu gewinnen, gerade wenn man im Doppel taktisch klug aufstellt.

Zurück zu mir: Ich habe jahrelang an der Platte gestanden. Selten zwar in einer Mannschaft mit Matthias, da er immer etwas über mir war, aber wenn ich mal aushelfen konnte auch das. Oder bei Turnieren in Schwand - das waren auch immer Highlights des Tischtennisjahres. Ob ich wirklich erfolgreich war kann ich immer noch nicht richtig einschätzen. Die höchste Liga dürfte knapp unter der Bezirksliga gewesen sein? Keine Ahnung :) Die Duelle gegen Greding waren die mit der längsten Anreise und eigentlich immer legendär. Es war schon richtig viel zeitlicher Aufwand, der in den Sport neben der Schule floss und irgendwann dann auch der „Grund" warum ich aufgehört habe. (ich glaube eigentlich war er es nicht, sondern eher, dass Matthias aufgehört hat und ich dann irgendwann auch nicht mehr wollte. Ohne wirklichen Grund. Warum das aber so war kann ich rückblickend nicht mehr sagen und finde es aus heutiger Sicht wirklich auch schade)

Eigentlich ist jetzt schon viel abgedeckt, aber das war ja „nur" der Vereinssport! Auch sonst drehte sich bei mir in der Freizeit sehr viel um Sport. Wobei ich einschränken muss: Sport mit Ball. Gebt mir einen Ball (oder sowas in der Art) in die Hand, an den Fuß oder auf den Schläger und ich bin dabei. Und das in der Regel auch gar nicht mal so schlecht glaube ich. Los ging es mit anderen Sportarten auf der weiterführenden Schule: Wir hatten Nikolausturniere in Volleyball, spielten viel Basketball im Sportunterricht und probierten auch sonst viel aus. Einen Basketball werfe ich auch heute noch gerne, aber Volleyball aus der Schule wurde irgendwann auch normaler Lebensbestandteil. Der Kontakt zu Matze riss nach der Grundschule leider schnell. Wir wechselten auf unterschiedliche Schulen, es bildeten sich neue Freundeskreise und es verlief sich einfach.

Der Bolzplatz wich irgendwann im Sommer der Dauerkarte vom Freibad. Das Freibad war aber nicht wegen den Becken so gut - das schon auch - sondern vor allem wegen dem Beachvolleyballfeld. Das war unser go-to Spot über mehrere Jahre. Was früher „Heim -> Essen -> Hausaufgaben -> Bolzplatz" war, war jetzt „Heim -> Essen -> Schwimmbad -> Beachvolleyball" (richtig, ohne Hausaufgaben! Die machte ich meistens ...eventuell... am Abend ;))

Gegen Ende der Schulzeit kam dann mehr „E-Sport" (Counter-Strike!) dazu. Wobei „dazu" auch falsch ist. Seit jüngster Jugend spielte ich (viel!) an Konsolen, später auch am Rechner und irgendwann kam es wie es kommen musste und es nahm mehr und mehr Zeit ein. Da auch die Schule sich dem Ende neigte und ein gutes Pferd - auch wenn es nur so hoch springt wie es muss - noch irgendwie springen muss waren die Prioritäten so, dass der Sport recht weit nach hinten in meiner Prioritätenliste rutschte. Ich verstehe zwar bis Heute nicht, warum ich mich im Abi für die Fächerkombi Wirtschaft&Recht / Mathematik entschieden hatte und nicht für Sport, aber gut. Das hatte wiederum andere Vorteile, aber das ist eine Geschichte für eine andere Zeit 😉

Spaß am Sport hatte ich aber immer und ab und zu schaute ich auch beim Sport-LK vorbei und machte mit, wenn es die Stundenpläne zu ließen. Ich versuchte es sogar nochmal mit einem Sportverein und ging tatsächlich zum Fußball. Meine aktive Karriere hielt aber genau ein paar Wochen Training und ein oder zwei Testspiele. Dann verletzte ich mich irgendwo am Fuß an den Bändern und entschloss mich direkt wieder dazu, die aktive Fußballkarriere an den Nagel zu hängen. Das war offensichtlich nix für mich! :)

Tja. Die Schule war zu Ende und erstmal auch mein „sportliches Leben". Ich stand vor der Entscheidung, was ich denn mal machen wollen würde und hatte zweieinhalb Optionen: Ich bewarb mich für eine Ausbildung zum Fachinformatiker bei der Datev (da hatte ich als Schüler gejobbt) und bei diplan (einer kleinen IT-Firma). Dort hatte auch Matthias seine Lehre gerade abgeschlossen. Wir hatten uns zwar nach der Tischtenniszeit auch irgendwie aus den Augen verloren, aber das ist - ähnlich wie bei Matze nach der Grundschule - auch irgendwie normal, wenn man neben den komplett anderen Freundeskreisen und dem anderen Alter auch noch andere Wohnorte hat. Die Alternative zu den beiden Ausbildungsstellen wäre ein IT-Studium gewesen, da mich aber diplan direkt genommen hat war die Entscheidung schnell gefallen.

Warum ich das erzähle? Eine Lehre mit einem relativ weiten Anfahrtsweg (Schwabach -> Erlangen) frisst viel Zeit. Da das Leben auch so andere Dinge bereit hielt war Sport noch weiter nach hinten gerutscht. Das änderte sich erst im Laufe der Jahre - ich hatte mittlerweile ausgelernt, geheiratet, Kinder bekommen. Die Firma wuchs, zog in ein neues Gebäude, Matthias spielte im Nachbarort der Firma mittlerweile wieder im Verein Tischtennis mit einem Kollegen der dort wohnte und die beiden überzeugten die Chefs eine Platte in den Keller zu stellen. Sie wollte mich auch überreden in den Verein zu kommen - da lehnte ich aber dankend ab. Die Freizeit gehörte der Familie. Durch die Platte im Keller war aber der erste Schritt zurück zu regelmäßigem Sport gelegt. Es eskalierte nach und nach so sehr, dass wir über Jahre regelmäßig jede Mittagspause im Keller waren um ein knappes Stündchen (Essen musste man ja auch noch was) Bälle zu schlagen. Das war genial - die Zeit optimal genutzt (eine Sache, die später noch öfter eine Rolle spielen wird!), Spaß mit Freunden. Perfekt. Mit der Zeit kam ein weiterer Kollege dazu, der dann auch in den Verein gegangen ist, sowie unser Azubi, der selbst schon im Verein spielte. Nein. Das war nicht der Grund, warum wir ihn eingestellt haben. Wirklich nicht. Echt! 😁

2: Laufen

Der Einstieg

Irgendwann im Laufe der Zeit ließ das mit dem Tischtennis etwas nach. Ab und an war Matthias mittags unterwegs und keiner wusste so genau: ja wo ist er denn eigentlich? Irgendwann kamen wir dann drauf: er schnürt seine Laufschuhe und rennt durch den angrenzenden Wald!

Angefixt von einem Schulfreund von mir (Grüüüße, Axelander! 🙂) hat er zum Laufen gefunden. Tja und wie so oft bisher in dieser Geschichte war das irgendwann der Trigger für mich zu sagen: „Wenn er das kann, dann kann ich das aber auch!" und es ebenfalls zu versuchen. Vielleicht stimmt der Gedanke auch nicht, aber die Sache mit dem Vorbild hatten wir ja jetzt auch schon öfter, oder? 🙂 Dazu kam noch ein zweiter Gedanke: Ich war mittlerweile Papa und wollte einfach nicht irgendwann zeitnah in die Situation kommen dem Kleinen am Spielplatz hinterher zu hecheln. Zugegeben: Davon war ich weit entfernt, aber abschreckende Gedanken können auch Dinge in Bewegung setzen, egal wie realitätsnah oder -fern sie sind!

Laufen hatte ich als Sportart für mich nie wirklich auf dem Radar. Ich habe seit meiner Kindheit „kaputte Füße". „Knick-Senk-Spreiz-Plattfüße". Was auch immer... Alles, was man sich denken kann, ist da unten eigentlich hinüber. Aber: ich war angefixt. In der Berufsschule hatten zur Vortragsübung freie Themenwahl und ein Mitschüler hatte ein Referat über das Laufen gehalten. Er hatte damals erzählt, dass er auch Fußprobleme hat, aber mit den richtigen Schuhen geht das schon. Also warum nicht - einfach mal ausprobieren, die Füße werden schon nicht direkt abfallen!

Ich würde jetzt sehr gerne schildern wie toll der erste Lauf war. Aber ehrlich gesagt habe ich absolut keine Erinnerung mehr daran! Es geht sogar soweit, dass ich nichtmal mehr weiß, wo wir gerade zeitlich sind. Zum Glück gibt es dafür aber runalyze.de. Meiner IT Affinität geschuldet habe ich natürlich konsequent von Anfang an alles getrackt. Anscheinend habe ich es auch geschafft alles rückwirkend zu synchronisieren, denn jedenfalls ist mein erster Eintrag im Lauftagebuch vom 27.08.2014. Da das Internet ja nicht lügt bin ich es angegangen, wie ich Dinge halt mal so angehe: einfach machen und später darüber nachdenken! Herausgekommen ist das hier:

4,83km in 25:07 Minuten. 😳

Nicht schlecht, aber: was habe ich mir dabei gedacht? 😄 Klar, ich hatte keine Ahnung, was schnell ist und was langsam. Ich bin einfach los gelaufen und habe geschaut was denn passieren wird.

Ich kann jetzt wirklich nicht einschätzen, ob die Daten die ich von damals noch habe komplett sind, aber die ersten Schritte waren gemacht. In der Folge habe ich rund einen Lauf / Woche, meistens zwischen 5 und 7,5 Kilometern. Manchmal auch gar keine. Selten bereits zwei Läufe.

Den ersten 10er lief ich dann am 7.10.2014 in 50:15. Stabiler einstieg würde ich behaupten 😉 Am Ende des Jahres waren es 11 Läufe und knapp 73km. Absolut überschaubar, aber: der Anfang war gemacht! Ich verbrachte zu der Zeit dann immer mehr mit dem „drum herum" (Laufschuhe, Apps, ich glaube sogar GPS Uhren, Kleidung, ...). Was man halt so macht, wenn man sich in ein Thema rein nerdet! Mit Matthias ging ich auch ab und zu zusammen laufen, oft ging aber auch jeder für sich. Ich quatschte viel mit Alex darüber und er setzte mir den Floh ins Ohr doch mal an einem Wettkampf teilzunehmen. Ich glaube, ich war nicht direkt Feuer und Flamme ... wenn ich mich selbst nicht einschätzen kann habe ich schon Hemmungen an etwas neuem teilzunehmen, aber irgendwie bekam er mich überzeugt. Der erste Termin stand: Der Rothseelauf am 08.03.2015. 10,4 Kilometer, zwei mal um den „kleinen Rothsee". Ich rekonstruiere aus den Daten, dass die Anmeldung, zumindest die Entscheidung dazu, im Februar gefallen sein muss. Im Januar hatte ich insgesamt zwei Läufe getrackt, ab 11.02. dann aber wöchentlich zwei zwischen 7 und 10 Kilometern.

Ich will nicht von strukturierter Vorbereitung sprechen, aber zumindest eine Vorbereitung ist im Nachhinein erkennbar :)

Rothseelauf

Der Rothseelauf. Meine erste Laufveranstaltung. Das Internet sagt: am 08.03.2015 😊 Dieser ist einer der wenigen Läufe, zu denen ich leider keinen Blogeintrag habe, ganz einfach da ich zu der Zeit noch keinen Blog hatte. likethewindt.de ist erst irgendwann später entstanden, sodass ich hier wirklich tief in der Erinnerungskiste graben muss, aber natürlich nicht mehr wirklich viel raus bekomme. Ziel war - selbstverständlich war ich mit einem Ziel am Start! - die 10 Kilometer in 50 Minuten zu knacken. Das hatte ich wenn ich es richtig sehe bis da hin im Training noch nicht geschafft. Die Strecke dort ist komplett flach, aber halt 10,4 Kilometer lang. Alex war natürlich auch mit am Start und ich hatte direkt beim ersten Lauf eine Erfahrung, die ich bis heute im Hinterkopf behalten habe. Vor dem 10,4km Lauf startet der „Kleine" Lauf: Eine Runde, 5,2km. Ich weiß nicht wie viel Zeit zwischen den beiden Starts liegt, aber zumindest war es so nah beieinander, dass die Läufer:Innen für den 10,4km schon am Start standen, die Letzten vom 5,2km Lauf aber noch unterwegs waren. Dann passierte, was ich mich absolut begeistert hat: Als die Letzten ins Ziel liefen machten alle wie selbstverständlich Platz und applaudierten den Läufer:Innen die als letztes ins Ziel kamen. Das war fantastisch und das beeindruckte mich nachhaltig! Diese kleine Geste machte mir von einem Moment auf den anderen klar: hier gefällt es mir, in der „Laufcommunity" fühle ich mich wohl. Erste Eindrücke entscheiden häufig und dieser erste Eindruck war perfekt!

Ganz allgemein ist dieses „sich gegenseitig respektieren" etwas, dass ich seitdem an der „Laufszene" wirklich sehr schätze! Vielleicht habe ich auch einfach Glück mit den Menschen zu denen ich Kontakt habe, aber der gegenseitige Respekt vor- und füreinander ist immer vorhanden. Völlig unabhängig von Zeiten, absolvierten Distanzen oder vielleicht sogar Platzierungen. Jede und jeder wird von den anderen ehrlich(!) für das Geleistete gefeiert, weil jede und jeder weiß, wie es sich anfühlt einen Lauf (nicht) ins Ziel gebracht zu haben.

Aber zurück zum Lauf: Alex und ich sortierten uns dann weit hinten ein und überholten nach dem Start erstmal fröhlich vor uns hin. Für Alex war es ein gemütlicher Trainingslauf, bei dem wir (ich) am Ende auf den 10,4 KM ein Zeit von 49:38. Super geil war es, mein erster Wettkampf war geschafft, mein erstes Wettkampffoto ist entstanden und ich war definitiv angefixt!

Orientierung im Ausdauersport

Ich war so angefixt, dass der nächste Wettkampf nicht lange auf sich warten lies: Der Nika-Sport Crosslauf am 18.04.2015, wieder 10km, diesmal durch einen nahegelegenen Wald, mit Höhenmetern und dazu über einige kleine Trails.

Bis auf die Distanz war es ein komplettes Kontrastprogramm zum Rothseelauf. Der Wettkampf war klein, aber ebenfalls toll - ich bin ihn jedes Jahr wieder gelaufen, bis er eingestellt wurde, aber ich erwähne ihn hier aus einem anderen Grund: Ich war im Ausdauersport angekommen. Ich befasste mich mehr und mehr mit dem Laufen und begann regelmäßiger zu trainieren. Mittlerweile standen drei Läufe pro Woche auf dem Plan und mit einem weiteren Schulfreund - Christoph - ein neuer „virtueller Trainingspartner" an der Seite. Christoph startete seit mehreren Jahren regelmäßig beim Rothseetriathlon und auch hier war ich recht schnell von der Idee angetan, dass ich das auch machen könnte. Warum auch nicht, bis Anfang Juni waren ja noch ein paar Wochen Zeit und wenn ich bereits zwei mal 10km im Wettkampf laufen konnte sollten doch 1,5km

Schwimmen und 42km Radfahren vorher ein klacks sein, oder? 😂

Fantastische Idee. Ich erwähne mal so beiläufig, dass ich natürlich weder Kraulschwimmen kann, noch ein Rad besaß, dass auch nur annähernd in der Lage war meinen Ansprüchen an einen Triathlonwettkampf auch nur halbwegs gerecht zu werden. Aber was soll's. Die Idee war im Kopf, ich schätze, die Anmeldung bereits raus, also kann man sich ja nun Gedanken über die „offenen Punkte" wie Ausstattung, Kondition, oder überhaupt irgendeine Art von Plan machen!

Die Sache mit dem Schwimmen war schnell abgehakt: Ich war ein paar mal im Schwimmbad, sah schnell ein, dass Kraulen nichts wird, aber Brustschwimmen über 1,5km wird schon irgendwie klappen.

Das Rad war dann ein etwas größeres Problem. Einfach mal so eins kaufen war eher keine Option aber so eine Schulzeit ist ja immer für was gut und ein weiterer Freund - ebenfalls Christoph (ich sollte vielleicht die Namen für die Verständlichkeit einfach ändern?! ;)) hat einen Radsport-/ Triathlonladen (triathlon.de in Nürnberg) und leiht mir bestimmt eins. FastForward: Genau so kam es dann auch - ich habe ihm als eigennützige Gegenleistung noch einen Triathloneinteiler abgekauft und konnte zwei Wochen vor dem Start ein Fuji-Rennrad ausleihen.

Ich saß noch nie auf so einem Geschoss und hatte das Gefühl, dass das Rad eigentlich schon ohne mich fuhr. Krass.

Um dem Ganzen auch „dokumentarisch" gerecht zu werden entstand zu dieser Zeit mein Blog. Damals noch unter dem Namen „familyrunners" (der Plan war mit Familie und Freunden ein Lauf-/Wettkampftagebuch zu schreiben) und mehr wie eine Zeitungskurzmeldung. Ausführlich wurde ich wohl erst später ;)

Rothsee Triathlon 2015

Veröffentlicht am *23. Juni 2017* - ja, 2017. Ich musste damals einen Rückblick schreiben. Das ist jetzt ausnahmsweise eine komplett verrückte Zeitschleife hier 😉

Wir haben Ende Juni 2017, ich bin aufgeregt wie lange nicht mehr vor einem Wettkampf, denn es geht wieder an den Rothsee. Triathlon. Diesmal Sprintdistanz (750m Schwimmen, 19,5km Rad fahren und 5km Laufen). Damals: Olympische Distanz (1500m Schwimmen, 42km Radfahren, 10km Laufen). Zwangsläufig denke ich gerade oft an den Triathlon damals zurück. Leider bloggte ich da noch nichts zu den Wettkämpfen, doch es bietet sich gerade an das für diesen speziellen Wettbewerb nachzuholen. Zeitmaschine an!

Die Zeit davor.

Ich kann mich nicht mehr erinnern wann die Idee entstand mich anzumelden. Ich hatte Ende 2014 mit dem Laufen angefangen und im März 2015 meinen ersten Wettbewerb überhaupt hinter mich gebracht (10km beim Rothseelauf). Ich glaube irgendwann um den Rothseelauf stand der Entschluss gleich ein richtig dickes

Ding anzugehen - entgegen aller Empfehlungen die man so hört. Langsam steigern, ihr kennt das! Dazu kommt: Ich bildete mir zwar ein Schwimmen zu können, mit Technik hat das aber bis heute ehrlicherweise noch nichts am Hut (auch wenn ich aktuell ein paar Fortschritte durch einen Kraulkurs erziele), sodass nach ein paar Ausflügen mit dem Versuch mir selbst das Kraulen beizubringen relativ schnell feststand: Das Ziel auf den 1500m wird sein nicht abzusaufen (da war ich mir sicher, dass es klappt 😉), möglichst kräfteschonend und vielleicht nicht als allerletzter auf das Rad zu kommen.

A propos Rad. Einerseits ist es ja so, dass ich außer "ankommen" keine wirkliche sportliche Ambition hatte. Das Ziel war so schon enorm. Andererseits ist mein Trekkingrad (ich besitze kein Rennrad oder ähnliches) jetzt vom Verhältnis Kraftaufwand - Geschwindigkeit eher nicht optimal... Wohl dem der einen Kumpel hat, der früher (Semi-)Professionell Rad fuhr und heute einen Rad- und Triathlonladen in Nürnberg leitet. Heraus kam dieses Schmuckstück, dass ich mir für den Triathlon ausleihen und ein paar Wochen vorher einfahren durfte. Der Unterschied ist wie Tag und Nacht zu allem worauf ich bisher gesessen hatte! 😍

Ansonsten kannte ich mich ja mittlerweile halbwegs mit dem Laufen aus. Was sollte also schiefgehen? 🙂

Der Tag davor.

Ich hatte mich dazu entschlossen am Samstag schon zum Rothsee zu fahren um meine Startunterlagen abzuholen, am Abend zu Hause alles vorzubereiten und Sonntag dann mein CheckIn usw. zu erledigen. Den Samstag nutzte ich außerdem um auch mal im See zu schwimmen und zu sehen wie es da so ist (hatte ich vorher noch nie gemacht...). Es war: anders. Schwierig zu beschreiben, aber Schwimmen (nicht "planschen" oder so) im offenen Gewässer ist ein deutlich anders als im Schwimmbad. Mit Strömung im Fluss/Meer stelle ich mir nochmal deutlich anders vor. Jedenfalls war es gut, dass ich das vor dem Wettbewerb mal gemacht hatte! Danach ging es also zum Gelände und das hat mich erstmal erschlagen. Ich kannte ja bisher nur so Mini-Laufveranstaltungen. Wechselzone hier, Messe da, Wechselzelt, Zeitabnahmezelt, Zielbogen, Bogen Ausfahrt Rad, Bogen Einfahrt Rad. ... ich wusste zumindest schon mal, dass ich mir die Wege noch etwas einprägen sollte 🙂 Da Christoph natürlich mit einem Stand dort war habe ich mal vorbei geschaut, dann meine Sachen geholt und wir sind wieder nach Hause. Rechtzeitig bevor es von oben runter geschüttet hat. Ich brachte meine Nummern an den verschiedensten Dingen an (Rad, Helm, Startnummernband, Wechselbeutel), packte fertig und lernte noch etwas den Lageplan 🙂

#Raceday

Durch die vorgegebenen CheckIn Zeiten muss man für so einen Triathlon ziemlich zeitig anreisen. Ich traf mich mit Chris (ebenfalls Christoph, ein anderer, durch den ich irgendwie überhaupt erst auf die Idee gekommen bin) und Sebi, die schon seit Jahren zusammen teilnehmen und wir machten uns auf. Für Christoph hatte ich noch eine nochmals deutlich krassere Rennmaschine dabei die er an seinem Stand ausstellen wollte, sodass meine transportierte Ausrüstung wahrscheinlich teurer war als das Auto in dem ich saß. Schon abgefahren wenn man sich das mal überlegt! Wieder zurück am Auto habe ich meine Sachen ausgepackt und bin damit Richtung Wechselzone, das Rad abliefern. dann Schock beim Helm-Check: So geht's hier nicht weiter! Bitte was?! ... irgendwas war an den "Schnüren" zum Verschluss falsch eingestellt, die gingen an einer Seite über das Ohr und nicht dahinter. Zum Glück konnte man das aber noch einstellen. Also rein in die Wechselzone - Platz suchen. Und bei über 1000 Startern ist "suchen" beim ersten mal wörtlich zu verstehen 😊 Es ist zwar alles ausgeschildert, aber dennoch riesig. Da ich aufgrund meiner gemeldeten geplanten Schwimmzeit in der letzten Startgruppe war ging es für mich relativ nahe an den Bereich zum Radstart. Im Endeffekt ist der Platz aber relativ egal, da man eh wieder dort parkt und somit jeder gleich weit läuft/schiebt. Einzig je näher man am Wasser platziert ist, umso länger ist die Strecke mit dem Rad an der Hand - das sollte aber nicht groß stören.

Nun gut, Rad, Helm Brille, Startnummer, Radschuhe und Socken platziert, dazu die Laufschuhe für den zweiten Wechsel. Fertig! Den Wechselbeutel Schwimmen/Rad muss man in einen speziellen Bereich nach Nummern sortiert legen. Dort kommt nach dem Schwimmen alles rein, was man nicht mehr braucht (Badekappe, Schwimmbrille, Neo). Das sah erst chaotisch aus, war dann aber alles ok. Tip am Rande: Einmal die Strecke vom Schwimmausstieg über Wechselbeutelaufnahme, Wechselzelt zum Rad und dann zum Ausgang abgehen hilft ungemein! Genauso vom Radstreckenende zum Stellplatz und Beginn der Laufstrecke. Und am besten markante Punkte merken!

Somit war erstmal alles erledigt und es hieß warten und Zeit totschlagen. Also nochmal auf meinen Lieblingsmessestand, umgezogen habe ich mich auch zwischendurch und dann konnte ich auch langsam schon den ersten Wellen beim Start zusehen.

Achja und letzte Entscheidungen habe ich auch getroffen. Vielleicht sogar eine etwas kuriose. Ich entschied mich gegen einen Neoprenanzug (das schon vorher), aber auch gegen eine Schwimmbrille! Das sorgte für etwas Erstaunen bei den Mitstartern in meiner Gruppe (ohne Neo habe ich noch einen bewusst gesehen, ohne Brille niemanden), der Vorteil den ich mir dadurch versprach war aber, dass ich keine Zeit beim Wechsel verliere und beim Schwimmen "perfekte" Sicht habe (ich hatte nicht vor den Kopf unter Wasser zu stecken für ein paar Sekündchen bessere Schwimmzeit.

Das Rennen

Schwimmen: Wir standen also am Ufer und harrten der Dinge. Am Rothsee wird von Land gestartet - man läuft auf ein Signal ins Wasser, schwimmt raus zu einer Boje, dann 90 Grad nach links zur nächsten und wieder 90 grad zurück Richtung Ausstieg. mein Start war... gemütlich 🙂 Wie geschrieben: Schwimmen wollte ich halt hinter mich bringen und niemandem im Weg sein, also ging ich hinten ins Wasser. Bei rund 200 Startern pro Startgruppe ist klar, dass die Leistungsdichte trotz angegebener Zielzeit doch eher uneinheitlich ist, sodass einige deutlich vorneweg schwammen. Andererseits waren das sehr viel weniger als ich dachte und ich konnte mit vielen mithalten, die kraulten. Gut, es waren die, die eine langsame Schwimmzeit angegeben hatten, andererseits sind die auch mehr zick-zack als gerade geschwommen. Mein Plan mit der Sicht ging also auf! Spektakulär ist so ein Schwimmen in meiner Variante aber nicht. Zug um Zug ging's voran. Nach Boje 2 kamen dann die ersten Staffelschwimmer und zogen an uns vorbei. So geht das also "richtig" 🙂 Der Ausstieg kam langsam aber sicher näher. Mein Plan war: raus hüpfen, Wechselbeutel schnappen, durch das Zelt huschen und ab auf's Rad. Klappte so semi. Nach knapp 35 Minuten hüpfte nix aus dem Wasser, ich wurde eher von den Helfern raus gewuchtet. Danke! :). Durch das Zelt gehuscht bin ich auch eher nicht, aber es ging ganz gut.

Viele hatten echt zu tun mit ihrem Neo, sodass auch Teil 2 meiner Idee aufging und ich ein paar Leute einsammeln konnte. Am Rad lief alles ganz gut. Socken und Schuhe an, schnell schon nen Schluck trinken, Helm und Brille auf uuund los!

Radfahren: Auch hier erstmal unbekanntes Land. Ich kannte weder die Strecke (unter dem Höhenprofil konnte ich mir noch nicht wirklich vorstellen, was auf mich zukommt) noch bin ich allzu oft die komplette Distanz geradelt. Ich ging es also eher vorsichtig an. Interessanterweise war gleich nach dem Start die Strecke nur Teilgesperrt, sodass ich in einer Autokolonne hing und einen Traktor überholen musste. Als es dann weg ging und die fahrt frei war lies ich rollen und sammelte gefühlt ständig andere Radfahrer ein. Absolut geil für das Gefühl. Das Wetter war bombig, der Fahrwind blies um die Nase und man fliegt gefühlt durch das Feld. Was will man mehr?! Die Anstiege die kamen hatten es in sich, aber auch hier konnte ich weiter Plätze gut machen. Die Fahrt genießen und Spaß haben. genau deswegen macht man das doch! Die 42km vergingen dann gefühlt schneller als die 35min Schwimmen (in rund 1:21h offiziell, allerdings sind da beide Wechsel mit drin - faktisch also nicht sooo schnell aber echt gut für mich!) und es ging mit dem Lauf weiter.

Lauf: Letzter Teil: 10km! Kann ich! dachte ich. Ich hatte im Training vorher eine Koppeleinheit über 40 Rad, kurze Pause und dann 10 zu Fuß, die mich fertig gemacht hat. Ankommen war also das Ziel. Die Sonne knallte von oben (das tat sie vorher auch, auf dem Rad merkt man das aber nicht so) und die Strecke war zu 90% in der Sonne. dazu

noch 2mal bergab/-auf, jeweils kurz und Steil, Schwimmen und Rad in den Beinen -> ich hatte definitiv Respekt davor! Auf der ersten Runde lief mir dann direkt Christoph entgegen, der selbst schon auf seiner zweiten war. Ich hatte nicht erwartet ihn auf der Strecke zu sehen, da er ja einige Gruppen vor mir startete und insgesamt schneller unterwegs war. Sehr cool dachte ich mir :). Den Lauf lief ich so gut es geht durch und konnte auch in einer damals für mich absolut okayen Zeit ins Ziel. Ich hatte ihn also hinter mich gebracht meinen ersten Triathlon! Olympischen Triathlon!!

Am Ende stand dann dieses Ergebnis:

Offizielle Zeiten:
Schwimmen: 00:35:03
Radfahren: 01:20:57
Laufen: 00:45:22
-> Gesamt: 02:41:22

...und der Tag ging mit einem Grillabend erschöpft und hochzufrieden mit meiner Family, Chris und Sebi zu Ende.

Grenzen

Es dauerte also am Ende ungefähr ein halbes Jahr, um vom nichtmal an den Ausdauersport denkenden IT-Tüp zum Finisher zweier Laufwettkämpfe und eines Triathlons über die olympische Distanz zu werden.

Als ich das so erlebte war mir das absolut nicht bewusst, aber wenn ich das jetzt so sehe... Krass. Mach das bitte nicht zu Hause nach!

...

Doch, mach es nach! Setz dir Ziele! Gerne auch verrückte! Aber denk vorher vielleicht etwas besser darüber nach als ich damals! :)

A propos neue Ziele! Irgendwann um die Zeit des Triathlons manifestierte sich ein neues Ziel in meinem Kopf: 10km in unter 40 Minuten. Eine der großen „Schallmauern" im Leben eines Hobbyläufers. Ich lief bisher ja nicht lange, aber ich lief dafür schon relativ flott. Warum ich dazu in der Lage war? Keine Ahnung. Ich weiß es nicht. Ich vermute, die Begründung ist in meiner Kindheit zu finden, als ich wirklich ständig sportlich auf Achse war. Ich bin überzeugt davon, dass das die Grundlage für das ganze Leben legt und sich mein Körper daran wieder „erinnert" hat. Ich glaube nicht, dass ich sonderlich talentiert bin. Vielleicht ein bisschen. Keine Ahnung. Sowas ist unmöglich zu beurteilen.

Aber wie auch immer. In so kurzer Zeit so locker auch im Training regelmäßig einfach 10km in 45 Minuten zu schaffen zeigte sogar mir als Neuling in dem Sport, dass da noch ein bisschen was zu holen sein dürfte.

Was ich genau gemacht habe weiß ich nicht mehr und kann ich auch nicht mehr nachvollziehen - es ist aber auch egal. Am 12.9.2015 stand in Erlangen der Arcadenlauf auf dem Programm. Rund drei Monate nach dem Triathlon der nächste Wettkampf. 10km. Erstmals mit Ziel. Also, erstmals mit dem Ziel nicht „nur" anzukommen! 😁

Dieser Lauf ist einer der Wichtigsten, die ich gemacht habe. Nicht wegen des Laufs an sich, sondern wegen dem, was vorher passiert ist:

Die geplanten Zielzeiten wurden am Zaun neben dem Startbereich markiert, um eine Orientierung zu bieten, wer ungefähr wo starten sollte, damit es gerade am Anfang nicht so ein riesiges Gedränge gibt. Beim „40:00"-Zettel war noch nicht viel los und ich stand relativ weit vorne relativ verloren da. Ein anderer Läufer sprach mich an, wir redeten ein bisschen und er fragte mich was ich vor habe. „Ich versuche, die 40 Minuten zu knacken, habe aber keine Ahnung ob das klappt." Nach einer kurzen Pause antwortet er:

„Versuch es. Du hast doch nichts zu verlieren. Einbrechen kannst du dann am Ende immer noch!"

Genau. So. Ist. Es! *Versuche es*! Wenn man nicht versucht sein Ziel zu erreichen, dann wird man es auch nicht erreichen. Anders herum: Sein Ziel (im (Individual-) Sport) nicht zu erreichen ist kein Scheitern, sondern ein Schritt in die richtige Richtung. Man kann nur daraus lernen. Man kann nur besser werden!

Arcadenlauf Erlangen 2015

Veröffentlicht am *12. September 2015*

Zitat vom Veranstalter: *"..., bevor um 15 Uhr die "Erweiterte Weltklasse" den zehn Kilometer langen Hauptlauf absolviert..."* Danke für die Blumen
Vorher: Die Startnummern sind raus, ich darf mit der 34 ins Rennen. Hui! So niedrig wird die Platzierung am Ende sicher nicht werden ☺
Die 40:00 zu knacken bleibt das (hoch gesteckte) Ziel ☺

Vor dem Lauf

Extrem frühzeitig angereist war gut Zeit die Startunter-lagen zu holen (was keine 5 min gedauert hat), sowie sich gleich in Finishershirt (;)) zu greifen. Wer mit dem läuft kann noch einen Preis gewinnen - schauen wir mal ich hatte gar kein anderes Shirt mitgenommen ☺ Danach nochmal zum Auto, Kids wecken, Family einpacken und wieder zum Gelände. Noch ne Runde aufs Klo, ca. 20min zum Start übrig. Ein paar lockere Bahnen eingelaufen und den Favoriten beim warm machen zugesehen - ich dachte die sind da schon schneller wie ich im Wettkampf ☺

Rund 10min vor Start bin ich dann zum Start gewandert, habe mich bei der "40 Minuten Markierung" eingefunden und mich gewundert wie weit vorne das ist! Noch ein bisschen mit der Family geblödelt und mit ein paar Läufern gequatscht (den Zeitmessmann veräppelt ^^) und schon ging es los!

Kurz vor dem Start. Der Kollege im Vordergrund musste bei ca. KM 3 aussteigen, im Hintergrund einer der Spitzenläufer.

Das Rennen

Um es vorweg zu nehmen: die 40 sind nicht ganz gefallen. Die Strecke ging ein Stück am Kanal entlang, dann nach einer Spitzkehre über eine Brücke in das Waldgebiet Mönau. Da drin wurde eine Schleife gelaufen, die wieder zurück aus dem Wald über die Brücke (samt Spitzkehre) zurück führte. Den Start überquert man wieder und biegt dann hinter dem Sportgelände ab, in die Sportanlage hinein und läuft die letzten rund 200m auf der Bahn.

Im Ziel stand eine selbstgestoppte Zeit von 40:17, offiziell netto sogar nur 40:15! Die Strecke war zu schwierig um eine bessere Zeit zu erzielen (gefühlt ziemlich wellig und mehrere enge Kurven), wobei wohl auch die Psyche einen Strich durch die 40 machte. Bis zum letzten KM lag ich (nach der nachträglichen Betrachtung der Uhr-Aufzeichnung) genau auf Zielzeit. Allerdings war die Strecke am Kanal entlang und v.a. der Blick zum Ziel mit dem Wissen noch einmal ganz außen rum zu müssen nix für meinen Kopf, sodass ich da einen Einbruch im Track hatte den ich nicht mehr wettmachen konnte. Die 16 Sekunden habe ich genau am letzten km verloren... Andererseits ist das natürlich Quatsch ☺ die ersten km bin ich (viel) zu schnell angegangen, danach etwas zu langsam gewesen um dann eigentlich ziemlich exakte 4:00 zu laufen. Die letzten km waren dann wieder langsamer, sodass mein "Bonus" der ersten kn dahin schmolz. Der Akku hielt gefühlt bis km 7/7,5 - danach war es 'ne Qual, wie das Bild beweist 😊

Ca. 500m vor dem Ziel, genau beim "Knacks" - hier war das Ziel im Innenraum zu sehen, der Kopf wollte nicht noch ganz außen 'rum, die Beine erst recht nicht 😊 Nach dem Rennen: bin ich erst mal ne runde in die Wiese zum Luft holen ^^ k u r z w a r i c h enttäuscht über die so knapp verpassten 3x:xx, allerdings war absolut nicht mehr drin - und damit alles gegeben zu haben bin ich immer zufrieden!

Vom Laufen zum Läufer

Ich freue mich gerade sehr über den letzten, aus dem Blog hier rein kopierten Satz:

„kurz war ich enttäuscht über die so knapp verpassten 3x:xx, allerdings war absolut nicht mehr drin - und damit alles gegeben zu haben bin ich immer zufrieden!"

Das war mein erster Lauf mit einem Ziel und gleich mein erster Lauf, in dem ich mein gestecktes Ziel nicht erreicht habe. Da hätte meine Reaktion auch ganz anders sein können, aber es freut mich wirklich, dass das, was ich gerade schreibe - es ist ja sozusagen auch für mich eine „Reise in die Vergangenheit" - auch damals schon so empfunden habe wie ich es heute tue!

Der Wandel vom „Laufen gehen" zum „Läufer sein" war also spätestens hier vollzogen. Wann genau kann ich natürlich nicht mehr beurteilen, aber es war Fakt. Ich ging seit einiger Zeit nicht mehr „nur" Laufen, ich wurde zum Läufer.

Ist das ein Unterschied?

Ja!

Ok, das war jetzt natürlich etwas kurz und knapp, aber ich will es ein wenig ausführen...
Vorneweg gesagt: sich als Läufer:In zu sehen ist für jede Person individuell. Alles, was im Folgenden kommt sind meine Ansprüche an mich und haben nichts mit irgendjemand sonst zu tun.

Ob man Läufer:In ist, oder nicht, das entscheidet man selbst und sonst niemand.

Alle haben unterschiedliche Voraussetzungen,
alle haben unterschiedliche Lebensumstände,
alle haben unterschiedliche Ziele.
Niemand ist gleich.
Niemand hat das Recht, jemanden zu Beurteilen.
Niemand hat das Recht, jemandem das „Läufer:In sein" abzusprechen.

So. Was bedeutet es nun für mich?

Im Grunde ist es eine Lebenseinstellung, ein „Mindset". Es ist das Gefühl, dass sich einstellt, wenn man die Schuhe bindet um los zu laufen. Wenn man die Umgebung genießt, während man wartet, dass die Uhr das GPS Signal findet. Der Luftzug, den man spürt, wenn man die ersten Schritte läuft.

Genauso aber auch das ständige Befassen mit dem Thema. Ein Buch hier, ein Newshappen da, ein Video dort. Das sich wandelnde Umfeld. Der „digitale Freundeskreis" wird mehr und mehr zur „Laufbubble" - Grüße, #Twitterlauftreff! 👋🏻

Schlussendlich gehört für mich aber auch das „besser werden" dazu. Ziele setzen, Ziele erreichen. An Zielen Scheitern und es nochmal versuchen. Irgendwann für unmöglich gehaltene Grenzen einreißen!

Andererseits ist der in meiner Jugend erwähnte Wettkampf ein anderer geworden. Der Wettkampf gegen Andere ist absolut irrelevant! Entscheidend ist der Wettkampf gegen sich selbst. Das ist die einzige entscheidende Größe. Besser werden, als man selbst vorher war. Alles andere ist - und alle anderen sind - sowieso nicht zu beeinflussen und nicht mir dir selbst vergleichbar. Es zählt einzig der Vergleich mit sich selbst.

Mehr als ein Hobby!

Veröffentlicht am *13. September 2016* - das passt chronologisch nicht, damals habe ich das offensichtlich noch nicht erkannt, aber inhaltlich gehört es hier hin ;)

Es ist noch gar nicht soo lange her, als ich mit diesem "Laufen" angefangen habe. Von nem guten Freund ploppten im großen blauen Netzwerk mit dem "F" immer wieder Einheiten rein, mein Cousin, bis vor kurzem noch mit mir im selben Büro ging in der Mittagspause ab und zu für eine Runde in den nahegelegenen Wald. Und ich? Ne, das ist nichts für mich. "Kaputte Füße", "kaputte Knie" ...das übliche.
Das oben beschriebene war 2014. Irgendwann im Herbst packte mich dann aber doch der Ehrgeiz? Die Neugier? Keine Ahnung, jedenfalls habe ich mir ein paar günstige Treter geholt und bin mal mittags mit raus. Mehr schlecht als recht, aber hey, ein Anfang war gemacht!
Fast-Forward in den Spätsommer 2016.

Mittlerweile klappt das mit der flotteren Fortbewegung ziemlich gut, die die Zeiten sind auch ganz ok und aus dem was unsicher und vorsichtig begann ist mittlerweile mehr geworden als "nur" ein Hobby.
Ich bin mir nicht sicher wie ich es genau bezeichnen soll. Lifestyle? Einstellung? Lebensgefühl? Auf jeden Fall ein wichtiger Teil des Lebens an und für sich!

Wie sich das zeigt? So:

So im Allgemeinen ist es bei mir normal, dass, wenn ich etwas anfange und über den "Einstieg" hinweg bin (also über den "war doch nicht so gut ich hör wieder damit auf" Moment) , ich mich mit so viel Informationen wie möglich dazu eindecke. Zum Thema   Laufen/ Ausdauersport gibt es natürlich massenhaft Podcasts, Blogs, Bücher und Zeitschriften, ...Informationen halt 😐 Sich das zu Gemüte zu führen ist in gewisser weise noch normal (auch wenn es bei mir durchaus viel ist), genauso wie das "sich ehrgeizige Ziele setzen" (auch wenn das vielleicht sehr ehrgeizige sind ;)) und teilweise sogar das "an der Grenze zur 'Familienkompatibilität' agieren (und ab und zu darüber hinaus... Sorry! 😐).

Was mich jetzt zu diesem Text und zur Feststellung, dass es sich hier um mehr als ein Hobby handelt gebracht hat ist die immer weiter einsetzende Selbst-Identifikation als Läufer. Das begann natürlich mit den ersten Wettkämpfen, steigerte sich mit dem Blog und immer neuen Zielen und gipfelt gerade in dem Drang das Ganze auch nach außen darzustellen!

Zum Geburtstag bekam ich Laufshirts mit der Blog-URL bedruckt, ich suche mittlerweile aktiv Klamotten die irgendeinen Laufbezug haben, ich versuche im direkten Umfeld zu motivieren und - gerade für die Kinder - Vorbild zu sein und nicht zuletzt versuche ich mich selbst zu "optimieren" (Lebensweise, Ernährung, usw.) , was auch irgendwo nach außen wirkt.

3: Läuferleben

Ich war also Läufer. Ich hatte ein Ziel und das Ziel blieb weiterhin bestehen. Wie genau der weitere Weg dort hin war, das bekomme ich aus heutiger Sicht nicht mehr rekonstruiert.

Ich informierte mich, was man wie trainiert. Las Trainingspläne. Eignete mir Wissen an. Aber nie mit dem Gedanken einen Plan „abzuarbeiten", sondern um zu verstehen, was man wie trainiert. Am Ende ist das gar nicht so schwierig. Schwierig wird es erst, wenn man anfängt die „Trainingslehre" in das Leben zu integrieren.

Das Schöne, wenn man einen neuen Sport anfängt ist: man wird schnell besser. Gerade im Ausdauersport. Man kann prinzipiell nicht viel verkehrt machen und erlebt trotzdem ständig Fortschritte! Klar, man sollte es nicht übertreiben, aber sonst kann man eigentlich wirklich nicht allzu viel verkehrt machen. Wenn ich mir meine Trainings von damals so ansehe habe ich es schon ziemlich übertrieben. Gerade für den Anfang war ich viel zu oft viel zu schnell unterwegs... aber gut. Regenerieren konnte ich ja im Büro ;)

Nach dem Arcadenlauf in Erlangen startete ich erstmals in Schwabach auf den Goldenen Meilen über die 10,2 Kilometer Strecke. Auch wenn ich seit einigen Jahren nicht mehr in Schwabach wohne, ist das doch mein „Heimrennen". Die Goldenen Meilen sind vergleichsweise sehr anspruchsvoll mit über 130 positiven Höhenmetern auf den gut 10km, entsprechend war die Sub-40 hier bei definitiv nicht möglich. Aber auch das ist etwas, dass ich mir von Anfang an angeeignet habe - ich weiß nicht ob bewusst, oder weil es einfach so gekommen ist - wenn etwas gerade nicht klappt oder gerade nicht passt, dann wird es auch nicht auf biegen und brechen versucht.

Ich hätte den Lauf sausen lassen können um beispielsweise in der Woche zuvor den Nürnberger Stadtlauf anzugehen. Die Strecke ist genau 10km lang, vom Profil her deutlich „bestzeittauglicher" und wäre in dem Sinne eine absolut logische Alternative.

Aber als ich mit dem Laufen als Sport anfing war vom ersten Moment an klar, dass anderes eine höhere Priorität genießt. Es geht nicht viel über den Laufsport. Mit der Zeit auch immer weniger, aber die Familie hat Vorfahrt. Immer. Ich legte mein Training meistens so, dass ich die Mittagspause dafür hernahm, oder früher in die Arbeit fuhr um gleich in der Früh noch eine Runde zu drehen, während zu Hause eh alle schliefen. Lief ich zu Hause, nahm ich K1/K2 im Babyjogger mit. Oder Chrissy.

Oder beide ... alle drei! Dinge verbinden hilft sehr bei der Integration ins Familienleben!

Aber ich war eigentlich bei den Goldenen Meilen. Der nächste „besondere" Lauf. Warum? Weil bei diesem Lauf erstmals die Kinder ebenfalls an der Startlinie standen. Zufällig und völlig ungeplant, aber sie hatten Bock. Beide. Fast beide. K1 wurde quasi von K2 „gezwungen". Egal 😁

Der Lauf an sich ist eher nebensächlich. Außer, dass es sau anstrengend war habe ich keine Erinnerung daran, aber die Kids hatten sich ihre erste Medaille verdient und ich war stolzer als bei meinen eigenen bisherigen Läufen!

S t a d t l a u f
Schwabach 2015

Veröffentlicht am *12. Oktober 2015*

Zum ersten mal ging es für mich in die alte Heimat zum Schwabacher Stadtlauf.

Vor dem Wettkampf

Wir waren mit den Kids bereits ziemlich zeitig da (ca. 9:30), da die Veranstalter evtl. noch ein paar Streckenposten für die Jugendläufe brauchten. Das war allerdings doch nicht mehr nötig, sodass wir einige Zeit zum "totschlagen" hatten. In den letzten Tagen haben wir unseren Großen immer wieder gefragt, ob er nicht mit den Kleinen mitlaufen will, da wir dachten, dass er riesen Spaß daran hätte, aber er wollte irgendwie nicht. Spaßeshalber haben wir dann mal in den Kinderwagen gefragt: "Und du? Magst du mit flitzen?" und zu unser aller Überraschung wurde es mit einem deutlich vernehmbaren "Og!" quittiert, was, für alle die unserer familieninternen Kleinkindsprache nicht mächtig sind, einer deutlichen Zustimmung entspricht! Da musste unser Großer natürlich seine "Blockadehaltung" aufgeben und auch mit machen ... geht ja nicht, dass die kleine Schwester da mit macht und man selber nicht 🙂

... also sind wir zum Nachmeldetisch gegangen, haben kurz geklärt, ob denn eine gerade 2 jährige bei den Bambinis mit laufen darf und haben die beiden gemeldet. Um kurz nach 10 ging es dann also zum ersten Start:

Bambini-Wettkampf 1

Zuerst durften die Mädels ran. Wir waren etwas sehr früh im Startbereich, sodass wir noch knapp 10min Zeit hatten. Das war ein bisschen blöd, denn 10 Minuten rum stehen ist halt.. blöd 😊 Zum Glück waren genug andere Kiddies da, da wurde es nicht ganz langweilig! Nachdem die Meute los gelassen wurde, haben wir uns dann auch mal auf den Weg gemacht. Die ersten sind uns zwar schon wieder entgegen gekommen, da waren wir gefühlt noch gar nicht los gelaufen, aber das macht ja nix - stressen lassen wir uns nicht 😊

Das tolle ist, dass man vom Publikum frenetischst gefeiert wird, wenn man mit Abstand die kleinste Starterin ist. Ob ihr das gefallen hat kann ich so genau nicht sagen, aber ich glaube schon, denn: Als es hinten raus Richtung Wendepunkt ging waren wir ziemlich alleine, da wollte sie auch nicht mehr laufen. Also habe ich sie geschnappt und hätte sie den Rest zurück ins Ziel getragen, aber als es zurück ging wollte sie wieder selber flitzen. Scheint ihr also durchaus Spaß gemacht zu haben 🙂

... bis wir dann ins Ziel kamen sollten die Jungs schon starten, die mussten dann kurz warten, bis wir die letzten Meter durchs Ziel gesaust sind 🙂

Bambini-Wettkampf 2

... das "Vorher" kommt nicht, da ich hier ja auf der Strecke war 🙂 Ich habe nur im Ziel unsere Taschen direkt von Chrissy übernommen, damit sie den zweiten Lauf begleiten konnte. Der "Rennverlauf" war ziemlich ähnlich. Auch hier waren wir so ziemlich die Kleinsten im Feld, sodass alle schon unterwegs waren, als es am Ende des Feldes los ging:

Bambini-Jungs: Lauf. Quelle: Schwabacher Citylauf

Der Zieleinlauf erfolgte diesmal auch nicht abgeschlagen, sondern mit dem Ende des Feldes.

Leider scheint im Ergebnisportal irgendetwas schief gelaufen zu sein, da zum einen die Startnummern unserer Kids, bzw. die Zuweisung der Namen, vertauscht wurden und auch die zweite Zeit an sich nicht ganz stimmen kann (im Vergleich mit anderen Kindern), aber sei's drum, hier steht ja der Spaß im Vordergrund und der war definitiv vorhanden!

Nach den Bambinis

Hier wurden zuerst mal die Zeitmesstransponder gegen Eisgutscheine eingetauscht (die wir im Eifer des Gefechts irgendwie voll vergessen haben...) um dann zum eigentlichen Highlight zu kommen: Den Medaillen für die Kids. Die wurde gefühlt den ganzen Tag nicht mehr abgelegt und wird heute wahrscheinlich auch mit in den Kindergarten gehen 😉

Nachdem das erste Highlight absolviert war wurden zuerst die Halbmarathonläufer auf die Strecke geschickt, danach folgten die Jugend-/Schülerläufe. Wir sind dann erstmal was essen gegangen, da die 5 und 10km Läufe erst ab 13Uhr auf die Strecke gingen, sodass da noch einiges an Luft war.

Nach der Pause ging es zurück zum Marktplatz. Da haben wir uns mit Alex getroffen und ein bissl mit einigen bekannten Gesichtern geratscht - seid gegrüßt, falls ihr

hier rein stolpert! ;), sowie die letzten Rennvorbe-
reitungen getroffen. Also Transponder an den Schuh,
Laufshirt überstreifen, usw. ... und dann ab zum Start

Vor dem Start

Wir waren etwas früh dran, sodass wir am Rand
standen, als die 5km-Läufer auf die Strecke gingen (5min
vor den 10km, 5min nach den 10km gingen dann die 5km
Nordic-Walker an den Start). Das hatte zur Folge, dass
einige 5km-Starter, die den Start verpassten, sich durch
die wartenden 10km Läufer drängeln mussten, die dann
natürlich schon in den Stratbereich gegangen sind.
Könnte man vielleicht etwas anders organisieren... oder
die Leute kommen einfach pünktlich 😉 beim Warten auf
den Start haut mir dann noch der Christoph auf den
Rücken der genötigt wurde auch zu laufen. Natürlich hat
er sich direkt vor mich gestellt, aber ich habe ihn
angehalten mir nicht im Weg rum zu laufen 🙂

Das Rennen

Kurz und knapp: es lief super. Die Dampflok hat brav
Gas gegeben bis zum Anstieg (km 1). Der Anstieg an sich
ging Super (waren rund 2,5km aufwärts), auch danach
ging es bis durch Gustenfelden durch klasse. Leider kam
dann Gegenwind auf, der zusammen mit der
fortgeschrittenen Distanz böse war. Leider waren auch

einige Spaziergänger unterwegs, die es nicht gerafft haben, dass sie doch bitte Platz machen könnten, wenn eine Horde Läufer auf sie zu kommt, die die Kurve gerne innen laufen würden. Nee, in Schland läuft man rechts. Hmpf. War nervig, ging aber. Blöder waren dann auf den letzten 2 km die Nordic-Walker. Ab der Stelle als die Strecke wieder zusammen liefen war der Weg für einige 100-Meter halt ziemlich eng. da wäre es echt schön gewesen, wenn die Walker hintereinander gelaufen wären, da es echt schwierig war dann zwischendurch/ vorbei zu kommen ohne in die Stecken zu treten. Zwei Damen haben das festgestellt als wir vorbei kamen und sich darauf verständigt hintereinander zu gehen und halt lauter zu reden 😌 - andere haben das leider nicht.

Also um es nochmal zusammenzufassen: Bis Gustenfelden Top, nach Gustenfelden Wind, dann Walker, immer wieder Spaziergänger.
Witzigerweise ging der letzte Kilometer sensationell gut, da war ich geistig irgendwie vollkommen weg ^^ Spitalberg hoch, Zielsprint runter zum Marktplatz - 41:44! Yay! (Ziel war krankheits- und streckenbedingt unter 42:00 zu bleiben) Was ich vorher nicht wusste: die Strecke ist 10,3km statt 10,0km lang. meine Uhr hat auf glatte 10km sogar eine Zeit von 40:54 ermittelt.

Nach dem Rennen

41:44 waren im Endeffekt Platz 24 in der Gesamtabrechnung, bzw. Platz 3(!) in der AK M30. Blöd, dass ich das vor Ort nicht gecheckt habe, denn Platz 3 wären ein 10€ Gutschein gewesen, wenn ich denn bei der Siegerehrung da gewesen wäre... ^^

Läuferleben II

Die Wochen danach vergingen und zum Jahresende stand nochmal ein Highlight im Kalender: Der Silvesterlauf in Nürnberg.

Auch hier wäre es die perfekte Möglichkeit gewesen einen schnellen Zehner raus zu hauen, aber auch hier lagen die Prioritäten wieder anders. Silvester ist - auch wenn man tagsüber eh nicht weiß was man machen soll - Familienzeit. Familienzeit bedeutet, die Familie bestimmt (mit) was gemacht wird und so wurden aus den zwei Runden um den Wöhrder See für 10 Kilometer eine Runde für Fünf. Es waren oft Kleinigkeiten oder Zufälle, die entscheidende Dinge bei mir bewirkt haben. Der Start bei der kurzen Strecke war so ein Moment.

Bis hier hin hatte ich immer fest das Ziel 10 Kilometer Bestzeit im Kopf. Andere Fragen stellten sich diesbezüglich nicht. Vielleicht nach oben zum Halbmarathon als „nächste Stufe", aber in der Distanz wieder zurück gehen auf die halbe Strecke? Come on! Wer macht denn sowas? Gefühlt ist meine komplette online Laufbubble im „höher, schneller, weiter"-Wahnsinn unterwegs, der Marathon dort fast schon „normal", die Ultraläufe der letzte Scheiß - am besten 100km oder mehr als alpinen Trail - und ich laufe nur ' nen 5er?!

Ja.

Genau.

Ich lief nur 'nen Fünfer.

Aber genau das war richtig. In dem Moment war es richtig. Rückblickend war es umso richtiger. Und ich würde es immer wieder so machen, auch wenn es in dem Moment selbst vielleicht nicht ganz so einfach zu akzeptieren war. Aber wie schon im letzten Kapitel geschrieben: Es kommt nicht drauf an, was andere machen. Man kann andere als Inspiration nehmen, als Vorbilder, vielleicht auch als Ziel. Aber am Ende muss man immer auf sich selbst schauen.

Warum war der Silvesterlauf jetzt so besonders? Nun, ganz einfach. Ich habe dort eine Mauer durchbrochen, die ich so gar nicht auf dem Schirm hatte. Was die 40 Minuten für die 10 Kilometer sind, sind in ähnlicher weise die 20 Minuten auf der 5km Strecke. Zumindest, wenn man neu im Sport ist setzt man die beiden Zeiten gleich.

Am Ende knallte ich sogar eine niedrige 19er Zeit auf die Laufstrecke und ich hatte nicht nur diese Mauer eingerissen, ich hatte gleichzeitig ein Statement für den 10er in meinem Kopf gesetzt! Denn - das hatte ich bisher noch nicht erwähnt - der Kopf ist für das Erreichen großer sportlicher Ziele mindestens genauso wichtig, wie die Beine!

Silvesterlauf Nürnberg 2015

Veröffentlicht am *1. Januar 2016*

Das Jahr war fast zu Ende, da stand zum Abschluss noch der Nürnberger Silvesterlauf, ausgerichtet vom Team Klinikum Nürnberg, um den Wöhrdersee an.

Die Gang startete bei den Bambinis und über 5km, leider musste Alex die 10km streichen.
Die Startunterlagen haben wir bereits am 30. geholt, daher wussten wir wo wir hin mussten.   Aufgrund etlicher roter Ampeln wurde es gegen Ende doch noch leicht hektisch - rund 15min vor Start des Bambinilaufs waren wir aber vor Ort. Das war schlussendlich perfekt: wir haben uns kurz umgesehen, Oli umgezogen (also dicke Jacke gegen Fleece getauscht) und die Startnummer hin gemacht schon ging's zum Start. Dort gab es ein kurzes lustiges Aufwärmen und los ging die wilde Fahrt!

Oli lief erstmals alleine. Von den Veranstaltern gab es eine Vorläuferin ("Oli, immer der Frau nach, wir warten im Ziel!") - das hat perfekt geklappt. Am Ende sprang rang 12 (7. der Jungs) und eine Menge Spaß heraus.
Zur Belohnung gab es neben einer Urkunde noch eine tolle Medaille!

Nachdem alle Bambinis im Ziel waren haben wir uns noch den Schülerlauf angesehen und sind dann ins Café zum aufwärmen. Das riesen Kuchenbuffet musste für mich allerdings warten, da hieß es: umziehen und wieder raus, in 15min geht der 5er los!

Also die dicke Jacke ebenfalls gegen Flies getauscht, Startnummer hin und die gefütterte Hose runter, der Rest war schon angezogen ☺ ...noch kurz am Klo anstellen, gefühlte 100m warm laufen und ab zum Start.

Hier war es bereits ganz schön voll... Mit meiner angepeilten Zeit von maximal 20:00 wollte ich aber, ohne die Qualität im Feld zu kennen, vorne starten. Das klappte so mittel... Nach dem Start waren einige Kids die ich mehr oder weniger vehement weg schieben musste um vorbei zu kommen, über einen bin ich halb gestolpert, konnte mich aber abfangen.

Als der Weg frei und ein paar Meter gelaufen waren zeigte mir die Uhr 3:35 an. Oha, zu schnell 🙂 also Tempo leicht raus und versucht konstant weiter zu laufen. Das hat besonders gut geklappt, als ich mich an einem älteren Läufer orientieren konnte. Als ich später an diesem vorbei lief und mich wiederum ein anderer überholt hat war das furchtbar, da der nicht konstant lief. Das Rennen lief schön vor sich hin. Als ich bei km 4 war hörte ich über den See die Sprecher rufen: "15 Minuten sind jetzt durch" (Gedanke: krass! Gut in der Zeit!) und "da hinten kommen auch schon die ersten Läufer!" (Gedanke: woah!!!). Das ist wirklich abgefahren auf 5km fast einen abgenommen zu bekommen 😉 ... egal, der letzte km stand an und der hatte es in sich, denn plötzlich kam völlig unerwartet ein Anstieg zu der Brücke über den See, der hatte es so spät im Rennen ganz schön in sich! Also hoch gequält, drüben wieder runter und ab ins Ziel. Ich hatte noch eine(n) vor mir, das war klasse für die Motivation! Blöd war, dass ich geistig nicht mehr auf der Höhe war 🙂 ich dachte mir: "häh, warum haben wie den Zielbogen weg gemacht???", dabei war das nur die Abzweigung für die zweiter Runde des 10km Laufs...

Also, Tempo halten bis zum echten Ziel ... Durch, kaputt, glücklich 😊

Ergebnis: selbst gestoppte 19:12, Platz irgendwo zwischen 10-15 (die Streckenposten haben das einem immer gesagt, sehr nett!).

Offiziell: 19:02!

Mentale Mauern einreißen

Mit diesem Ergebnis im Rücken und dem Wissen, was alles möglich ist, ging ich das nächste Laufjahr an.

Neben dem Angriff auf den 10er war das zweite gesetzte Ziel der erste Halbmarathon. Höher, schneller, weiter. Du weißt schon ;)

Der erste (aufgrund der Strecke aber nicht ganz ernst zu nehmende) Schuss war der Winterwaldlauf in Erlangen. Zwei Runden nahe meiner Arbeit, ich kannte sogar Teile der Strecke. Zur Vorbereitung hatte ich eine Trainingseinheit, in der ich 10 * 1km Intervalle jeweils unter 4:00min/km gelaufen bin. Diese Einheit ist an und für sich als Training nicht clever. Zu viele Intervalle, eigentlich auch zu schnell für mein Leistungslevel. Aber es war egal. Ich zog sie durch und nach dem Silvesterlauf war das der zweite Baustein in meinem Kopf der mir sagte. „Ja, das mit der Sub-40 wird klappen!"

Winterwaldlauf Erlangen

Veröffentlicht am *12. März 2016*

oder: (Schall-)Mauern sind dazu da durchbrochen zu werden
oder: Ein gutes Pferd hüpft nur so hoch es muss

...aber von vorne!
Der erste offizielle Lauf des Jahres führte mich erstmals alleine zu einem Wettkampf, dafür ebenfalls erstmals "richtig" zusammen mit Chris - den gemeinsamen Triathlon Start 2015 zähle ich hier mal bewusst nicht, da es aufgrund der Startgruppen irgendwie "getrennte" Wettbewerbe waren. Der Lauf startete Nachmittags um 15 Uhr, sodass meine Vorbereitung auf den Lauf hauptsächlich aus Sonne genießen bestand.

Leider zog es im Laufe des Tages immer mehr zu. Ich machte mich auf den Weg nach Erlangen und war rund 45 Minuten vor Rennbeginn vor Ort. Chris war ebenfalls schon da (fertig montiert in Outfit und Nummer, ich war noch nicht umgezogen ^^). Also schnell die Startnummer abgeholt, wieder zurück zum Auto, umgezogen, zurück zur Schule (=Startnummernausgabe), noch kurz geratscht und raus zum warm laufen. Es durften zum letzten Mal meine treuen Begleiter mit - sie haben mir gute Dienste erwiesen:

Wir sind die Wettkampfstrecken ein Stück abgelaufen, 7:30min, 1,3km, gemütlich eingewackelt 😌 Chris hat noch einen Steigerungslauf eingebaut, den habe ich mir gespart - ich brauchte meine Körner für den Lauf, ein so ausgiebiges WarmUp hatte ich eh noch nie 😊

Nach dem Warmup ging es zum Start. da wir von der Strecke kamen liefen wir sozusagen auf die erste Reihe zu - die afrikanischen Spitzenläufer waren schon in Position - und reihten uns ein paar Reihen dahinter ein und harrten in der Kälte (muss man so sagen, wenn man nur Laufklamotten an hat) aus. Es dauerte zum Glück nicht lange. Je näher der Start kam, desto angespannter wurden die "Uhr-Start-Finger" aller Läufer um uns herum - zu Krämpfen scheint es aber nicht gekommen zu sein 😌

Der Lauf

Chris wusste bis kurz vor Start nicht was/wie er das Rennen gestalten will, entschied sich dann die ersten 5km mit mir zu pushen um sich dann zurückfallen zu lassen und mit seiner Schwägerin und einem Studienkollegen die restliche Strecke zu Ende zu laufen. Gefühlt ging das Rennen gut los. Es war - wie üblich -

etwas eng auf den ersten Metern, aber die Läufer haben es alle (zumindest so weit vorne) ganz gut geschafft sich ihrer Leistung entsprechend einzuordnen, sodass man nicht einen Haufen "lahmer Enten" überrennen musste. Krass war dennoch, wie viele Läufer vor uns waren - das sieht am Start immer nach viel weniger aus. [Merker an mich: Direkt beim Start lief ein Läufer aus dem 15km Rennen mit "Team Erdinger Alkoholfrei"-Jacke mit einer Go-pro am Gimbal-Stick montiert neben uns her um den Start mitzufilmen. Muss das Video im Netz suchen ;)] Die ersten gut 500m waren ja schon bekannt, nach dem ersten km piepste die Uhr bei 3:55. Sehr gut, nicht überpaced wie sonst so häufig. Chris war immer leicht vor mir, mal mehr mal weniger - ich wollte mich an ihm orientieren ohne zwanghaft immer Anschluss zu halten, wenn es mir gefühlt etwas zu schnell wurde. man kann sagen, dass das rennen so vor sich hin plätscherte - km 2: 3:58, km 3: 3:59 - alles im grünen Bereich. Interessanterweise ging ab hier die Strecke deutlich bergab - ich hätte wetten können, dass sie vorher nicht so hoch ging - gut, war auch 1 km mehr Weg für die Steigung, dennoch fiel das überhaupt nicht auf. KM 4 war dann trotzdem eine 4:01 (dafür ging der Puls um 1 Schlag runter, habe mich da offensichtlich minimal erholt 😌), gefolgt von einem KM 5 in 3:53.

An der "Zieluhr" bin ich bei ca. 19:51 vorbei gekommen.

Da die Strecke ein 2 mal 5KM Kurs war hat Chris hier das

Tempo raus genommen - nochmal danke von hier aus an den Pacemaker! 🙂

Nun war ich also auf mich alleine gestellt und suchte mir neue Fixpunkte. Das Problem ist - man weiß bei den anderen nie wie sie gerade drauf sind und ob sie konstant ihr Tempo beibehalten - oftmals tun sie es nicht und bis man es selbst merkt ist man meist schon in einen - wenn auch nur leicht - langsameren Trott verfallen, aus dem man (ich zumindest) nur sehr schwer wieder raus beschleunigen kann. KM6 und KM7 mit 3:57, bzw. 3:58 waren perfekt im Plan. Dann jedoch kam KM 8 mit 4:08. keine Ahnung wieso, gemerkt hatte ich den "Einbruch" nicht. Zum Glück habe ich aber auf die Uhr geblickt und nach einem kurzen "oh Scheiße!" den Schritt wieder beschleunigt. Ich konnte kurz darauf noch einen klaren halbwegs Gedanken fassen: "Der heraus gearbeitete Vorsprung ist so gut wie weg..." (Grob lief der Gedanke so: 9 Sekunden von Runde 1 laut Streckenuhr, sonst immer um die 4:00 und jetzt +8 Sekunden - da bleibt nicht mehr viel!) was mich zum Glück dazu veranlasst hat auf der Uhr eine manuelle Runde zu starten. Diese nutze ich in den Trainingsläufen immer, da ich eine Ansicht an der Uhr bekomme, die mir u.a. die für diesen Fall extrem nützliche "Rundenpace" - also die durchschnittliche Pace seit der letzten manuellen Runde - liefert. Diese musste jetzt also bis zum Ende bei mindestens 4:00 - lieber besser - liegen um die 40:00 zu knacken. Es war mittlerweile, obwohl es bergab ging, doch eine ziemliche Quälerei (wohl hauptsächlich vom Kopf). KM 9 piepste bei 4:01. hrmpf! - wird eng! ... ich habe das Tempo so gut beibehalten wie es ging und auf den letzten Metern konnte ich nochmal einen Zacken drauf packen. Die Zieluhr sah ich bei 39:45 ... 39:50 ... 39:55, *piep* - Uhr 3:54, *PIEP* Lichtschranke - Ziel - nochmal *piep* - Barcodeleser um meine Startnummer der Lichtschranke zuzuordnen.

Irgendwann in diesem Zielablauf habe ich meine Uhr gestoppt - und zwar so: 00:39:59,7!

BÄÄÄÄÄÄÄÄÄMMM!!!!!!! Maßarbeit 😉
Direkt danach gab es die heute wohl verdiente Medaille 😃

... und viel wichtiger: eine gecrashte Marke von 40:00! Offiziell waren es dann 39:57. Beweis gibt's hier in meinem Track bei runalyze und hier bei den offiziellen Ergebnissen!

Ein paar Dinge habe ich gelernt während des Laufs und danach:

1. Man sollte sich nicht auf die Zeiten der Uhr verlassen, wenn das "KM-Piepsen" nicht zu den ausgeschilderten KM-Tafeln passt. Meine Uhr war immer zu früh dran. Wer zusammenrechnet sieht das auch aus dem Text: Lauf Uhr müsste ich bei ca. 19:46 bei Start/Ziel gewesen sein, war es aber erst bei 19:51. Insgesamt hatte ich auch 10,06km auf der Uhr, die 10,00 nach 39:45. Wenn es der Kopf mit macht: In Zukunft auf der Uhr einfach nur die Dauer (evtl. +Pace) anzeigen lassen und anhand der Schilder selber rechnen.

2. So ein Zugpferd ist Gold wert. Man muss sich nicht um die Zeiten kümmern, kann sich darauf verlassen, dass das Tempo - konstant - passt. Im Prinzip: Kopf aus, Beine an, Augen fixieren und Tempomat ein ☺

3. Der Startplatz ist entscheidend, bei "Bruttozeit-wettkämpfen" noch mehr. Ich habe das ganze Rennen Leute vor mir im Blick gehabt, die nicht schneller waren als ich, aber weiter vorne gestartet sind. Die Distanz war nahezu konstant im kompletten Lauf - ohne wirkliche Chance für mich die Lücke zu zu laufen ohne mich dabei selbst abzuschießen. Am Start habe ich diese Plätze (und Sekunden) verloren.

Mentale Mauern einreißen II

D a war sie also gefallen, die 40 Minuten Mauer!

Der nächste Start war dann nicht mal einen Monat später der HiRo-Run. Vom Hilpoltsteiner Marktplatz zum Kanal, zum Rothsee, einmal herum (um den Großen diesmal), nochmal zum Kanal und zurück zum Marktplatz. Am Ende 21,1km. Mein erster Halbmarathonwettkampf.

Auch hier hatte ich wieder eine Schlüsseleinheit im Training. Wieder war sie für sich genommen nicht clever, aber wieder war sie wichtig für meinen Kopf. In der Vorbereitung eskalierte mir ein Lauf in der Mittagspause. Ich wollte weder so weit, noch so schnell laufen, aber am Ende hatte ich einen Halbmarathon in 1:36 Stunden auf der Uhr und wusste nicht so wirklich wieso. Das ist natürlich egal - mein Kopf wusste, dass ich, wenn ich sowas im Training mal „nebenbei" laufen kann, vielleicht einfach mal einen Anlauf auf die 90 Minuten Marke nehmen könnte. Wieso auch nicht? Die Zielzeitrechner im Internet sagen schließlich auch mit einer Sub-40 auf 10km ist das *locker* drin *hust*.

Natürlich muss man wissen, dass die Rechner natürlich nicht berücksichtigen können, dass man quasi ein Anfänger ist, der zwar vielleicht halbwegs flott laufen kann, aber mehr oder weniger noch Null Ausdauer hat...

Aber gut, im Selbstbetrug bin ich ja offensichtlich nicht der Allerschlechteste und wenn das da in diesem Internet steht, dann steht das da! Und wieso soll das dann nicht auch klappen? Das Internet lügt nicht!!

Ok! Ich hatte mich selbst überzeugt. *„Einbrechen kannst du am Ende immer noch!"*... Das Ziel war also im Kopf.

Nicht lange nach dem 10er stand ich also erstmals bei einem Halbmarathon am Start und wollte unter der 90 Minuten Marke bleiben.

HiRo-Run
Hilpoltstein

Veröffentlicht am *11. April 2016*

Der "große" Tag: mein erster Halbmarathon, der HiRo-Run 2016! Aufgrund der geknackten 40:00-Marke beim Winterwaldlauf und der ziemlich guten, völlig unerwarteten Trainings Halbmarathonzeit von 1:35:xx war das Ziel klar: Unter 1:30:00!
Die Vorbereitung lief allerdings alles andere als optimal ...

Zwischen dem 24.3. und dem Renntag konnte ich nur einen Lauf wie geplant absolvieren: ein langer, knapp 20km Lauf Ende März. Ansonsten kamen erst Ostern, dann eine Erkältung und schließlich ein schmerzender Fuß dazwischen, sodass nur zwei weitere kleine Läufe (7 und 6 Kilometer) stattfinden konnten, sowie das Einlaufen am Tag vor dem Halbmarathon über 5km. Mein Fuß sorgte fast dafür, dass ich das Rennen abblasen hätte müssen. Was auch immer es war, es löste sich (hoffentlich endgültig) zwei Tage vor dem Lauf von selbst durch ein "knacken" am Knöchel, dass ich mehr gespürt als gehört habe, auf.
Genug gejammert.

Raceday

Der Lauf startete zur für mich absolut ungewohnten Zeit von 17Uhr. Ich laufe in der Regel in der ersten Tageshälfte - entweder direkt vor der Arbeit oder in der Mittagspause, ganz einfach weil ich es so am besten in den Tag integriert bekomme. Aufbruch nach Hilpoltstein war um ca. 15Uhr - mit der Zielsetzung, dass die Kids im Auto noch eine Runde schlafen können, was auch prima funktioniert hat 😊 Sehr entspannt gestaltete sich so auch das Abholen der Startunterlagen - vom Parkplatz (fast direkt am Start-/Zielbereich) einmal quer durch die Altstadt, Tüte gegriffen, zurück zum Auto und nochmal eine Runde einfach nichts machen und entspannen. Um ca. 16:15Uhr habe ich mich dann mal so langsam fertig gemacht - umgezogen, Nummer und Transponder an mir angebracht, Kinder aufgeweckt, ausgeladen und Richtung Start/Ziel marschiert. Dort haben wir uns erstmal orientiert und den Dixis einen Besuch abgestattet. Nachdem kurz darauf der Sprecher etwas von "So, nachdem wir uns dem Start nähern solltet ihr so langsam das WarmUp beenden." sagte habe ich mein WarmUp auch mal angefangen 😵 Das bestand im großen und ganzen darin eine kleine Runde durch die Altstadt zu drehen, nach 750m war ich schon fertig. Ich hätte noch etwas warten sollen, da zwischen WarmUp und Start dann 10min lagen, aber was soll's, die Bewegung überhaupt tat ganz gut.

Das Rennen

Vor dem Rennen hatte ich mir folgenden Plan zurecht gelegt: Dadurch, dass Zugläufer für 1:30, 1:45, 2:00 und 2:15 "gestellt" wurden war meine Idee, dass ich mich von Anfang an am 1:30er orientiere und ihn kurz vor dem Ziel überhole um meine Zielzeit von unter 1:30 zu schaffen. Das Problem war allerdings, dass sich der Zugläufer erst sehr spät ins Starterfeld gesellte und ich entsprechend weit von ihm weg war. Mein spontaner Plan B: Ich schließe einfach im Laufe des Rennens zu ihm auf, bleibe dran und laufe zusammen mit ihm ins Ziel -> durch die Brutto/Netto Differenz sollte dann alles gut sein. Kurz vor dem Start gab es noch die obligatorische Runde Traubenzucker und der Countdown begann.

Mit dem Startschuss wurden alle Läufer (Halbmarathon und Hobby - 9,5km) auf die Strecke geschickt, die auf den ersten 2km identisch war. Ob es daran lag oder einfach an der Wettkampfsituation allgemein, dass ich das Rennen eigentlich (viel) zu schnell angegangen bin sei mal dahin gestellt. Kurz nachdem sich das Feld geteilt hat bin ich auf die Gruppe des Zugläufers aufgelaufen. Eigentlich wollte ich ja nach meinem Plan B dort mit laufen, aber das ging irgendwie gar nicht. Ich fühlte mich am Ende der Gruppe wie in einer Sardinendose, sodass ich nach wenigen Metern beschloss an dem Pulk vorbei zu ziehen. Gedacht, getan, ein paar schnelle Schritte und ich wurde mit einer freien Bahn belohnt.

Die folgende Rennphase war unspektakulär. Es ging am Kanal zur Schleuse, dort hoch, auf der anderen Seite wieder runter und am Kanal zurück in Richtung Rothsee.

Ich habe mich immer an den umliegenden Läufern orientiert, was ziemlich gut geklappt hat (bis auf das überhöhte Tempo :)). Kurz nach KM7 ging es vom Kanal weg über einen Hügel in Richtung Rothsee. Die Runde um den See war toll zu laufen, allerdings begann das Rennen für mich hier hart zu werden. Gut 3/4 der Seeumrundung war total entspannt, ab ca. KM12 / KM13 wurde es schwieriger. Hier habe ich mir meine zweite Ladung Traubenzucker eingeworfen - das war auch nicht die beste Idee, der wird ganz schön trocken :), ging aber.

Die Strecke zurück war in großen Teilen gleich der Strecke hin. Allerdings ist entweder das Hirn schon zu belastet oder man will es nicht wahr haben, jedenfalls ging es erst mal ganz schön bergauf, als es vom See weg ging. Gleich danach ging es dafür wieder zum Kanal hinunter, allerdings ist es mir in dieser "späten" Rennphase nicht mehr gelungen so entspannt bergab zu laufen wie noch an der Schleuse am Anfang. Am Kanal fing es dann damit an, dass mich andere Läufer überholten und ich es nicht mehr schaffte dran zu bleiben. Ich merkte selbst, dass ich langsamer wurde, versuchte aber so gut es ging weiter konstant zu bleiben. Auf meiner Uhr hatte ich zu dieser Zeit noch ein Durchschnittstempo von 4:13min/km - Ziel waren 4:15. Ich entschloss mich dazu hier eine neue manuelle Runde zu starten um für mich besser kontrollieren zu können, dass der letzte Abschnitt vom Tempo her passt.

Gegen Ende der Strecke am Kanal habe ich dann die Gruppe um den Zugläufer hinter mir gehört. Es dauert nicht mehr lange und sie zogen ziemlich exakt bei KM18 an mir vorbei. Jetzt stand ich vor der Entscheidung: Dran bleiben oder abreißen lassen. Ich wollte schlussendlich nicht so weit gekommen sein nur um dann auf den letzten Kilometern das Rennen zu "versauen", also entschied ich mich für dran bleiben.

Dieses Teilstück ging bergauf und ich konnte mit der Gruppe mit halten, allerdings musste ich dann oben leicht abreißen lassen. Ich konnte das Tempo nur halbwegs mitgehen, der Abstand zur Gruppe wurde langsam aber stetig größer. Spätestens von hier an war es nur noch ein großer Kampf. Ich versuchte irgendwie mein Tempo beizubehalten, was mir mehr oder weniger gelang. An die Strecke, die ich ja am Hinweg schon gelaufen bin konnte ich mich zum Teil absolut nicht mehr erinnern und ich dachte schon es kommt noch eine extra Schleife oder so etwas, aber dem war nicht so. Kurz nach dem Ortseingang war das Ziel zu sehen und irgendwoher hatte ich sogar noch die Körner für einen Zielsprint! Der fiel mir wahrscheinlich etwas leichter, da die große Zieluhr eine Zeit zeigte, die so niedrig war, dass ich die 1:30 auf jeden Fall schaffen würde! Zu meinem Glück war der Zielzeitläufer für die 1:30:00 etwas zu schnell und nur 15 Sekunden vor mir im Ziel.

Meine Uhr zeigte schließlich eine sensationelle 1:29:36 - das Beweisvideo mit Bruttozeit gibt es hier!

Nach dem Rennen

...war ich erst mal absolut fertig. Habe ich beim Winterwaldlauf noch über die quasi nicht vorhandene Verpflegung geschimpft war hier richtig viel geboten: Obst, Kuchen, Alkoholfreie Biere, Wasser, Iso - alles da, in Mengen! Leider war ich nur so im Eimer, dass ich absolut nichts herunter gebracht habe. Am Anfang war ich nicht mal fähig Wasser & Iso zu finden, sodass ich mir ein alkoholfreies Weizen genommen hatte, von dem brachte ich aber nur die Hälfte runter. Nach einer kurzen Pause folgte noch der ein oder andere Iso-Becher und als ich mich aufrappelte humpelte ich (ja, es war, wie wenn man einen Schalter umlegt, ich konnte nach dem Rennen nicht mehr normal laufen) zu meiner Familie.

Die haben mich schon im Ziel rum hängen sehen und wären zum Sani-Zelt wenn ich nicht gekommen wäre - ich sah wohl nicht mehr wirklich gut aus ☺ Ich bin schnell aus den nassen Oberteilen raus und habe mich warm eingepackt. Mit den Kindern bin ich nochmal zum Obstbuffet und habe mir ein paar weitere Becher Iso besorgt. Dann brauchte ich echt erst mal eine Pause und bin auf eine Bank von der ich so schnell nicht mehr aufstehen wollte 😉

Irgendwann wurde mir dann aber der Trubel im Zielbereich zu viel und wir machten uns auf zum Auto - dummerweise habe ich keinen Kuchen mehr mit genommen, aber in dem Moment wollte ich einfach gar nichts, ich musste mir das Obst schon rein quälen. Im Auto stand dann eine Flasche Cola, die hat mich angezogen, "feste Nahrung" hätte ich nicht hinunter bekommen.

Achja, bei diesem Rennen war mir - wie aus dem Bericht heraus gekommen sein dürfte - nur die Zielzeit wichtig. Zur Vollständigkeit allerdings noch das Offizielle Ergebnis:

01:29:35, Platz 71 Gesamt, Platz 66 Männlich, Platz 18 AK M30

Ansonsten bleibt mir noch zu sagen, dass das hier vielleicht der Lauf mit der besten Organisation war an dem ich bisher teilgenommen habe. Von der Startnummernausgabe bis zur Zielverpflegung hat alles wunderbar gepasst. Die Verpflegung an der Strecke war top (insgesamt glaube ich 8 Stationen mit tollen Helfern, die einem das Getränk nicht nur hin halten, sondern "in die Bewegung" reichen), es waren viele viele (laute! :)) Zuschauer an der Strecke, die Stimmung rund um den Lauf war einfach super gut.

Datenanalyse

Sehr interessant finde ich gerade, dass sich meine geschilderten Eindrücke an den Daten fest machen lassen:

- Ab KM15 - also ab HR > 180 war der Punkt, an dem es auch gefühlt sehr schwer wurde.

- Andererseits war der Einbruch gefühlt deutlich heftiger als es die Zahlen vermuten lassen. Mir fehlt die Erfahrung, aber ein KM-Pace-Bereich von knapp 20 Sekunden (ohne den Ausreißer KM2: 4:06 - 4:24) finde ich durchaus ok!
- - Zielsprint war deutlich < 4:00! - Ich hätte nicht gedacht, dass ich so lange mit maxHR laufen kann (und auch noch darüber hinaus komme) - wie sehr sich Gefühl und Realität unterscheiden zeigen auch die Höhenmeter: Meine Uhr hat knapp 70 gemessen. Nur! **Sonstiges / Notizen an mich**
- trinken während des Laufs üben! - hat aber schon ganz gut geklappt
- Gels als Verpflegung nicht nur für nach den Lauf sondern während des Laufs mit nehmen - ebenfalls vorher üben!
- Am Tag nach dem Lauf zeigte die Wage 2,5kg an...ja, es war anstrengend 😊
- Zwei Tage später habe ich wohl den größten Muskelkater meines Lebens! ^^

Ziellos

Mit dem Überschreiten von drei in meinem Kopf als eigentlich für mich nicht erreichbar verankerten Grenzen in so kurzer Zeit stand ich erstmals vor einem Problem: Ich hatte kein Ziel mehr.

Wie schon erwähnt zog es mein „Laufumfeld" zum Marathon und darüber hinaus. Ich las von beeindruckenden Abenteuern in den Bergen, Erlebnissen bei großen Marathonveranstaltungen. Aber mir war absolut bewusst, dass ich in dem Moment weder dazu in der Lage war einen Marathon ins Ziel zu bringen, noch den zeitlichen Aufwand stemmen könnte, mich in absehbarer Zeit auf dieses Niveau zu bringen.

Für nach dem Halbmarathon hatte ich schon einen weiteren 10km Wettkampf, diesmal in Ansbach, gemeldet. Eigentlich ging ich ja nicht davon aus, dass die Sub-40 in Erlangen fallen würde, Ansbach dagegen war eine wirklich schnelle Strecke und daher mein eigentliches Ziel. Dass der Termin 14 Tage nach meinem Halbmarathondebut war sagt auch nochmal einiges über mich aus:

Ich sehe das Laufen erstmal als Spaß. Wenn ich auf etwas Lust habe, dann mache ich das - ob das dann aus Trainings-/Leistungssicht so viel Sinn macht ist dann erstmal zweitrangig.

Ich habe natürlich immer meine (Zeit-) Ziele, die ich auch erreichen will. Dadurch, dass ich aber - wie man sieht - von Anfang an nicht total darauf fokussiert war und alles andere dafür hinten angestellt habe, habe ich mir eine mentale Lockerheit geschaffen, die mich die Ziele auch hat erreichen lassen. Ich wusste anhand einiger Schlüsseleinheiten - die wie geschildert für sich genommen auch nicht wirklich clever waren - dass ich die Ziele erreichen kann, wenn alles passt. Ich war mir aber im Kopf genauso immer klar, dass es nicht sein muss, dass auch alles passt. Dann passt es vielleicht beim nächsten mal! Fehlender mentaler Druck ist - und auch das wird sich später noch mehrmals zeigen - ein Schlüssel für einen perfekten Tag!

In Ansbach war Christoph auch wieder dabei und wir lieferten ein super Rennen. Ich hatte absolut keinen Druck mir oder irgendwem irgendwas beweisen zu müssen und konnte daher locker drauf los laufen. Die Strecke war perfekt geeignet einen raus zu hauen und so bestätigte meine Sub-40 deutlich: 39:13! In den zwei Monaten nochmal 45 Sekunden runter von der Zeit - das lag garantiert nicht nur an der Strecke, auch nicht am „Training" in der Zeit und schon gar nicht am

Halbmarathon zwei Wochen vorher - es lag, wie oben bereits erwähnt, an der geistigen Lockerheit durch die schon überschrittene Sub-40-Schwelle mit der ich hier am Start stand.

Christoph war sogar nochmal eine Ecke schneller - ein perfekter Tag! Außer, dass es ein bisschen kalt war - 3 Grad und Schnee Ende April, was soll das?! :)

 https://www.likethewindt.de/fleggo-10k-citylauf-ansbach-2016/

Ein Ziel hatte ich aber weiterhin nicht vor Augen, also lief ich erstmal einfach so weiter. Ich war Läufer!

Ja, Ziele sind toll und auch wichtig für die Motivation, aber nicht alles. Ich Laufe erstmal des Laufens willen. „Der Weg ist das Ziel" passt auf Weniges besser als auf den Laufsport. Man quält sich dann für die Ziele, aber nicht für das Laufen an sich.

Den nächsten Schritt in meiner „Entwicklung" bestimmte dann - mal wieder - der Zufall. Wir waren auf Fehmarn im Urlaub. Ich hatte zwar mein Laufsachen dabei, war aber glaube ich den ganzen Urlaub nicht, oder nur einmal gelaufen. Am Tag vor unserer Abreise sah Chrissy dann kleine Werbetafeln für den Fehmarn-marathon, der am nächsten Tag stattfand. Fehmarn-marathon? Na mal sehen was das ist! Es ist nicht nur ein Marathon, sondern eine richtig große Laufveranstaltung! Also groß im Sinne von: Vom Marathon runter zum 5 Kilometerlauf wird alles angeboten. Eine Anmeldung war online noch möglich, da wir aber auch noch Abendessen brauchten fuhren wir rüber zum Veranstaltungsort und ich meldete mich für den 5er und K1 für den Kids Lauf direkt vor Ort an. Das reichte am Tag der Abreise aus, schließlich mussten wir ja noch ein paar hundert Kilometer Auto fahren.

5k - Fehmarn Marathon 2016

Veröffentlicht am *30. Mai 2016*

Eine Woche Urlaub. Eine Woche (fast) kein Sport. Nur etwas mit den Kids im Anhänger mit dem Rad herum fahren, viel Spazieren. Ok, eine kleine Runde am Strand laufen gehen. Aber wirklich nur kurz. Doch dann kam ein Plakat... "6. Fehmarn-Marathon am 28.05.2016" ... und das rattern im Kopf setzte ein. Das war zwar unser Abreisetag (mit rund 800km Autobahn vor uns), aber das wäre doch was, wenn ...

... es auch kürzere Strecken außer dem Marathon gibt
... der Lauf nicht allzu spät anfängt
... noch Startplätze frei sind

Die Ergebnisse auf die drei Fragen:
- Kinderlauf (1,5km), 5km, 10km, Halbmarathon, Marathon
- Startzeiten zwischen 9:00 Uhr und 9:45Uhr
- Jawoll!

Also schnell die Daten ins Onlineformular geklopft, nach einer kurzen Meinungsverschiedenheit mit dem Handy auch die Überweisung des Startgeldes hin bekommen und wumms - die Anmeldung zum 5km Lauf war fix. Eine längere Strecke wollte ich aufgrund der noch zu fahrenden Strecke nicht machen. Wie sich am Ende herausstellte war das eine sehr gute Entscheidung!

Zwei Tage vor dem Rennen sind wir einmal quer über die Insel gefahren (das hört sich wilder an als es ist, in rund 20min ist man von unserer Unterkunft - Schleichwerbung - beim Strandcamping Wallnau) um die Startunterlagen zu holen. Das haben wir gleich mit dem Abendessen verknüpft.

Das Rennen

... hätte erstmal fast nicht statt gefunden. Am letzten Tag unseres Urlaubs wollten wir um 9:00Uhr los, die Kinder sollten/wollten mit den Großeltern bei unserer Unterkunft bleiben und sich nochmal richtig austoben und die Sonne genießen. Wir kamen auch pünktlich weg, bis die Oma anrief - Oli wollte nun doch unbedingt mit. Hmpf, das wird zwar eng, aber naja - umgedreht Kind eingepackt und wieder Richtung Wallnau. Wir hatten jetzt ~9:10Uhr und natürlich nur Schnarchnasen (mitsamt einem Polizeibus 😉) vor uns. Immer wieder wanderte der Blick hibbelig von den KM-Angaben der Straßenschilder bis zur Auto-Uhr. Angekommen sind wir am Parkplatz schlussendlich um 9:33Uhr - natürlich war ich noch in Straßenklammotten. Also fix in die Rennkluft geworfen, den Start gesucht (für's Klo war leider keine Zeit mehr) und um 9:37Uhr dort eingereiht. Perfekt :). Das WarmUp war somit erledigt und noch kurz Zeit zu schauen wer denn hier so mit läuft. Insgesamt waren es 50 Starter und - wie ich es eigentlich auch vermutete - zum Großteil sehr Junge oder eher ältere Starter. Klar, bei der Auswahl an Läufen ist der 5km Lauf nicht das primäre Ziel der Bestzeitenjäger. Für mich hieß das: Gleich vor in Reihe 1 mit dem Ziel auf Platzierung zu laufen!

Der Lauf

Die Strecke war toll. Vom Strandcamping ging es in Richtung Ostsee, "hoch" auf den Deich, ein Stück darauf entlang, kurz danach wieder runter unter "hinter dem Deich" weiter bis zu einem Wendepunkt (das war gleichzeitig Versorgungsstelle für die längeren Läufe, diese mussten dort weiter am Deich laufen), durch ein Rapsfeld zurück zum Campingplatz und dort wieder zurück zum Start. Vom Start weg lief ich gleich vorne mit, bis zum Deichanstieg habe ich alle Kinder, die den Start gesprintet sind wieder eingesammelt und bin mit einem Jungen zusammen hinter dem Führungsfahrrad her gelaufen. Ich habe mich an sein Tempo angepasst und kurz überlegt, wie ich das weitere Rennen gestalten soll, habe mich schlussendlich dazu entschieden einfach meine Geschwindigkeit zu laufen. So konnte ich mich stetig nach vorne absetzen, beim "Wendepunkt" war der Abstand relativ deutlich, am Ende vom Rapsfeld dürften es dann mehrere hundert Meter gewesen sein. Den Rest habe ich dann gefühlt nicht mehr voll durchgezogen (auch wenn die Zeiten nur eine leichte Verlangsamung zeigen).

Im Ziel stand dann mein erster Sieg! Yay! Über eine Minute Vorsprung konnte ich heraus laufen. Wie viel genau: leider keine Ahnung, da die Zeitmessung nicht funktioniert hatte und für die Ergebnisliste die Zeit meiner Uhr her halten musste. diese habe ich aber deutlich zu spät gestoppt - sodass 19:17,5 die "offizielle" Zeit darstellt. Anhand meiner Aufzeichnung nach-gemessen / geschätzt (mit Hilfe der Karte) dürfte es eine 19:08 gewesen sein. Hätte ich mir die zwei "Ruhephasen" nicht gegönnt wäre auch noch ein persönlicher Rekord drin gewesen.

Aber was soll's, dafür gab es ja das hier:
Somit wäre das Urlaubsziel für nächstes Jahr fix, schließlich gibt's einen Pokal zu verteidigen 😉

Umbrüche

Geändert hat sich durch den Sieg aber noch nichts großartig. Ich lief weiter wie es mir Spaß machte.

So startete ich beim erstmals ausgetragenen Tiergartenlauf in Nürnberg, danach als Aushilfe in einer Triathlonstaffel - jeweils über 10 Kilometer - und auch sonst noch bei der ein oder anderen Veranstaltung. In Schwabach lief ich diesmal den Halbmarathon auf den Goldenen Meilen. Zum Jahresende ging es nochmal zum Silvesterlauf, wieder über 5 KM, aber langsamer als im Jahr davor und irgendwie machte ich mir Gedanken, was ich denn will.

Zwei große Veränderungen traten zu dieser Zeit in meinem Leben ein: die schönste Veränderung, die man sich vorstellen kann: K3 erblickte das Licht der Welt!
Und ich wechselte meinen Arbeitgeber.

Aus verschiedenen Gründen war ein Wechsel in meinen Augen notwendig. Die großen Einschnitte für mich aus sportlicher Sicht waren: Die beiden Großen waren mittlerweile soweit, dass sie gut durch schliefen.

Wer schonmal ein Kind groß gezogen hat wird wissen: Bei den Kleinen ist das in der Regel nicht der Fall ;) Außerdem wurde ich aus dem Luxus der absolut freien Arbeitszeitgestaltung zusammen mit einer Dusche im Büro heraus gerissen und in feste Arbeitszeiten ohne jegliche Variabilität und ohne Homeoffice geworfen. Ich hatte mir zwar vorher lange überlegt, ob und wie mich das einschränken und stören würde, dass es am Ende aber so krass werden würde war mir nicht klar. Ich wurde - und ich riss mich selbst aus meiner eingerichteten Comfort-Zone heraus.

Mein Training musste also komplett angepasst und neu ausgerichtet werden und das fiel mir ganz offensichtlich ganz schön schwer. Bis Ende September hatte ich in der Regel mindestens drei Läufe pro Woche, danach: gar keinen. Nur Wettkämpfe an den ersten zwei Wochenenden im Oktober. Sonst: Null. Nichts. Und es wurde nicht besser. Bis Ende des Jahres hatte ich noch acht Trainingsläufe und eben drei Wettkämpfe. Furchtbar! Ich musste etwas ändern.

Ich änderte zwei Dinge. Erstens: Ich brauchte jetzt wirklich ein Ziel. Der Einschnitt war offensichtlich so hart, dass ich wirklich auch für die einfache Laufmotivation ein Ziel brauchte. Die Einfachheit der Kombination der Trainings- mit der Arbeitszeit war verloren und nicht einfach durch das „Läufersein" auszugleichen. Mit dem Erfolg aus Fehmarn im Rücken, dem Wissen, dass es im Urlaub wieder hin gehen wird und vielleicht auch ein bisschen als Alleinstellungsmerkmal im Lauffreundeskreis stellte ich die Weichen auf „Hobbylauf". Ich finde die Bezeichnung „Hobbylauf" immer noch bescheuert - da wo ich starte sind alle Hobbyläufer:Innen und bei den Olympischen Spielen sagt zu den 5000m Läufer:Innen auch niemand, dass das der Hobbylauf ist, nur weil er kürzer als der 10000m Lauf ist, aber ok. So ist es eben und irgendwie kann man das ja auch ironisch anwenden.

Ich schmiedete mir glaube ich erstmals einen Halbjahresplan. Also, einen Plan wo ich denn starten möchte, nicht wie ich vor habe zu trainieren und ich schrieb alles drauf, was irgendwie in der Nähe war, mich ein wenig reizte und zeitlich nicht direkt mit irgendwas anderem in Konflikt stand. Es wurde noch hier und da etwas gestrichen, aber am Ende standen im ersten Halbjahr 9 Wettkämpfe bis Ende Juni an. Klammern wir den Crosslauf über 10km aus waren alle unter 10km lang.

Die zweite Änderung bestand darin, eine Trainingszeit zu suchen, die wieder zu mir und meinem (neuen) Leben passte. Und das gestaltete sich als deutlich(!) schwieriger als zunächst angenommen. Der erste Plan war: ein Zeitslot am Wochenende - gerne mit 1-2 Kind(ern) im Anhänger und einmal unter der Woche am Abend. Unter der Woche am Abend bedeutete dann: Wenn die Kids im Bett waren und schliefen, denn für die Großen war ich zuständig. Das konnte mal so um 19 Uhr, manchmal auch erst um 21 Uhr sein. Manchmal schliefen sie ein, wachten dann aber wieder auf und waren entsprechend mies gelaunt. Dass ich dann unterwegs laufen war, war dann natürlich blöd und entsprach nicht dem, was ich als Papa sein wollte.

Ich probierte es eine ganze Zeit lang so, aber nein, dass war nicht das was und wie ich es haben wollte. Das Training war mit dem Wissen, dass man eigentlich vielleicht gebraucht wurde und nicht da war auch nicht zielführend. Das Laufen sollte Spaß machen. So war es ein „rein pressen" in eine Zeitlücke, die vielleicht gar nicht da war. Kurzum: Der Kopf war einfach nicht frei.

Es dauerte dennoch lange, bis sich mir eine Lösung aufzeigte, die für alle akzeptabel war: Ich wurde zum **#earlybird**!

Wenn du nicht in der Arbeit laufen kannst und wenn du nicht am Abend laufen kannst, dann laufe doch am Morgen vor der Arbeit! Eigentlich war das eine absolut offensichtliche Lösung. Ich machte mich sowieso immer auf den Weg in die Arbeit, während alle anderen noch schliefen. Also störte es entsprechend auch niemanden, wenn ich einfach noch etwas früher aufstand um da meinen Sport zu machen! Natürlich ist es eine enorme Umstellung irgendwann zwischen fünf und sechs Uhr aus den Federn zu hüpfen um dann noch Sport zu machen, bevor der „eigentliche" Tag beginnt. Aber ich lernte schnell, dass es unglaublich toll ist der Welt beim Aufwachen zuzusehen. Ebenfalls fantastisch ist es in den Tag zu starten und zu wissen, dass man schon etwas geleistet hat. Das Training nimmt einem niemand mehr weg, man hat keine Zeit „verloren" und kann trotzdem noch alles tun wie vorher auch. Für mich ist das die perfekte Lösung.

Auch dazu hatte ich damals gebloggt, allerdings war da noch der Abendlauf mein Favorit ;)

Familien-kompatibles Training

Veröffentlicht am *10. April 2017*

Trainingsblogposts sind ja in der Regel so ziemlich das Langweiligste, was es gibt. Zumindest wenn ich sie schreibe und sie jemand liest der das Zeug nicht gelaufen ist. Also für alle anderen 😊 Deswegen habe ich auch recht schnell wieder damit aufgehört. Bis heute.

Unser Wochenende war ziemlich anstrengend. Mama krank, 2/3 Kinder krank.

Papa hibbelig weil: Bewegungsdrang. Also: alles kombiniert, im Kopf durcheinander gewürfelt und raus kam das:

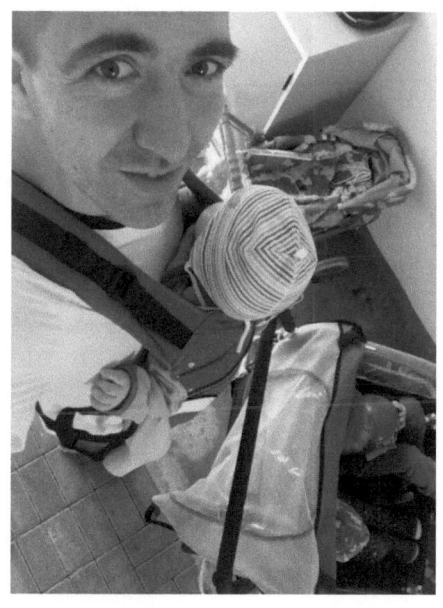

Baby umgeschnallt, Kids eingeladen und ab, ne Stunde Walken im Wald. Cool!

Da mein Bewegungsdrang noch nicht ganz gestillt war und wir noch ein paar Brötchen brauchten ging es für ne flottere Runde über einen kurzen Umweg zum Bäcker. Sonntagsradler zu Fuß überholen ist ein nicht zu unterschätzender Ego-Boost 😄

Fazit: irgendwie findet man immer Möglichkeiten was zu machen, man muss nur etwas kreativ sein und nicht gerade nen Trainingsplan erfüllen wollen 🙂

Neben diesen aktuellen Beispielen gibt es aber noch andere Möglichkeiten Training und Familie ganz gut zu vereinbaren:
- der Klassiker: "Randzeitenläufe". Also dann, wenn der Rest der Familie noch, bzw. schon schläft. Ich tendiere zu letzterem (va, weil Baby regelmäßig um 6 die Windel füllt 😉 und ich das vor der Arbeit in meinen Rhythmus als "Aufgabe" integriert habe)

- Run/Bike2Work: aus verschiedensten Gründen nicht für jeden umsetzbar, ich habe es auch noch nicht geschafft. Gut 20km mitten durch die Stadt sind mir n bissl zu blöd, knapp 30 außen herum schon besser, aber halt auch Minimum einfach 30min mehr als mit dem Auto. Ich habe es einmal die Woche angepeilt ab nach dem Osterurlaub.

- nehmt die Familie mit! Je nach Alter der Kids können sie selber radeln, oder bei Mama/Papa im Begleitfahrzeug im Radanhänger mitkommen. Oder man schiebt sie, wenn die Eltern zusammen laufen wollen. Etwas Kreativität und man kann damit gut Tempounterschiede ausgleichen!

- Alternativsport! Meine Großen haben enormen Spaß an der 7min Kraft- und der Yoga App! Sie machen halt das mit was ihnen gefällt (Hampelmann, Liegestütz(!), Planks, Wandsitzen,...) und was ihnen nicht taugt wird dann umso gründlicher begutachtet und die elterliche Ausführung korrigiert ☺

... es gibt viele Möglichkeiten Familie und Training zu kombinieren. Man muss vielleicht Abstriche an der "Qualität" (/"Intensität"/...) des Trainings machen, dafür ist der Kraftaufwand durch das Extragewicht ggf. höher. Wie auch immer, man gewinnt definitiv "Quality-Time", wenn die Familie Lust hat beim Training dabei zu sein!

4: Wettkampfläufer

Während die Suche nach der optimalen Trainingsgestaltung also in vollem Gange war standen die Wettbewerbe an.

Ich hatte mich auf die Hobbyläufe eingeschossen und mein Plan ging am Ende um Welten besser auf, als ich es mir vorher erträumt hatte. Der Grundgedanke war die Familienkompatibilität mit drei Kindern - also im Grunde: nicht zu viel Zeit auf den Wettkämpfen „verdödeln", aber trotzdem das Wettkampffeeling bekommen. Dazu ist der Trainingsaufwand für eine Verbesserung auf 5km natürlich geringer als auf 10km oder noch weiter. Nicht von der Intensität her - vielleicht sogar im Gegenteil - aber definitiv vom Umfang. 5km sind konditionell das geringste Problem, hier macht es schlicht das Tempo und das war im Grundsatz schon nicht so verkehrt. Wenn man dazu bedenkt, dass ich mit 30 Jahren zu Laufen begonnen habe, war es eigentlich sogar ziemlich gut.

Wettkampfplanung 2017: Gegen den Strom!

Veröffentlicht am *19. Februar 2017*

Sieht man sich meine Twitter-Timeline an, oder folgt (wenn man leider nicht ich ist :D) den Menschen die man über die #twitterlauftreff/#allebekloppt Hashtags findet, merkt man, dass viele ihre Ziele dieses Jahr in der Distanz sehen. Jahreshöhepunkt Marathon ist schon fast normal, 'nen Ultra (Rodgau 50) als Saison-Warm-Up auch fast Standard und das Ziel bei vielen jenseits dieser 50km. Gerne auch mit ein paar trailigen Höhenmetern garniert! Und ich so? Nö! 🙂

Mein Jahr wird anders. Kurz und knackig wenn man so will. Passend zum Training, dass bei mir momentan genauso abläuft, aber das hatten wir ja schon. Mein Ziel dieses Jahr sind die Volks- und Hobbyläufe!
Ja richtig gelesen. Kein Marathon, wahrscheinlich auch kein halber. Und 10er auch nicht! Ich ballere dieses Jahr über die Kurzstrecke, in der Regel um die 5km. Und das ballern ist bitte wörtlich zu nehmen. Also für meine Verhältnisse. Meine Bestzeit über 5km steht bei 19:02, die würde ich gerne drücken...auch wenn ich noch keinen

Plan für das entsprechende Training habe. Egal, dafür habe ich schon Wettkämpfe auf dem Zettel!

Neben dem Training gibt es noch einen zweiten Grund für die bewusste Entscheidung für die kürzere Strecke: die Konkurrenzsituation. 10k aufwärts kann ich wahrscheinlich nicht richtig trainieren, 5k gehen (hoffentlich, vielleicht liege ich auch völlig falsch 😉). Und hier liege ich in einem Leistungsbereich, bei dem wirklich auch mal ein vorderer Platz herausspringen kann, siehe Fehmarn 2016! Vielleicht geht wirklich was, vielleicht auch nicht - dann will ich mich selbst schlagen. Die Chance auf beides ist denke ich vorhanden und reizt mich - also ab dafür! 🙂

Wettkampfläufer - II

Aber das hier soll ja keine Kopie meines Blogs werden, sondern eigentlich nur nochmal die Entwicklung, die ich durchgemacht habe zusammenfassen. Ja, bisher wurde es etwas ausufernd, aber an dieser Stelle liste ich einfach mal schlicht die Ergebnisse auf - wenn du willst kannst du die Details im Blog nachlesen ☺:

Veranstaltung	Distanz	Zeit	Platz	AK
11.03. Rothseelauf	5,2km	19:50	12.	1.
01.04. Wendelstein	4,3km	16:25	1.	1.
17.04. Langeoog	5,0km	18:43	2.	1.
14.05. Beiersdorf	5,0km	19:15	3.	1.
02.06. Tiergartenlauf	6,6km	28:46	1.	1.
17.06. Fehmarn	5,0km	19:39	1.	1.

Ich hatte für mich eine Nische im Laufsport entdeckt, in der ich tatsächlich sogar konkurrenzfähig war! Das widerspricht auf den ersten Blick dem, was ich unter der Erkenntnis, was es für mich ausmacht Läufer zu sein geschrieben habe. Aber man darf an dieser Stelle zwei Dinge nicht verwechseln: Ich definierte (und definiere) mich nicht über die Platzierung. Es ist mir auch heute noch vollkommen egal, auf welchem Platz ich bei einem Wettkampf ins Ziel komme, solange ich am Ende bildlich gesprochen in den Spiegel schauen kann und jemanden sehe, der alles gegeben hat um aus dem Lauf das Optimum heraus zu holen. Ich kann bei keinem Lauf beeinflussen, wer noch an der Startlinie steht. Verirrt sich zufällig mal ein „Spitzenläufer" in einen Dorflauf kann ich schließlich nicht enttäuscht sein, dass ich nicht schneller bin. Dennoch kann das ein fantastischer Lauf werden. Bei vielen Läufen hier in der Region ist beispielsweise ein Läufer am Start, der gefühlt schon sein ganzes Leben rennt und entsprechend natürlich schlicht schneller ist als ich - Grüße gehen raus an Roland Rigotti! 👋. Wenn er mit mir an der Startlinie steht ist mir von vornherein klar, dass ich schon mal nicht ganz vorne landen werde. Und das ist auch absolut ok!

Trotzdem wäre es natürlich gelogen wenn ich sagen würde, dass es mich nicht richtig freut, wenn ich bei einem Lauf ganz vorne mit mischen kann!

Wenn man in die Situation kommt ein Rennen auf Platzierung zu laufen, dann kann das eine ganz andere Art von Laufen werden als man es bisher kannte. Der Sieg beim Fehmarn Marathon war, genauso wie der Sieg in Wendelstein eher noch ein „normales" Rennen. Ich lief beide genauso wie bisher immer einfach für mich - nur, dass diesmal vor mir keine anderen Läufer liefen, sondern das Führungsfahrrad fuhr. Beim Rothseelauf war ich irgendwo im Feld, da habe ich erst danach in der Ergebnisliste gesehen, dass ich schnellster meiner Altersklasse wurde.

Das erste mal, dass ich wirklich um eine Platzierung lief war beim Osterlauf auf Langeoog. Besser als ich es damals im Blog geschrieben habe könnte ich es aus heutiger Sicht auch nicht schildern:

„Ich war {nach dem Start} so an 4./5. Stelle. Bis zum "Anstieg" hatte ich mich an Position 2 vorgearbeitet, den Führenden gut im Blick. Auf dem "Höhenweg" liefen wir gleiches Tempo, nach nem guten Kilometer in der Kurve zum Ortsausgang hatte ich dann aufgeschlossen und ihn überholt. Von da an lief ich vorneweg, aber ich hörte ihn durchgehend hinter mir. So flogen die Kilometer an uns vorbei, der Wind blies uns um die Ohren (allerdings nicht so stark wie befürchtet) und wir schlängelten uns durch den Ort zurück. Ich hatte ja noch die Hoffnung, dass er vielleicht 2 Runden läuft, dennoch wollte ich in der letzten Kurve nochmal alles raushauen - vergeblich, er zog vorbei, durch und leider nicht weiter auf eine zweite Runde. Am Ende stand für mich aber eine deutliche persönliche Bestzeit von 18:42! 3 Sekunden Rückstand - geschenkt! Geiles Rennen, geile Strecke, eine Zeit die ich vorher nicht für möglich gehalten hätte!"

Und ich war - trotz des verpassten Siegs - absolut zufrieden mit mir! Warum auch nicht? Bestzeit, alles gegeben. Mehr kann ich von meiner Seite aus nicht bringen.

Dennoch kann man ja trotzdem was lernen. Das tat ich und konnte es direkt beim nächsten Lauf in Beiersdorf direkt anwenden! Wieder ein Blick in den Blog:

„Die Strecke führte durch ein Wohngebiet nach 1,5km wieder an Start/Ziel vorbei noch etwas durch den Ort und die zweite Streckenhälfte durch Wiesen wieder zurück. Wie üblich ist ein ganz schönes Gedränge zu Beginn. Nach den ersten Kurven war ich so grob 10., es zog sich aber schon ziemlich auseinander. Bis es zu Start/Ziel zurück ging kamen wir an einer Band und einigen Zuschauern im heimischen Garten vorbei und ich konnte ein paar Plätze gut machen und lief mittlerweile zusammen mit Aliyi. Die ersten beiden Starter waren weit enteilt, der Rest aber noch in Sichtweite. Am einzigen Mini-Anstieg bei km 2 hatten wir uns dann auf Platz 4/5 geschoben, Platz 3 im im Blick, aber schon etwas (100m?) Abstand. Ich lief weiter mein Tempo (es ging trotz Oberschenkel erstaunlich gut!) und kurz vor dem Ortsausgang (Band Nr. 2 ;)) ging es für mich alleine weiter, da er abreißen lassen musste. Ich konnte den Abstand auf Platz 3 nach und nach leicht verringern und bis zu Kilometer 3 aufschließen. Da man ja ab und an aus Fehlern lernt wollte ich den vom Langeooger Osterlauf nicht erneut begehen. Ich schloss also nicht nur auf, sondern hielt

das Tempo hoch und versuchte weg zu ziehen - was mir auch gelang. Vorbei am Badesee (und Band Nr. 3) ging es jetzt nur noch darum mich nicht mehr erwischen zu lassen. Ich fühlte mich erstaunlich gut ... Ich konnte mein Tempo halten und gefühlt sogar noch leicht erhöhen, wurde nicht mehr erwischt und konnte auch noch einen sauberen Zielsprint hinlegen! 3. Platz, 19:13, absolut perfekt!"

Ich beging also nicht nochmal den gleichen „Fehler", indem ich an Position drei liegend auf den Zielsprint wartete, sondern zog direkt an, um einen Abstand herzustellen. Ich war nie gut im Sprint und werde das wohl auch nicht mehr werden. Aber ich bin ganz gut darin, ein ziemlich hohes Tempo ziemlich lang zu halten. Also muss ich meine Stärken ausspielen, die „Entscheidung" vorher suchen und nicht auf den Zielsprint warten. Das habe ich gemacht, das hat geklappt!

Das ist jetzt natürlich ein sehr spezieller Punkt in einer sehr speziellen Situation. In diese Situation kommen ehrlicherweise die Wenigsten - ich selbst dachte ja kurz vorher noch nicht, dass ich jemals in so einer Situation sein würde. Ich dachte selbst nach Fehmarn im Jahr vorher nicht, dass ich nochmal irgendwann um eine Platzierung renne. Aber im Großen Bild kann man das ja auch anwenden - also: wissen, was man kann, aber auch wissen was man nicht kann.

Ich wusste, dass ich nicht gut im Sprint bin. Das könnte ich zum Beispiel nutzen um mein Training entsprechend anzupassen (Spoiler: habe ich nicht 😁).

Ich wusste, dass ich nicht in der Lage bin einen Marathon zu laufen, dass ich nichtmal wirklich in der Situation bin einen Halbmarathon oder „nur" einen mich zufrieden stellenden Zehner zu laufen - also lief ich Hobbyläufe!

Glück

Veröffentlicht am *3. August 2017*

Im Gefühle ausdrücken bin ich nicht gut.
Ich rede selten bis nie darüber und behalte
sie in der Regel für mich. Jetzt musste das aber mal raus.
Irgendwie. Einfach so...

Anfang August. Donnerstagmorgen. Kurz vor 5Uhr. Das Baby kurz vor dem Wecker wach, ich darauf eingestellt mit der Kleinen runter zu gehen, damit meine Frau noch eine Stunde schlafen kann bis ich in die Arbeit aufbreche. Sie sagt: "Ich komme mit, du wolltest doch eine Runde Laufen gehen." Glück

Draußen: Dunkel. Nass. Dämpfig. Warm. Gefühlt ein Herbsttag mit falscher Temperatureinstellung. Ich: Müde. Angestrengt. Schleiche gefühlt durch die Straßen. Bewusst "langsam", nur durch die Nase atmen - die beste Kontrolle für das Grundlagentempo. Die Kopfhörer beginnen zu spinnen: das Kabel am Stecker war schon leicht lädiert, jetzt ist es endgültig im Eimer. Ok, dann also keine Berieselung auf den Ohren - und das war das Beste was während des Laufs hätte passieren können. Die Gedanken wanderten erstmal umher. Ich spürte hier ein Zwicken, da ein Ziehen. Nichts schlimmes. Dennoch immer wieder negative Gedanken: "Warum machst du das überhaupt?!" Patsch. Patsch. Patsch. Ein Schritt nach dem anderen landet auf der feuchten Straße. "Langsame Läufe sind doch sooooo langweilig!" Für Intervalle oder sonstige Tempoverschärfungen oder irgendeine andere Form der Abwechslung bin ich aber zu müde. "Bringt der Mist hier überhaupt irgendwas??" ... Patsch. Patsch. Patsch... Irgendwann macht es dann Klick im Kopf. Ohne Auslöser. Einfach so. Ein absolute Zufriedenheit steigt in mir auf. "Wie geil ist das eigentlich?" Einfach so aufstehen können, raus gehen, Laufen. Nur man selbst und die Natur. Patsch. Patsch. Patsch. Vögel zwitschern, es wird langsam hell. Herrlich. So etwas "banales" genießen zu können ist perfekt. Glück.

Glück, dass der Kopfhörer kaputt ging.

Glück, dass ich trotz #mimimi weiter gelaufen bin.

Glück, dass es so früh ist, die Sonne erst aufsteigt und der Rest der Welt noch schläft.

Glück, dass ich einfach so in der Natur unterwegs sein kann.

Glück, dass Chrissy extra mit aufgestanden ist um mir das zu ermöglichen. Familie. Glück.

5: Neue Horizonte

In der folgenden Zeit änderte ich einige Dinge im Leben.

Beeinflusst durch das den LaufenLiebeErdnussbutter-Podcast und sonstige „schlechte Einflüsse" im Internet 🌚 und außerhalb wurde ich Vegetarier.

Ich kann mich weder an ein „Auslöserereignis" erinnern, noch einen speziellen Grund - irgendwann war es zum Einen die Neugier darauf, ob ich das denn überhaupt könnte und zum Anderen der Gedanke: „warum sollte ich es denn nicht tun?!" ... Darauf hatte ich keine gute Antwort. Also probierte ich es.

Das war für mich ein relativ großer Schritt. Schon in der Kindheit war es so, dass ich mit Matthias immer Schnitzel mit Pommes teilte. Ich das Schnitzel, er die Pommes. Wirklich viel geändert hatte sich bei mir seitdem nicht. Tja - nun also ein 180 Grad Turnaround!

Wo ich schon mal dabei war änderte ich gleich noch eine zweite Sache: kein Alkohol mehr. Wieder war der Grund die Frage: „Warum denn nicht?!". Hier war der Grund weniger ethisch und „weltretterisch", sondern viel mehr egoistisch: Ich trainiere mir doch nicht den Arsch ab um mir die Verbesserungen dann weg zu saufen. Ja, natürlich ist mir klar, dass das krass übertrieben ist, aber hier wären wir wieder beim „sich selbst verarschen". Funktioniert halt immer wieder!

Ein weiterer - und vielleicht ein auch nicht zu unterschätzender - Grund ist die Vorbildfunktion, die ich damit ausfüllen will. Nicht nur damit, eigentlich mit allem was ich tue. Ich hoffe das klappt, die Jahre werden es zeigen. Aber ich könnte gegenüber den Kids zum Beispiel nicht „Rauchen ist scheiße" vertreten, wenn ich rauchen würde. Genauso wenig klappt das mit dem Alkohol oder dem Sport. Trinke ich selber (mehr oder weniger regelmäßig) kann ich nicht glaubhaft vertreten, dass das schlecht ist. Sitze ich nur auf der Couch kann ich den Kindern nicht so authentisch klar machen, dass Sport gut für sie ist.

Auch Läuferisch habe ich mich dahingehend verändert, dass ich nach und nach meinen Rhythmus als #earlybird wiedergefunden habe.

Wettkampftechnisch war auch noch einiges los. Ich konnte meine Titel aus dem Vorjahr größtenteils verteidigen. Weil aber der Wettkampf nie alles war, nie alles ist und hoffentlich nie alles sein wird, habe ich noch ein paar andere lustige - und auch wieder einfach genau für mich passende - Aktionen eingestreut. Ich hatte einfach viel Spaß!

Als erstes zog es mich auf einen Trailwettkampf. So richtig. So wirklich! Ja, der Winterwaldlauf war schon „trailig", aber doch recht flach und eher auf „Waldautobahnen" angesiedelt. Jetzt sollte wirklich richtiges Trailfeeling aufkommen - und es kam auf!

Outdoortag Plech – Trailrun

Veröffentlicht am *28. Mai 2018*

Mythos Trail

Faszination Trail

Trail. Ein „Virus", eine „Sucht", die viele Läufer, wenn sie damit in Berührung kommen, nicht mehr los lässt. Es hat mich erwischt.

Ich habe eine Dosis Trail eingeflößt bekommen. Sie war klein, sogar kleiner als geplant. Aber sie war intensiv. Wahnsinnig intensiv!

Ich ertappe mich immer wieder bei Gedanken an die Strecke, mein Körper sendet mir Signale von Stellen, die ich vorher so noch nicht gespürt habe. Gespräche landen immer wieder bei dem Lauf. Sogar im Tiergarten mit der Familie am Tag danach habe ich abseits des Weges gedeutet und gesagt: „so war der ‚Weg' gestern auch!". Ich glaube mit leicht leuchtenden Augen...

Aber was war eigentlich passiert? Vor Wochen flatterte irgendwo durch die Weiten des Internets ein Link zum Outdoortag in Plech. Neben diversen Wanderungen, Mountainbike Touren und Führungen in Höhlen der näheren Umgebung (und wahrscheinlich noch vielem mehr - Impressionen in der Bilderstrecke von nordbayern.de) gab es auch einen Traillauf. Genauer gesagt drei. Einen „Einsteigertrail" über 7,5km, und die FrankenPfalz Meisterschaft über 16, bzw. 31 Kilometer. Irgendwie geriet der Einsteigertrail in Vergessenheit. Bei einer passenden Gelegenheit machte ich den Termin im Familienkalender fix und meldete mich für die 16km Distanz an 😉

Die Tage vergingen und die Teilnehmerliste wuchs. Nicht. 🙂 Ich versuchte noch die lokalen Twitteristis zu aktivieren, aber leider hatte niemand mehr Zeit, sodass das Starterfeld der beiden „Meisterschaftsläufe" die 20 Teilnehmer nicht überschritt.

Die Tage vor dem Lauf war das Wetter bescheiden, nur um am Tag direkt vor dem Lauf auf Hochsommer zu wechseln. Startzeit war um 14Uhr, wir erreichten Plech bei 27 Grad und strahlendem Sonnenschein eine Stunde vor Start. Ich war von Anfang an begeistert! Geparkt wurde auf einer Wiese am Ortsrand, neben der Feuerwehr (das war die Event-Location für den Outdoor Tag).

Über die kleine Straße, bzw. den letzten Trail der Strecke ging es vom Parkplatz hin.

Dieses Trail-Stück lief ich heute noch öfter
Die Outdoor-Tag-Base ist dann so ziemlich das, was ich mir als „perfekt" vorstelle. Alles da, was man als Läufer so brauchen könnte (Verpflegung - Pizza!, Umkleiden, Duschen, ...), vieles für die Familie (also die Kinder 😉 - Spielplatz, Hüpfburg, Dosenwerfen, Torwandschießen, Kletterwand, ... und das alles schön kompakt beieinander. Es gab sogar so einen Kirchweih-Süßigkeiten-Wagen...auch wenn wir den jetzt nicht besuchten :). Im Verpflegungs- und Startunterlagen Zelt war noch eine groß aufgebaute Streckenkarte um sich mit dem Weg vertraut zu machen.

Nachdem ich meine Startnummer abgeholt und die „Ich mach das auf eigene Gefahr"-Erklärung unterschrieben habe studierte ich die ausgehängte Streckenkarte   und bin dann zurück zum Auto - umziehen. Natürlich wieder über den Trail und nicht die Straße 🙂 Mit dem Outfit war ich leicht „unglücklich" - erst hatte ich ein kurzes Kompressionsshirt unter dem Singlet...für ungefähr 30 Sekunden, dann wurde es mir zu warm 🙂 Untenrum durfte endlich mal meine Trailhose wirklich auf einen Trail und noch weiter unten steckte ich in Kompressionssocken - diese hätte ich gerne gegen kurze getauscht, hatte aber keine dabei. Mein Schuhwerk waren Hoka Arahi, das „trailtauglichste" was ich so rumstehen habe (Spoiler: es war kein Problem!).

Also: zurück zum Start. Unterwegs habe ich drei mal die Frage ob ich alles habe mit „Jaaahaaaa" beantwortet, nur um dann, als wir oben waren auf die Frage nach dem Zeittransponder nur ein „oh" rauszubringen. Also nochmal zum Auto...wo ist das Ding?? *such,such* ... in der Hosentasche! Yay, super 🙂 ...also wieder hoch. Die letzten Minuten vor dem Start waren wir im "Spielbereich" für die Kinder.

Wie entspannt alles war erkennt man an den folgenden Minuten: Durchsage: „In 5 Minuten kommen bitte alle Helfer nochmal zusammen die gleich an der Strecke sind, die Läufer dann kurz danach." Also versammelten wir uns alle an den Biertischen im Zielbereich. Die „Wettkampfbesprechung" bestand aus: „ausgeschildert ist alles super" (Spoiler: weiterlesen! ;)) und „wir müssen noch kurz warten bis die Feuerwehr die Straßen gesperrt hat." dann kurze Pause: „ich mach jetzt noch nen Countdown von 10, dann geht's los! 10, 9, ..., 3, 2, 1, los!"

Gefühlt schaute erst mal jeder auf den anderen bevor es dann auch tatsächlich los ging 🙂 Kein Gedrängel und Gehetze am Start wie man es von Stadtläufen kennt, alle nahmen Rücksicht. Super!

Warum das auch gar nicht nötig wäre erkennt man hier in Plech als Trailneuling sofort. Der erste Teil der Strecke führte zwar noch durch die Ortschaft, aber von Anfang an ging es entweder hoch oder runter in Richtung Hauptstraße. Die war links und rechts durch ein Feuerwehrauto gesperrt, es ging direkt wieder in eine Seitenstraße und Richtung Ortsausgang. Hier folgte der erste und einer der wenigen flachen Abschnitte der

Strecke. Wobei „Abschnitt" in diesem Fall ungefähr 200m bedeutet...wenn überhaupt.

Hier kam noch der Straßenläufer in mir durch und ich überholte bis hier hin ein paar andere und reihte mich an dritter Stelle des Gesamtfeldes ein. Was folgte war der erste Vorgeschmack was anstiegsmäßig noch auf mich zukommen sollte. Das letzte Stückchen im Ort war ein Anstieg (20HM auf 150m vertikale Strecke), den ich, wäre es später gewesen, garantiert nicht mehr hoch „gerannt" wäre. Es war auch der letzte, den ich noch gerannt bin 😉

Oben angekommen ging es - ebenfalls typisch für die Strecke - direkt wieder runter. Diesmal wirklich aus dem Ort raus, unter der Autobahn durch und rein in die Natur. Der nächste Kilometer ging relativ flach an einem Waldrand-/Feldweg entlang. Die beiden Läufer vor mir brannten ein Tempo in den Boden das ich wohl nicht mal im Flachen mitgehen hätte können - und das war auch gut so. Ich war alleine mit mir und konnte mich vollkommen auf mich selbst und die Umgebung konzentrieren. Von dem Weg weg ging es links in den Wald. Links und hoch. Steil hoch! Es dauerte kurz bis ich über meine. „Läuferschatten" springen konnte, aber es machte sowas von keinen Sinn hier hoch zu rennen, also ging ich. Ich versuchte schnell zu gehen...ob das klappte kann ich nicht sagen, ich denke schon 🙂 Danach ging es durch den Wald, noch auf etwas größeren Wegen und auf der anderen Seite wieder raus. Auf einer Straße ging es wieder nach unten und parallel zur Autobahn wieder ab nach oben. Erst langsam, das letzte Stück dann wieder sehr steil. Hier konnte man weit nach vorne sehen und ich hatte zum letzten mal den führenden und etwas länger den zweitplatzierten im Blick. Hier oben angekommen ging es über eine Brücke über die A9. Direkt danach war VP 1 - es gab Iso, Wasser, Bananen, Müsliriegel und Nüsse. Besser als so mancher Volkslauf!

Und es ging wieder abwärts. Man musste eine Straße kreuzen die ebenfalls von der Feuerwehr gesichert war und schwupp ging es wieder rein in den Wald! Rein und... hoch! Gefühlt nochmal krasser , oben angekommen schlängelte man sich noch durch Felsen durch nur um sich im direkt folgenden Downhill nach unten zu schlängeln. Ich fühlte mich dabei wie so ein Youtube-Trailläufer. Es war so surreal, so fantastisch. Im Downhills war ein Fotograf, der diese spektakulären Bilder schoss:

Quelle: Outdoortag Plech

Er meinte noch ich solle eeetwas langsam machen. Meine Antwort „es macht aber so verdammt Spaß" sagt glaube ich alles 😊

Quelle: Outdoortag Plech

Ich flog also weiter über die Waldwege, schlich den nächsten Anstieg hoch um direkt danach wieder runter zu ballern. Hier hatte ich erstmals leichte "Orientierungsprobleme". Die Markierungsfähnchen und -schilder wurden gefühlt etwas sehr spärlich und ich war mir für einen Moment nicht sicher, ob ich noch richtig bin. Ich bog einmal quer über die Wiese, da ich dachte dort ein Fähnchen zu sehen ... war aber keins, also bin ich zurück auf den Weg und schoss weiter bergab. Als ich aus dem Wald kam sah ich zum Glück die nächste Markieren, sowie einen Streckenposten - war also richtig. Noch einmal abbiegen und ich war an VP2. Hier machte ich kurz stopp, trank einen Becher Iso und schnappte mir zwei Stück Müsliriegel. Von hier ging es runter auf eine gesperrte Straße. Ich wollte schon gerade aus rennen, fragte aber während ich die Straße betrat mit halb vollem Mund und halb in Zeichensprache "da lang?" und bekam ein "ne, da hoch und links" zurück. Ups... "Danke!" und weiter ging's! Direkt links rein. Dieser Streckenabschnitt führte jetzt etwas "gemächlicher" über Feldwege. Es war nicht direkt eben, aber zumindest ging es für den Moment nur noch leicht auf und ab. Zwischenzeitlich hatte ich das Gefühl es wäre eine Schneise in die Wiese gemäht worden damit wir da durch laufen können - es war aber als "normaler" Wanderweg markiert. Einfach toll. Eine Brücke führte über einen Bach und kurz darauf war ich auf einer Waldautobahn. Und irgendwo hier passierte es dann: Ich verpasste eine Abzweigung. Es waren zwei Mountainbiker und drei Wanderer unterwegs, vielleicht war ich im falschen Moment etwas abgelenkt, oder es waren "Scherzbolde", die die Markierungen "entfernt hatten"- wie nordbayern.de im Artikel zum Outdoortag schrieb. Wie auch immer. Ich lief daher den Weg weiter und hatte schon das Gefühl falsch zu sein, da ich lange keine Markierung mehr sah. Ich dachte mir andererseits aber auch wieder nicht wirklich was dabei, da ich davon ausging, dass einfach keine Markierung nötig war, wenn man auf dem Weg bleiben sollte - war vor VP2 ja auch schon so. An der Bundesstraße angekommen (immernoch ohne Markierung) wusste ich, dass ich falsch war. Ich hatte jetzt zwei Optionen: Umdrehen (Berg hoch) und hoffen irgendwo die Abzweigung zu finden, oder wieder versuchen Richtung Plech zu kommen. Ich entschied mich für letzteres, da ich auf der anderen Straßenseite wieder ein Markierungsfähnchen sah. War ich doch richtig? Ich lief rüber. Das Richtungsschild lief ich von hinten an - also war ich falsch gelaufen, aber immerhin wieder auf dem Trail. Der bot nochmal ein wahnsinniges Fest an Eindrücken: Singletrail, Felsen, Steile An- und Abstiege. Wahnsinn. Leider war ich nach dem letzten Downhill direkt am Parkplatz. Blick auf die Uhr: 12km. Scheiße. Ich überlegte was ich tun sollte, überschlug kurz die Zeit und trottete am Parkplatz aus. Ich wollte keinesfalls vor den beiden Erstplatzierten ins Ziel. Die waren vor mir und so sollten sie auch einlaufen, also blieb ich kurz stehen und blickte zurück. Keine 2 Minuten später kam der (meines Wissens nach) Führende aus dem Wald. Ich wartete beim Parkplatz, klatschte ihm zu, beglückwünschte ihn und erklärte kurz, dass ich falsch abgebogen bin. Ziemlich zeitgleich kam der (meines Wissens nach) Zweitplatzierte vom Zielbereich Richtung Parkplatz! Hatte er doch gewonnen? Ich unterhielt mich kurz mit ihm - nein, hat er nicht. Er war zwar als erster im Ziel, allerdings lief er wie sich später herausstellte wohl an gleicher Stelle falsch wie ich. Krass. Naja, da beide nun da waren konnte ich ja auch ins Ziel 😊 Nach selbst getrackten einer Stunde und 6 Minuten und (nur) 12,35km lief ich über die Ziellinie, erklärte mein Problem und wurde aus der Wertung genommen.

Eine Medaille bekam ich trotzdem, wie sich später herausstellte waren wir zu 4., die nicht die volle Strecke liefen (und das auch meldeten). Bei der 7,5km Distanz ging es wohl einer Gruppe ebenfalls so, die liefen aber zu viel statt zu wenig. Das wäre mir auch deutlich lieber gewesen. Wir haben uns mit dem Zielgetränk in der Hand (gab es im Tausch gegen den Transponder 😊) den Plan im Ziel angesehen: verglichen mit meinem Track muss es ungefähr bei km 9,4 gewesen sein wo wir alle auf dem Weg blieben und nicht rechts weg sind. Für die Zukunft weiß ich: Ich muss den Track irgendwo mitnehmen und "prüfen" können. Sei es auf dem Handy (das wäre aus anderen Gründen auch nicht dumm - Notfall / Fotos!)

oder einem reinen Tracker. Aber beim ersten Trail kann sowas durchaus passieren, es kommt darauf an was man daraus lernt.

Mich ärgert im Nachhinein die Disqualifikation und der verpasste dritte Platz übrigens kein bisschen. Das einzige was mir "stinkt" ist, dass mir 3km Trail fehlen, die ich wahnsinnig gerne noch gelaufen wäre! Der Virus hat mich gepackt.

Plech, ich komme im nächsten Jahr wieder - ich habe noch eine Strecke zu Laufen!

Neue Horizonte II

Leider blieb der Outdoortag eine bisher einmalige Sache. Die Veranstaltung sollte alle zwei Jahre stattfinden - leider war 2020 nach der geplanten Pause 2019 nicht daran zu denken. Ob sie jemals wieder aufgelegt wird? Keine Ahnung, aber ich hoffe sehr. Ich würde sehr gerne nochmal auf die lange Strecke gehen!

Die nächste Aktion war ziemlich sicher auch die krasseste. Chrissy kam bereits 2017 auf die Idee einen Mammutmarsch zu wandern.

100km zu Fuß in maximal 24 Stunden.

Kein Rennen, eine Wanderung. Ich war sofort mehr als dabei! Für mich (/uns) typisch haben wir - trotz viel Zeit bis Sommer 2018 - die Vorbereitung darauf eher nicht so wild genommen - ehrlicherweise ist das mit drei Kids rein zeitlich auch nicht so einfach - sodass wir am Ende nur eine Handvoll Vorbereitungswanderungen hatten. Diese waren jedoch sehr effektiv. Wer die komplette Vorbereitung nachlesen will: die steht natürlich im Blog:

 https://www.likethewindt.de/category/projekt-mammut/

Mammutmarsch München

Veröffentlicht am *2. August 2018*

„Drei mal Abbiegen bis Italien" – Unsere Geschichte vom Mammutmarsch!

Prolog

Wie startet man mit einer Geschichte, bei der man selbst noch nicht so ganz verstanden hat, was genau da eigentlich passiert ist und was man vollbracht hat? Am besten mit Musik:

Der Himmel ist blau und der Rest deines Lebens liegt vor dir
Vielleicht wär es schlau, dich ein letztes Mal umzuseh'n
Du weißt nicht genau, warum - aber irgendwie packt dich die Neugier
Der Himmel ist blau, und der Rest deines Lebens wird schön, yeah!

Die Ärzte - Himmelblau (<u>Youtube</u>)

Dieses Lied ist für mich persönlich mit positiven Erinnerungen verknüpft wie kaum ein Zweites und es sollte mein erster Begleiter für diese Geschichte werden... aber von vorne. Als Chrissy mich 2017 auf diese eine Veranstaltung bei München aufmerksam machte war die Zeit zum damaligen Start zu knapp und auch als Helfer konnten wir uns nicht mehr freiwillig melden (wer hilft bekommt im Folgejahr einen Gratisstartplatz). Das wäre aber auch gar nicht so einfach geworden, schließlich wurde das Baby zu der Zeit noch gestillt. Im Nachhinein betrachtet war es auch gut die ganze Geschichte nicht ganz so überstürzt anzugehen und zumindest ein bisschen Vorbereitung zu haben. Nichtsdestotrotz setzte sich die Idee der Teilnahme 2018 bei uns im Kopf fest und wir meldeten uns ziemlich fix nach der Öffnung des Meldeportals an. Somit stand es also fest. Am 28. und 29. Juli 2018 würde unser persönlich größtes (sportliches) Ereignis stattfinden. Der <u>Mammutmarsch. Wandern. 100km. 24h.</u>

Die Zeit verging und der Mammutmarsch war noch (sehr) weit weg. Irgendwann im Frühjahr begannen wir mit der ersten groben Planung. Irgendwie sollten wir für dieses Projekt durchaus mal üben gehen (gefordert war unter anderem mindestens eine Probewanderung über 35km - upsi ^^). Wie man im Blog nachlesen kann hatten wir vier Wanderungen um alles an Equipment zu testen. Die längste davon war 33,3km - also ein Drittel der Strecke. Das musste reichen denn mehr war mit den drei

Kindern einfach nicht mit vertretbarem Aufwand zu machen. Meine Ausrüstung blieb ziemlich exakt so bestehen wie ich sie im letzten Post beschrieben hatte. Ergänzt wurde Liste noch um kleine Salzbeutelchen (wir hatten die kleinen, die es nach der Ikea-Bistro-Kasse gibt eingepackt - eine wie sich später herausstellen sollte geniale Entscheidung!) und die Verpflegung, die wir an die VPs bringen ließen. Wir hatten nämlich das "große Paket" gebucht - neben einem Teilnehmer-T-Shirt gab es da noch den Transport von drei Verpflegungsbeuteln zu VP2, VP3, bzw. VP4. An VP1 und VP5 konnte man nichts liefern lassen. Was ich im Einzelnen eingepackt hatte kann ich gar nicht mehr genau sagen.

Nachdem an diesem Tag auch endlich meine Teilnehmerkarte in der Post war (mit der man sich vor Ort "ausweist") packten wir am Abend soweit alles zusammen. Die Großeltern waren für die Kids organisiert, ich bastelte mein eigenes "Roadbook", das ich im Endeffekt nur spazieren trug ;)) und wir wollten natürlich noch irgendwas futtern. Chrissy kochte Nudeln - unser Plan war, die zu den Verpflegungsstationen bringen zu lassen und dort mit Pesto gemischt zu futtern. Irgendwie hatte ich aber enorme Lust auf Pizza und so gar keine große Lust auf Nudeln. Also orderte ich mir mit Kind 2 eine große und eine Familienpizza mit dem Hintergedanken das was übrig bleibt am nächsten Tag mitzunehmen.

Kapitel 0

Am nächsten Morgen meinte es das Baby auch ganz gut mit uns und weckte uns erst um kurz nach 7:00Uhr. Ausschlafen, sozusagen. Das ist vielleicht auch nicht das Schlechteste ☺

Wir bereiteten nach dem Frühstück die letzten Dinge soweit vor, die Großeltern waren auf 9:30 bestellt. Eigentlich wollten wir um 10 Uhr los. Erstes Ferienwochenende in Bayern - da weiß man nie wie man durch München kommt ...und auf Zeitstress hatte ich absolut keine Lust. Das hat dann auch alles bestens funktioniert. Sie kamen pünktlich um 9:30 Uhr, wir waren im Großen und Ganzen startklar und konnten kurz vor 10 zu unserem großen Abenteuer aufbrechen! Ab zum Starnberger See!

Die Fahrt verlief bis auf eine kleine Verzögerung vor einer Baustelle komplett easy. Im Auto lief die Playlist vor sich hin - hier prägte sich für später eine weitere Textzeile in meinen Kopf ein:

Ich bin ein positiver Mensch, das Leben ist okay
Ich kann die guten Dingen seh'n in all der Negativität

Kraftklub - Für Immer (Youtube)

Den Refrain des Songs (*„Ich bin für immer allein, für immer.. für immer...*") ignoriere ich an dieser Stelle mal besser , auch wenn man nie genau sagen kann, was nach 100km mit einem passieren wird ;)

Unterwegs tankte ich die erste(n) Ladung(en) Koffein. 2 kleine Cola, eine große Mate. Läuft, der Grundstein war gelegt. Nach einem kurzen Stop an der Autobahn-raststätte erreichten wir ziemlich um 12:00 Uhr mittags das Veranstaltungsgelände.

Der "CheckIn" hatte auch schon offen (eigentlich für 14 Uhr angegeben) - also meldeten wir uns an, erhielten unsere Verpflegungsbeutel, ein "Läuferbändchen" und das offizielle Streckenheft in dem bis ins kleinste Detail alles dokumentiert war.

Es war ja noch genug Zeit, also gingen wir zum Auto und wollten unsere Beutel packen - blöderweise parkten wir auf einem Privatparkplatz einer Jugendeinrichtung und wurden gebeten unser Auto die Straße runter zu stellen. Also, zuerst umparken, dann Beutel packen. Nachdem wir diese kurz darauf abgegeben hatten (Nummer 10 und 11 - nur um zu verdeutlichen WIE früh wir da waren :)) gingen wir zu den nahegelegenen Supermärkten und holten noch etwas Obst und ein Käsebrötchen, ich aß zusätzlich eine mitgebrachte Nussschnecke. Grundlagen schaffen - wie mit dem

Koffein! Zurück zum Auto ging es wieder am Gelände vorbei und wir ließen von anderen Teilnehmern noch ein "Vor-Start-Foto" von uns an dem "Selfi-Plakat" machen:

Danach zogen wir uns am Auto um, gingen wieder zum Gelände, suchten erst die Toiletten, dann ein schattiges Plätzchen und warteten bis es los ging.

Die allgemeine Stimmung war extrem entspannt. Während des Wartens beobachteten wir das Treiben der anderen, lauschten mehr oder weniger freiwillig deren Gesprächen und halfen noch einem Starter neben uns die Streckenkarte in die Komoot App zu bekommen. Komoot war zusammen mit der gelieferten Strecke, um es gleich vorneweg zu nehmen, fantastisch. Ein Problem hatte ich zwar, aber dazu später mehr.

Den Rest der Zeit verbrachten wir mit sitzen/liegen, den Trommlern lauschen und witzigen Bildern machen 😏

Chrissy zog es dann nochmal zur Toilette. Somit verpassten wir das "Gesamtteilnehmerfoto" (alleine wollte ich auch nicht). Naja, gut, wir hätten es vielleicht noch geschafft ... aber eigentlich blieben wir einfach lieber im Schatten. Kurz darauf erfolgte dann die Aufforderung an die Teilnehmer der ersten Startgruppe zum "Startpavillon" zu kommen. Kontrolliert wurde - wie auch später auf der Strecke - nichts. Jeder ist für sich selbst verantwortlich und wer bescheißt, der bescheißt sich nur selbst. Wir stellten uns unter das kleine Zelt (Schatten!) und warteten die letzten 10 Minuten darauf, dass es los ging.

Kapitel 1

Einen kurzen Countdown später war es soweit! Unter dem Applaus der "Offiziellen", der späteren Starter und den Klängen der Trommler, die uns zum Ausgang des Geländes begleiteten gingen wir unsere ersten Schritte ins Abenteuer 100km Wanderung!

Der erste Teil der Strecke führte vom Sportplatz auf kürzestem Wege Richtung Starnberger See. Kurz nachdem wir an unserem geparkten Auto vorbei kamen war der See das erste Mal zu sehen.

Wir konnten allerdings nicht wie ursprünglich geplant direkt zum Seeweg gehen. Die Veranstalter wurde kurzfristig informiert, dass da heute das "Seefest" stattfindet. Somit wurde die Strecke kurzerhand geändert und wir wurden alle auf einen mehr oder weniger parallelen Weg etwas oberhalb geleitet. Alles kein Problem. Da wir uns vor dem Start unter den Pavillon waren wir natürlich sehr weit vorne im Starterfeld und witzelten kurzzeitig, dass das Gesamttreppchen im Blick und die Position als Erste Frau unbedingt gehalten werden müsse! Wir entfernten uns wieder etwas vom See und mussten die nächsten Meter entlang der Tutzinger Hauptstraße laufen. So schön die Gegend da unten ja ist: die (Haupt)Straßen durch die Orte am See sind eine Katastrophe. Und das ist noch freundlich formuliert. Das negative Highlight folgte prompt: eine Radlerin schmiss es ein paar Meter hinter uns von ihrem Fahrrad. Passiert ist zum Glück nichts, sie ist anscheinend an einem parkenden Auto hängen geblieben. Da ihre Begleiter auch direkt bei ihr waren sind wir alle gleich weiter und hatten die Situation schnell abgehakt. Zum Glück ging es danach wieder zum See runter und an einem schönen Uferweg entlang. Überall waren Menschen aus der Umgebung die der Hitze entfliehen, bzw. das Bestmögliche aus ihr machen wollten und sich die Zeit am See vertrieben. Die Gedanken der Badegäste hätten mich ja schon interessiert. Zwischendurch wurde man auch immer wieder angesprochen was wir denn hier machen würden. Die Reaktion war in der Regel ein beeindrucktes: "Woah. Krass!". Teilweise anerkennend um ein "Viel Erfolg!" ergänzt, teilweise etwas verwirrt und teilweise vielleicht auch - nachvollziehbarerweise - einfach nur absolut ungläubig. Oder die Leute haben gar nicht ganz kapiert was sie jetzt da als Antwort bekommen haben. Wir marschierten also so vor uns hin und ließen die Umgebung auf uns wirken...

Es waren, auch wenn man es auf den Bildern nicht sieht, wirklich viele Menschen hier am See - wahrscheinlich war das bei dem Wetter jetzt aber auch eher normal - auf mich wirkte es viel. Was ich bis heute absolut nicht kapiert habe war der Golfplatz, der direkt an eine Liegewiese angrenzte. Das geht immer noch nicht ganz in meinen Kopf rein. Nach nicht ganz der Hälfte des ersten Abschnitts bis zum VP1 lag dann eine Getränke-flasche am Weg die offensichtlich einem der Läufer gehört. Wir hatten schon eine Vermutung wer es war (der "Herr in Rot" auf dem ersten Foto nach dem Start). Nachdem wir erst weiter gelaufen waren drehte ich nochmal kurz um und hob sie auf ... bei dem Wetter kann man sein Getränk echt gut gebrauchen dachte ich. Wir wussten zwar nicht, ob wir ihn nochmal sehen würden, da er ne gute Ecke schneller war als wir, aber liegen lassen wollten wir die Flasche dann auch nicht und zur Not hätten wir sie halt am VP abgegeben. Ich nahm also eine meiner Flaschen aus dem Seitenfach des Rucksacks in die Hand und transportierte dafür die andere Flasche im Rucksack. Das ich meine tragen musste war kein großes Ding. Naja, jetzt hatte ich halt unnötiges Gewicht dabei ... aber das sollte nicht das letzte Extragewicht sein, dass ich spazieren trug ☺

Nach ungefähr 2/3 der Strecke zum ersten VP - oder rund 12km oder 2 Stunden - ging es dann vom See weg durch ein kleines Waldstück und in Richtung Starnberg. Hier waren wir dann wieder in einer völlig anderen Welt. Was hier in einer Dichte an Geld in Form von Autos, Häusern und sonstigen Wertgegenständen herumsteht ist schon krass. Der Elefant in der Garage war da schon noch irgendwie normal ☺

Weiter ging es etwas später an der Uferpromenade in Starnberg entlang und der Eindruck verfestigte sich weiter. Als wir an einem Hafen..Club(?) vorbei kamen prallten durch die Gäste dort und die Schaar an Mammutmärschlern zwei Welten aufeinander. Ich schätze 95% der einen Welt versteht nicht, warum die andere so ist wie sie ist, bzw. wie sie denn überhaupt ist. Und umgekehrt genauso. Auch hier witzelten wir wieder, ob wir nicht mit unseren Bändchen zum "Türsteher" gehen und uns mal nen Cocktail machen lassen sollten.

Kurz vor dem Ortsausgang war es dann geschafft: wir liefen auf VP 1 zu und wurden von HelferInnen/Orgas(?) bereits an der Abzweigung zum VP begrüßt und zu den Ständen gelotst. Als allererstes freute ich mich den "Man in Red" zu sehen und gab ihm seine Flasche wieder. Er freute sich ebenfalls, auch wenn er sich zwischenzeitlich einen Ersatz organisiert hatte. Hier fiel mir erst auf, dass er definitiv einer der ältesten Starter im Feld gewesen sein dürfte. Entsprechend war das Tempo mit dem er das Ganze bis hier hin anging nochmals beeindruckender für uns. Im Gespräch erzählte er dann, dass er beim Rennsteig dieses Jahr ähnlich unterwegs war - er wusste also offensichtlich was er da tat. Wir ließen uns von den durchgängig netten HelferInnen an den VPs die Flaschen füllen. Allerdings bekam meine Verpflegungsstrategie hier einen Dämpfer: ich wollte eigentlich eine Flasche, die ich leer mitnahm auffüllen lassen um für den nächsten Abschnitt mehr Wasser dabei zu haben.

Dummerweise lag die Flasche wohl im Auto und mir fehlte somit ein geplanter Liter Flüssigkeit. Tja. "Ist halt so". Dieser Satz sollte uns im weiteren Verlauf oft und ausgiebig begleiten. Er ist so schlicht, aber es steckt so viel drin. Situationen die man nicht mehr beeinflussen oder ändern kann einfach so zu akzeptieren wie sie sind ist vielleicht das Wichtigste, was man im "Ultrabereich" können muss. Das kann ich mittlerweile aus Erfahrung und Überzeugung so sagen. Und um auf das Kraftklubzitat vom Anfang zu kommen: Das Positive an der Sache war: Ein Kilo weniger zu tragen! Dann ging es noch auf die noch frischen Dixis (ein weiterer Vorteil der frühen Startzeit! :)), wir nahmen uns eine Banane, Salzstängchen und ich noch einen Kaffee. Außerdem lag da ein Schokomilchbrötchen. Ich hatte so unglaublich Bock auf das Ding, dass ich es glaube ich in zwei oder drei Bissen vernichtet habe. Fantastisch! in Selfie später bauten wir unsere Stöcke zusammen und machten uns auf den Weg.

Kapitel 2

Diesen Teil hatte ich innerlich als den härtesten gespeichert. Es war zwar erst der Zweite Abschnitt, aber es würde der Längste sein. 24km von VP1 zu VP2, am Ende hätten wir 41km in den Beinen - so viel wie bisher überhaupt noch nie! - und die Nacht wäre auch schon angebrochen. Aber eins nach dem anderen. Kurz nach dem VP hatten wir Starnberg verlassen. Der Herr in Rot hatte ein paar Probleme mit der Navigation - er hatte kein Smartphone o.ä. dabei und mit den gesprühten Pfeilen und dem Navigationsheft kam er nicht so ganz klar - und gesellte sich zu uns. Ich fand die Streckenmarkierung übrigens beeindruckend gut - vor allem wenn man bedenkt, dass es sich um 100 Kilometer handelt die markiert werden müssen! An jeder (!) Kreuzung / Richtungsänderung waren Pfeile am Boden, in der Regel auch zwischendurch ein paar "Beruhigungs-pfeile". Da kann sich so manche Veranstaltung eine Scheibe abscheiden! In Begleitung verließen wir also nach einem ersten Anstieg Starnberg. Auf dem Höhenprofil war das einer der drei "knackigen", in der Realität war er ganz easy zu laufen. Über Felder ging es zum nächsten Dorf. An einem Apfelbaum dazwischen sahen wir erstmals ein "Motivationsschild".

20km waren also geschafft! Ob es ein solches Schild bei 10km auch schon gab versuche ich noch herauszufinden, gesehen haben wir keins 😊 Wir machten irgendwo eine kurze Pause (warum kann ich nicht genau sagen), jedenfalls ging unsere Begleitung weiter und unterhielt sich mit einem anderen Wanderer. das fanden wir auch ganz gut, denn irgendwie ist es dann doch komisch wenn man mit anderen zusammen läuft. Man hat zwar eigentlich ständig jemanden um sich auf den 100km, zumindest in Sichtweite, aber so wirklich ist man dann doch lieber allein. Etwas später ließ er sich dann aber wieder fallen und lief ein Stück mit uns bis nach Schäftlarn. Dort stoppte er an einer Bank um seinen Rucksack umzupacken und wir waren wieder unter uns. Gesehen haben wir ihn im weitern Verlauf nicht mehr... interessieren würde mich ja aber schon wie es für ihn weitergegangen ist.

Nun folgte ein komplett neuer Eindruck. Nach Schäftlarn ging es zum Einen erstmals länger und relativ steil bergab, zum Anderen führte der Weg an der Isar entlang. Es war zwar auch Wasser, ebenfalls zur rechten Seite, trotzdem landschaftlich natürlich ein ganz anderer Eindruck als der Starnberger See. Kilometer 25 hatten wir mittlerweile passiert und es setzte irgendwo auf diesem Weg den ersten Dämpfer... Zeitlich waren wir jetzt ungefähr bei 20:30Uhr und wir hatten mit der Family ausgemacht dass sie uns mal anrufen, bevor sie mit den Kids ins Bett gehen. Als ich hier auf's Telefon sah waren drei verpasste Anrufe von vor knapp einer Stunde zu sehen. Mist. Der Rückruf von mir aus klappte nicht - eine Mischung aus "kein Netz" und "gehen nicht ran". Das war tatsächlich mies für die Laune, da half es auch nicht so sehr, dass wir das Schild für Kilometer 30 passierten.

Ich war mir zwar ziemlich sicher, dass die Kinder noch nicht schlafen würden und sie uns später noch anrufen, allerdings war ich mir auch nicht so sicher, ob die Kinder da nicht vielleicht schon schlafen würden. Der Weg zog sich weiter an der Isar entlang und mit dem zweiten im Gedächtnis als "relevant" markierten Anstieg ging es von dem Weg hoch in Richtung Buchenhain. Hier wurden wir vor dem ersten Haus von Sanitätern im Rettungswagen begrüßt. An dieser Stelle möchte ich kurz erwähnen wie fantastisch die "Versorgung" durch das Rote Kreuz war. Auch wenn wir sie nie in Anspruch nehmen mussten stand in mehr oder weniger regelmäßigen Abständen ein Rettungswagen an der Strecke, die SanitäterInnen waren, egal zu welcher Tages- oder Nachtzeit immer freundlich und gut drauf. Und allein das Wissen um deren Anwesenheit (erzählen können die Orgas vorher ja viel ;)) beruhigt doch ungemein! Also: großes Lob an dieser Stelle! Das "erste Haus in Buchenhain" stellte sich als Hotel/Gaststätte aus. Man hörte Musik aus dem Garten und irgendwie passte es zu dem ganzen Bild, dass bereits in meinem Kopf vom "nahen Münchner Umland" war und sich bis hier hin weiter verfestigt hatte, dass es sich hierbei um Geigerinnen handelte, die direkt am Tisch spielten. In "meiner Welt" sind die Geigerinnen kleine dicke Mexikaner mit Sombrero und einer Ukulele, gefolgt vom "Rosenmann". Tja. Andere Welt eben!

Ein paar Schritte weiter kam uns eine ganze Gruppe entgegen, die offensichtlich falsch gelotst wurde - der Track hatte hier sein einziges Problem und in deren App in eine Sackgasse geführt - ärgerlich! Für uns praktisch, dass sie gerade jetzt wieder kamen, wir konnten uns einfach dranhängen. Später stellte sich heraus, dass wir schon vor/bei den Sanis hätten scharf abbiegen sollen, aber in das Heft hat wohl keiner geschaut, alle haben sich auf den digitalen Track verlassen, auf den bis auf diese Stelle auch zu 100% Verlass war! Wir liefen unter der S-Bahn hindurch und als wir drüben waren wurden wir lautstark von der anderen Seite gefragt wo es denn da rüber geht. Wir haben die anderen kurz gelotst und gingen weiter.

Nachdem wir Buchenhain direkt wieder verlassen hatten und in einem ersten Waldstück waren klingelte mein Telefon - JUHU! - zu Hause war alles gut, die Mädels schliefen schon, der Große noch nicht. Es war echt schön mit ihm zu telefonieren, auch wenn ich nicht mehr sagen kann was wir gequasselt haben. Vorher hat er uns mit der

Ansage los geschickt "MINDESTENS 70km" zu laufen. Ich habe kurz überschlagen, dass wir das bis zum nächsten Morgen - da wollte er nach dem Aufstehen wieder anrufen - geschafft haben müssten, wenn es so weiter läuft wie bisher und wir gingen frisch motiviert weiter.

Wir sind jetzt ungefähr zehn Kilometer vor VP2. Es wurde merklich dämmrig und es folgte ein langes Stück durch den Forstenrieder Park - ein Waldgebiet, in dem wir ein Wildgehege durchquerten. Grundsätzlich vielleicht nicht die beste Idee das Nachts zu machen, aber "ist halt so!" Am Anfang war es noch ok mit der Sicht - trotz Wald war es durch Dämmerung und Vollmond hell genug um ohne Lampe zu laufen. Wir kamen zum Eingang vom Wildgehege an dem wieder HelferInnen waren, die das Tor für einen öffneten und schlossen. Das war bestimmt eine gute Entscheidung, denn irgendjemandem wäre das Tor sonst bestimmt offen geblieben. Die beiden hatten es sich da mit Kerzen in Gläsern und einem leichten Unterstand echt gemütlich gemacht - die Einladung, wir dürften gerne da bleiben - sie wären noch bis 4 Uhr früh hier, schlugen wir aber direkt aus ☺ Irgendwo hier sagte ich glaube ich zum ersten mal zu Chrissy: "Weißt du was? Wir machen das fei ziemlich gut!". Schließlich hatten wir gerade unsere größte Distanz der Probewanderungen überschritten und betraten somit ab sofort komplettes Neuland.

Im Wald war es dann einerseits witzig die Lichter der Anderen leuchten zu sehen, andererseits war es auch ziemlich öde. Wald, dunkel... alles eintönig, keine Abwechslung für den Kopf... Also: Unterhaltungsprogramm raus! Ich hatte vorher viel technischen Adapter-Krimskrams gekauft, damit wir über ein Telefon gleichzeitig hören können. Warum ich nicht einfach die Musik (bzw. in diesem Fall das Hörbuch "Thees Uhlmann - Sophia der Tod und Ich") auf beide Geräte gemacht habe und jeder hätte seinen eigenen Kopfhörer bekommen weiß ich nicht, aber auch hier kommt mir ein Zitat daraus in den Sinn:

Der Tod: "Sag mal bist du so bescheuert oder tust du nur so?"
Ich: "Keine Ahnung, aber diese Frage habe ich mir auch schon oft gestellt!"

Thees Uhlmann - Sophia der Tod und Ich (Youtube)

Das kleinste Problem an dieser Lösung war, dass ich mir ab und zu durch die Laufbewegung mit den Stöcken die Kopfhörer aus dem Ohr riss. Nervig war, das der Ton bei Abzweigungen immer leise wurde und ich das Telefon raus nehmen musste um das Display anzumachen. Dann wurde der Ton bis zur nächsten Navigationsanweisung wieder "normal laut". Das Allerblödeste war aber: Deezer (Hörbuch) und Komoot

(Navigation) vertrugen sich nicht. Ab dem Moment, in dem ich das Hörbuch anmachte kamen keine Sprachansagen von Komoot mehr. Es war so enorm angenehm das Telefon einfach laut in der Hosentasche zu haben und sich die Abzweigungen entgegenrufen zu lassen. Tja, damit war es jetzt vorbei, die restlichen rund 65km mussten wir ohne Sprachansagen auskommen. Ein Neustart von Komoot oder dem Telefon hätte sicher geholfen, aber das war nun wirklich keine Option! Wir schlängelten uns also so durch den Wald und mir wurde langsam wirklich klar, dass wir mittlerweile so weit gelaufen waren wie bisher noch überhaupt nie. Krass!

Als etwas später das Wildgatter im Boden in Sicht war um das Gehege zu verlassen hörte ich durch das Hörbuch ein Geräusch, dass ich erstmal nicht zuordnen konnte. Stöpsel raus. Hatte was von einem Meerschweinchen. Nur laut. Und Trampeln. Ouha!! Neben uns im Wald war ein Trupp Wildschweine wohl etwas angenervt von unserer Wandergruppe! Wir hatten es nicht mehr weit und außer dem Geräusch hatte ich auch nichts von den Wildschweinen mitbekommen - als wir über dem Gatter waren war ich dennoch ziemlich froh!

Kurz darauf hatten wir dann auch das Ende des Waldes und somit Fürstenried erreicht. Wir wurden auch hier wieder von einem Rettungswagen begrüßt und machten uns dann auf in die Ortschaft. Hier kamen wir an einem

Italiener vorbei, der bereits geschlossen hatte und mir wurde das erste mal bewusst wie spät es eigentlich schon ist. Wir hatten jetzt ca. 23 Uhr, bzw. knapp 8 Stunden in den Beinen! Hier hatte Chrissy dann echt zu kämpfen. Die Beine wollten in diesem Moment nicht mehr so wirklich (muskulär) und mir kam die Geschichte von Flo in den Sinn, der vor wenigen Wochen mit einem Kumpel ebenfalls die 100 KM wandern wollte, dieses vorhaben aber nach 50km abbrechen musste, da sein Kumpel eben muskuläre Probleme hatte. Gleichzeitig kam mir aber auch der andere Flo (vom laufendentdecken Podcast - vielleicht schreibe ich ab jetzt "Labestation" statt VP? :)) in den Sinn, bei dem ich aufgeschnappt habe, dass in solchen Situationen Salz ein ziemlich guter Rat ist! Also sagte ich nur "nimm doch mal ein Salz!" und es war wohl genau richtig nur genau das zu sagen! Das Salz schlug an, wir konnten weiter gehen. Wir überquerten die A95 und ein weiteres kleines Zwischenziel war erreicht, da hier früher Verwandtschaft wohnte und wir das doch mal sehen wollten! "Wir machen das fei ziemlich gut!" streute ich eher so beiläufig ein und kurz darauf kam das Schild für Kilometer 40!

Der Verpflegungspunkt an der Grund- und Mittelschule Fürstenried war so gut wie erreicht! Im Prinzip mussten wir noch zwei mal abbiegen, auch wenn das etwas fies ist. Ich sagte auch zu unserem Sohn schon mal: "Wenn wir auf der Autobahn sind müssen wir noch drei mal abbiegen, dann sind wir in Italien!" Aber in diesem Fall sind zwei mal abbiegen bei knapp zwei Kilometern rund 20 Minuten und in anbetracht der Gesamtstrecke durchaus mit "gleich" ganz gut beschrieben. Das Gefühl, wenn man nach diesem gefühlt ewig dauernden Abschnitt in die Straße des VPs einbiegt, man die Leute und ihre Begleiter (einige Fahrzeuge in de Straße waren eindeutig Begleiter - gut zu erkennen an den Luftmatratzen im Kofferraum und/oder den Camping- stühlen davor), sowie den obligatorischen Rettungs- wagen sieht und einfach weiß, man hat einen großen Brocken geschafft, ist schwer zu beschreiben. Das letzte mal hatte ich es so ähnlich wohl bei meinem ersten Halb- marathon als ich auf der Zielgerade war und auf der Uhr gesehen habe, dass ich mein Zeitziel erreichen würde. Eine Mischung aus Glück und Erleichterung, einfach eine Befreiung überkommt einen. 41km waren im Sack, die nimmt uns keiner mehr.

Im Gelände selbst mussten wir uns erstmal kurz orientieren. Hier ist der Urkundenausdruck für die, die aussteigen wollen (das war an VP2, VP3 und VP4 mit Urkunde möglich), im nächsten Zelt waren Verpflegung (Banane, Müsliriegel, Milchbrötchen - leider ohne Schokolade :(, Salzstangen) und noch ein Zelt weiter die Getränke: Wasser und Eistee. Wo war die Beutel- ausgabe?! Chrissy zog mich mit einem "Hier!" zum Urkundenausdruckzelt und ein Helfer leuchtete mit der

Taschenlampe auf das entsprechende Schild für die Ausgabestelle... Da war mein Bogen um den Urkundenausdruck wohl zu groß geraten 🙂 Wir tauschten nach einem kurzen Verkaufsgespräch (der Helfer wollte uns Leberkässemmeln empfehlen, die ich dann final mit der Frage: "Hast du die auch in vegetarisch?" ablehnte :)) unsere Abholzettel gegen unsere Tüten und suchten uns einen Platz. Wir sahen das Pärchen(?), dass man im Hintergrund des KM30 Schildes oben sieht und setzten uns auf die Bank daneben - es waren halt irgendwie bekannte Gesichter, mit denen man bereits zwei Worte gewechselt hatte. Das mitgebrachte Menü war fantastisch. Chrissy verhaftete die Nudeln mit Pesto, ich war glücklich wie Sau mit meiner Pizza! Dazu die mitgenommene Cola - es war perfekt!

Außerdem befanden sich im Beutel noch Nüsse, Clif-Bars (dazu gibt's auch noch was - das wird jetzt ein Clif-Hanger! ... ein schlechtes Wortspiel muss sein, sorry! :)), andere Nuss-Riegel und ein Iso-Pulver. Nachdem wir gegessen hatten füllten wir die Flaschen auf (ich einmal Wasser+Iso und einmal Eistee), gingen nochmal auf's Klo und machten eine Körper-Zustandsaufnahme. Ich hatte seit ein paar Kilometern ein blödes Gefühl unter dem rechten Fußballen... keine Ahnung ob es ein Steinchen oder einfach Reibung war, es fühlte sich irgendwie an wie eine Blase. Das war aber auch schon alles an Problemen. Also Schuhe aus, schütteln - ja es waren kleine Steinchen drin. Socken runter, Fuß anschauen: hm, sieht alles (noch) ok aus - Glück gehabt! Wir rieben unser Geläuf mit Franzbranntwein ein - nachdem <u>Sven</u> mal seine ganzen Kompressionsstrümpfe darin eingetaucht hat musste das gut sein 😊 - wir packten uns beide die Calf Sleeves aus dem Rucksack an die Waden und waren bereit zum weitergehen! Der nächste Abschnitt sollte "nur" gute 10km lang sein - eine der beiden kurzen Abschnitte - das kam nach dem langen Brett genau richtig.

Kapitel 3

Auf dem Weg vom VP raus waren wir erstmal kurz orientierungslos. Laut App ging es durch einen Fußweg neben der Schule, da war aber eine geschlossene Tür. Während wir kurz überlegten kam aber schon die nächste Gruppe mit GPS-Gerät raus, laut denen ging es einfach außen rum um den Block, also hängten wir uns da dran. Es war grundsätzlich eh immer angenehm Andere mit etwas Abstand vor sich zu haben, da man sich so in der Regel keine Gedanken um die Orientierung machen musste. Die Pfeile waren zwar immer noch da, aber in der Dunkelheit übersieht man doch gerne einen und immer glotzt man auch nicht auf sein Telefon. Die erste Zeit nach dem VP war auch keine Zeit in die App zu schauen, denn wir mussten die Uhr im Blick behalten. Schließlich würden wir demnächst beide erstmals den Marathon zu Fuß bewältigen und ich muss zugeben, dass mich das schon enorm gepusht hat. Unter Anderem war das auch ein Grund, warum ein Ausstieg an VP2 einfach überhaupt nicht zur Debatte stand - so nahe am Marathon aufhören? Keinesfalls! Kurz nach Fürstenried in einem kleinen Waldweg war es dann soweit: 42,19(5)km standen in 7:43:28 seit Start auf der Uhr!

"Wir machen das gerade fei SENSATIONELL gut! MARATHON, YEAH!" - das muss man ja auch mal so euphorisch sagen, oder? 🙂

Das Waldstück war danach recht flott wieder verlassen und die Strecke ging weiter durch den Münchner Süden. Es war angenehm durch die Stadt zu laufen - es war mal wieder etwas Abwechslung für die Augen und somit den Kopf geboten. Ein paar betrunkene jugendliche hier, (sehr) wenige Autos da. Erstaunlich viele Gartenpartys. Die Beine waren noch ganz ok für die lange Distanz. Der Fuß eher nicht so und ich merkte, dass die sich andeutende Blase jetzt da war. Da es aber so wie es war ok war ("Ist halt so!") wollte ich nichts daran machen und so passierten wir erst Martinsried, dann Gräfelfing und Locham. Es begann mal kurz zu nieseln - "Ist halt so!" -, wir kamen am Schild für Kilometer 50 vorbei und nach dem Marathon hatten wir direkt noch irgendwie einen Ultra eingetütet. Es lief zu diesem Zeitpunkt einfach gut. Die Beine freuten sich zwar auf den naheliegenden VP, aber das dürfte bei dieser Distanz und vor Allem der verstrichenen Zeit durchaus verständlich sein. Vielleicht ist das auch die Verblendung im Rückblick, aber bis hier hin war alles in bester Ordnung. Nach dem Schild für Kilometer 50 war es mit 2 verbleibenden Kilometern nicht mehr weit bis zum VP und wir liefen um ca. 3 Uhr Nachts in VP3 ein. Es begann das mittlerweile schon übliche Ritual: Beutel holen, hinsetzen, restliche Getränke trinken und essen, Getränke wieder auffüllen lassen, Banane und Salz-stangen essen. Ich ließ zwischendrin ein "Weißte was? Wir machen das fei super!" fallen. Ein Running Gag / Ritual will schließlich gepflegt werden! Wir trafen die beiden vom letzten VP wieder. Während wir mit unserer Verpflegung beschäftigt waren bekamen wir mit, dass er hier aussteigen und sie sich allein auf den weiteren Weg machen würde. Das war bestimmt für beide keine leichte Entscheidung. Da mir der letzte Abschnitt eigentlich keine Probleme bereitet hatte (und ich auch nicht den Eindruck hatte Chrissy hätte größere) stellte sich die Frage nach dem aufhören nicht (man soll ja auch keine Fragen stellen, bei denen man nicht mit allen Antworten klar kommt - alte Elternweisheit!) und so ging es für uns etwa später nach einer kurzen Toilettenpause dann auch wieder weiter auf den Weg zum ca. 17km entfernten VP4.

Kapitel 4

Das Einlaufen nach den VPs fällt einem immer schwieriger, aber man weiß, es wird wieder werden. "Ist halt so!" - der Körper ist enorm beansprucht und braucht so seine Zeit um wieder halbwegs in Gang zu kommen. "Beruhigend" ist, dass es allen anderen, die aus dem VP kommen und weiter wollen ganz genau so geht. Die Strecke ging durch Neuaubing und Freiham, über ein Feld nach Harthaus und Unterpfaffenhofen. Hier lief man auf gefühlt nicht enden wollenden Straßen. Man lief wortwörtlich auf der Straße, denn zu diesem Zeitpunkt konnte ich eine Sache überhaupt nicht haben: seitlich abkippende Gehwege. Wir waren in einer Gruppe mit 4-6 anderen (das variierte von Zeit zu Zeit). Die Gruppe war total harmonisch ohne miteinander zu kommunizieren. Da hatte morgens um halb 4 offensichtlich keiner wirklich Bock drauf und alle waren damit einverstanden, schätzten jedoch irgendwie auch die Gesellschaft der Anderen. Irgendwo hier auf dem Weg wollte Chrissys Uhr dann Strom haben - Powerbank angeklemmt, Uhr hinten verstaut und weiter. Wenn man auf einmal ein gewohntes Ritual (Zeit/Distanz auf der Uhr prüfen) nicht mehr hat ist das erstmal ziemlich doof, aber "Ist halt so". Ungefähr 1 1/4 Stunden nach dem Verpflegungspunkt verließen wir Unterpfaffenhofen und betraten den Kreuzlinger Forst. Dieses Waldstück hätte uns fast den Zahn gezogen. Unsere Gruppe hatte sich mittlerweile aufgelöst - das letzte Stück innerorts liefen wir bereits wieder allein. Es begann stärker zu Regnen - aber noch nicht so, dass es nötig gewesen wäre die Regenjacken auszupacken - und der Weg wurde anspruchsvoll. War es erst noch die übliche "Waldautobahn", bogen wir kurz darauf in wahre SingleTrails ein. Laufend und bei Tag hätte ich das sicher genial gefunden, aber nicht nach knapp 60km mitten in der Nacht. Da wir bisher immer wunderbar mit meiner Lampe (bzw. innerorts auch komplett ohne) auskamen haben wir den Zeitpunkt verpasst, dass Chrissy ihre auch raus holt. Wir hatten außerdem geplant irgendwo ab KM58 an einer Bank nochmal eine Pause einzulegen, aber es kam natürlich keine auf solchen Wegen. Zusätzlich hatten sich nun auch noch zwei andere Teilnehmer an uns dran gehängt, die selbst ohne Navi unterwegs waren, hier im Wald aber auch die Pfeile nicht mehr gesehen hatten (wir übrigens auch nicht). Und Chrissys Uhr hing immer noch am Strom. Das waren insgesamt zu viele Kleinigkeiten, die in dem Moment einfach nicht gut waren. Es waren insgesamt vielleicht zwei Kilometer, die uns aber mal so richtig zusetzten. Wir passierten zwischendurch das Schild von Kilometer 60...

... und irgendwie beruhigte es mich, dass die OrganisatorInnen das wohl so kommen sahen. Ich begriff es dann als eine Art "Selektionsprozess" und wollte mich nicht ausselektieren lassen! Auf der nächsten Lichtung machten wir dann auch ohne Bank unsere Pause, schickten die beiden anderen ohne es direkt zu sagen weiter und gingen - mittlerweile auch mit zwei Lampen - weiter in Richtung VP4. Als wir auch das nächste Waldstück verließen waren wir endlich erstmal durch mit den Wäldern und es begann leicht zu Dämmern. Zumindest fühlte es sich so an - jedenfalls Dämmerte die Stimmung und es wurde wieder heller. Es war zwar nun wieder ganz ok zu laufen, aber es zog sich auch weiterhin ungemein in die Länge. Wir kamen durch ein Industrie-/ Businesspark-Gebiet und mussten einfach wieder ewig lang geradeaus an den Straßen laufen. Hier war es soweit, dass auch ich Musik brauchte. Ich machte einfach meine Playlist an, Lautstärke hoch und steckte das Telefon in die Hosentasche. Wir waren ja quasi unter uns, ich sang mit wenn ich Lust dazu hatte und so ging es für mich eigentlich ganz gut. Das Geschehene im Wald konnten wir mittlerweile mit einem "Ist halt so!" hinter uns lassen und sehnten den VP herbei.

Der Kopf spielt einem aber auch hier streiche. Es waren ja "nur noch" 5-6 Kilometer. Aber wie wir gelernt haben sind es auch nur "drei mal abbiegen bis Italien" und so brauchten wir über eine Stunde (gefühlt waren es mindestens zwei 🙂) bis zum VP. Auf dem Weg dahin passierten wir noch das Deutsche Luft und Raumfahrtzentrum. An dessen Zaun befinden sich übrigens 77 Leuchten - von Chrissy laut gezählt, um sich irgendwie zu beschäftigen 🙂 Wir befürchteten schon schlimmes, als vor uns der Weg dann wieder in einen SingleTrail abbog, es handelte sich aber nur um einen kleinen Schleichweg zur nächsten Straße. Am Ende dieser Straße wartete ein Feldweg auf uns. Auf den Weiden schliefen noch die Kühe, aber sich dazulegen war keine Option. Der nächste VP war nun wirklich zum Greifen nahe. Wir betraten Oberpfaffenhofen und ich war erst mal total verwirrt. Enorm laute Musik schallte uns entgegen und ich konnte gar nicht glauben, dass am VP so eine riesen Party abging! Ging sie auch nicht... Es war der Inbegriff einer Dorfdisco. Mitten im Ort und noch immer im Eskalationsmodus unterwegs. Sie beschallte fast den kompletten Ort und ich war wieder mal komplett verwirrt von den äußeren Eindrücken. Am Ortsende war dann aber endlich der Oberpfaffenhofener Sportverein und somit der VP bei Kilometer 69 erreicht. Es war ein hartes Stück Arbeit!

Das Bild, dass sich einem hier bot war beeindruckend. An den VPs vorher ist es mir nicht aufgefallen - vielleicht weil es noch nicht so schlimm, vielleicht auch einfach weil es dunkel war - aber so viele, so fertige Menschen auf einmal habe ich lange nicht gesehen. (Das letzte mal in einem schlechten Actionfilm in der Szene im Kriegslazarett... Aber das war blutiger und der Vergleich hinkt auf einer ganz anderen Ebene... Naja, was der Kopf halt so denkt...) Außen schliefen viele auf den Bierbänken oder dem Boden, geredet wurde gefühlt gar nicht. Wir gingen, nachdem wir auch unseren dritten Verpflegungsbeutel abgeholt hatten, nach Innen ins geöffnete Sportheim. Hier schliefen einige auf den Eckbänken, andere auf den Stühlen, teilweise einfach den Kopf nach vorne auf die Tischplatte gelegt. Hier merkte ich wie gut wir eigentlich noch drauf waren. Es ist irgendwie doof, aber der beschissene (sorry!) Zustand so vieler Anderer war ein richtiger moralischer Turbo für mich! An Aufhören hatte ich tatsächlich nie gedacht, auch nicht in den dunklen Momenten um Kilometer 60, aber mir war spätestens hier klar: wenn wir von VP4 zusammen weiter gehen kommen wir auch wieder zu Fuß in Tutzing an!

Wir suchten uns ein freies Plätzchen und packten die Lampen weg und unser Essen aus. Pizza. Cola. Immer noch das gleiche. Immer noch verdammt lecker! Uns gegenüber saß eine Dreiergruppe, die gerade dabei war aufzubrechen. Ich sag mal so: Elan sieht anders aus, es ging ihnen offensichtlich nicht gut, aber sie machten sich auf die letzten 30km in Angriff zu nehmen. Als sie unterwegs waren packte Chrissy mit den Worten: "Ist zwar glaube ich nicht nötig, aber die Dinger trage ich schon seit VP2 mit mir herum" zwei "Motivationskärtchen" hervor. Schlaue Sprüche auf buntem Hintergrund finde ich ja eh super und so war das nochmal eine witzige Ablenkung:

Eigentlich wollte ich während dieser Pause mein Telefon nochmal mit Strom versorgen, war aber irgendwie nicht in der Lage die Powerbank ordentlich anzuschließen. Erst kurz bevor wir aufbrechen wollten kam das erlösende brummen. Ein kaputter Track hätte mich echt geärgert. (Im Nachhinein stellte sich heraus, dass ich irgendwie am Starnberger See nach 5km eh schon ein Loch drin hatte ... Ist halt so 😒). Wir humpelten noch nacheinander auf die Toilette, packten unseren Rucksack wieder zusammen und wir gingen nach draußen, Getränke auffüllen. Hier hatten wir wieder Iso-Pulver im Beutel, das wir mit Wasser in den Plastikflaschen auffüllen ließen und es gab wieder Eistee. Wir hatten noch eine Dose Cola übrig, die wir am Getränkestand abgaben. Chrissy wollte sie nicht, mir reichte mein halber Liter und wenn man sich so umsah konnten Andere die Dosis Koffein dringend gebrauchen! Es gab noch die übliche Banane und wir waren Startklar. Neben dem Wasserstand war der Urkundendruck für die, die aussteigen wollten. Das kam für uns nicht in Frage, schließlich hatten wir versprochen mindestens 70km zu laufen und wir hatten ja erst 69! Man findet ja sehr oft irgendwelche an den Haaren herbeigezogene Gründe um Dinge nicht zu tun. Hier lernte ich: das geht im Positiven genauso!

Kapitel 5

Der Start in den folgenden Abschnitt bis Kilometer 82 - also wieder ein "Kurzer" mit rund 12km - war der schlimmste der ganzen Strecke. Wir kamen beide sowas von überhaupt nicht in die Gänge, aber es ging wohl allen Anderen um uns herum genauso. Ich humpelte und hinkte vor mich hin, ziemlich gequält von allem. Im Vergleich zu den Stationen vorher wurde es aber auch mit der Zeit nicht wirklich besser. "Kurz" (1km, zeitlich keine Ahnung :)) nach dem VP hatten wir das 70er Schild erreicht - Mission für den Sohn erfüllt!

Aber jetzt waren wir ja auch schon unterwegs und es ging weiter. Ich genoss die optischen Eindrücke soweit es möglich war. Es war endlich wieder hell, sodass die Umgebung von den Problemen in den Beinen ablenken konnte und neben der schönen Landschaft sah ich einen der schönsten Sonnenaufgänge überhaupt:

Während dieses Abschnitts floh ich in Gedanken zur Musik. Das tat ich wahrscheinlich schon vorher, hier aber blieb es mir aber bewusst im Gedächtnis. Es war ein wilder Mix meiner Punkrock Playlist, die aber irgendwie perfekt zur gesamten Situation passte. Zum Sonnenaufgang und zur Laufgeschwindigkeit passend klangen folgen Zeilen im Ohr:

Sun comes up
Gives me a hug
Telling me not to move too much
We've got all the time we need
For our plans to succeed

Soothe me - Beatsteaks (Youtube)

Und es war einfach richtig. Wir hatten tatsächlich alle Zeit der Welt die restliche Strecke ins Ziel zu bringen, die Sonne kam und vertrieb die dunklen Gedanken der Nacht. Außerdem schwirrte noch dieser Ausschnitt im Kopf:

Du Glaubst es nicht.
Siehst du das Licht dieses Tages?
Dein Gesicht vom Nebel gezeichnet,
doch ändern willst Du es nicht!

Rücklauf - Marathonmann (Youtube)

In nicht ganz so hellen Momenten kamen auch wieder die Ärzte durch, diesmal so (Ironie kann ich! :)):

Das Leben ist zum Lachen da,
drum nehm ich Psychopharmaka

Living Hell - Die Ärzte (Youtube)

Versunken in meinen musikalischen Gedanken ging der Weg also von Oberpfaffenhofen über Felder nach Seefeld. Immer hoch und runter. Irgendwann war ich es Leid so herum zu eiern und ein Gedanke schwirrte durch den Kopf: "Jetzt stell' dich mal nicht so an! Du hast gute 70 Kilometer in den Beinen, was erwartest du? Herumzuspringen wie ein junges Reh? Natürlich tut es weh, aber der Blase da unten machten die letzten 30 Kilometer nichts aus, jetzt gehen die nächsten 30 auch noch - Ist halt so!!" Und ab dem Moment lief ich wieder halbwegs rund.

Kurz vor Seefeld schloss Einer zu uns auf, der anscheinend den Gedanken mit dem Reh gehört hat... zumindest kam er von hinten im Laufschritt. Ok, es war das vielleicht langsamste Laufen und das unästhetischste Reh, dass ich je gesehen hatte, aber es war ein Laufschritt :). Auf mein "das sieht aber motiviert aus" sagte er nur, das wäre die einzige Art zu Laufen die bei ihm überhaupt noch möglich sei. Nach einem kurzen Gespräch über Laufsocken (was man halt so beredet nach über 70km ;)) zog er dann langsam nach vorne weiter.

In Seefeld angekommen war Distanzmäßig die Hälfte zum nächsten VP geschafft, in Tritt waren wir aber beide noch nicht wirklich. Wir machten Stop an einer Bushaltestelle - geplant hatten wir das so oder so auf ungefähr halber Strecke - und tankten nochmal nach: Getränke, Nussriegel, Bliss Ball, kurz die Beine lockern und weiter. Keine Ahnung warum, aber ab hier lief es bei mir wieder. Die Strecke bot im Folgenden noch ein paar optische Highlights.

Der Weg an dem Bach/Fluss war auch für die Füße enorm angenehm zu laufen. Am Ende des Weges klingelte das Telefon und Alex hat seinen versprochenen Motivationsanruf umgesetzt - danke dafür! Wir waren nun kurz vor Kilometer 80 und ich war enorm guter Dinge. Chrissy hatte sich an der Pause Musik auf die Ohren gemacht und es lief auch bei ihr besser. Leider kam dann kein Schild für KM80 - entweder haben wir es übersehen (glaube ich nicht) oder es fehlte einfach. Wir erreichten Herrsching am Ammersee. Ein schöner Uferweg war uns nicht vergönnt, wir sahen den See nur einmal kurz hinter Bäumen hervorspitzen. Bei der Gaststätte "zur Post" hatten wir VP5 erreicht. 82km. Wahnsinn.

Hier platzierten wir uns wieder auf einer Bierbank, aßen, tranken - das Übliche, nur, dass es diesmal nur Wasser und das, was man dabei hatte gab. Wir hatten am Start zwar einen Verpflegungsgutschein für die Wirtschaft bekommen, aber beide keine Lust auf Kaffee und Eintopf(?), sodass wir diesen ebenfalls am Wasser platzierten für jemanden, der sich darüber freute. Nur weil etwas umsonst ist muss man es sich ja nicht rein pressen! Es hätte auch von der örtlichen Molkerei Milch-/Joghurtdrinks umsonst gegeben, aber auch danach war uns überhaupt nicht. Chrissy packte zu meiner Überraschung Schokokekse aus - ein Traum! Wir entspannten noch etwas, hörten einer Frau zu, die stolz in ihr Handy erzählte, dass sie "jetzt bei VP 5 - km80 ist und nun aber aufhört. Das reicht. Ok, ein bisschen bin ich zwischendrin Bahn gefahren, aber war wunderschön!" 🙂

Kapitel 6

Nachdem wir beide wie üblich nochmal eine bestimmte Örtlichkeit aufsuchten (kann mir eigentlich jemand erklären warum man die Toilettenwände mit Bildern halb nackter Menschen des anderen Geschlechts voll hängt?) waren wir auch hier startklar und nahmen den letzten Abschnitt in Angriff. Wie mittlerweile üblich hatten wir mit dem Loslaufen so unsere Probleme, wie ebenfalls mittlerweile üblich hatten die, die ebenfalls gerade los liefen die gleichen Probleme. Das baute uns wieder merklich auf und diesmal waren wir auch schnell wieder in Tritt. Kurz nach dem VP waren wir erstmal froh nicht diese Treppen überwinden zu müssen...

...auch wenn uns der entsprechende Anstieg nicht erspart blieb. Rund 150 positive Höhenmeter sollten jetzt am Stück folgen, aber was soll ich sagen? Wir flogen sie quasi förmlich hoch. Ich ließ Chrissy vor laufen und sie legte einen Rhythmus hin der einfach perfekt war. Die steilen Kilometer von Herrsching zum Kloster Andechs vergingen in Nullkommanichts und wir wurden mit einer tollen Kulisse belohnt! Hier oben verließen wir den Wald und wir merkten wie die Sonne ihre Kraft entfaltete und von oben herunter brannte. Zwischen Klostermauer und Bäumen stoppten wir kurz im Schatten, damit ich Chrissy die Cap aus dem Rocksack rausholen konnte. Ich setzte meine Sonnenbrille, die ich seit KM 2 auf der Stirn statt den Augen spazieren trug auf und nun doch froh sie dabei zu haben. Es kam aber wie es kommen musste. Nach dem Hoch kommt das Tief und es kam gewaltig. Diese kurze Pause habe ich absolut nicht verkraftet und ich tat mich unglaublich schwer wieder in Gang zu kommen. Die 1,5km durch Erling waren schrecklich. Erst am Ortsausgang, als ich die Idee hatte wieder mal Musik an zu machen ging es wie auf Knopfdruck besser. Nach jedem Tief kommt auch wieder ein Hoch. Und Musik hilft (fast) immer! Diesmal war es Zeit für <u>Marathonmann</u> und dem Album "<u>...Und Wir Vergessen Was Vor Uns Liegt</u>". Wir waren hier unter uns, ich konnte mitsingen wenn ich wollte (und ich wollte!) und in diesem Moment einfach alles genießen!

Diese Zeit gehört nur dir
Du stehst vor dem was dich zusammenhält
Was dir Kraft gibt
Was dich weitermachen lässt
...
Auf dem höchsten Punkt der Welt,
der nur dir allein' gehört
Weißt du wer du bist
und was dich wirklich glücklich macht

Auf dem höchsten Punkt der Welt - Marathonmann (<u>*Youtube*</u>)

...und das vielleicht beste Lied überhaupt:

Du hast versucht es einzuordnen,
hast versucht es zu verstehen.
Wie die Züge hier vorbeifahrn,
funktioniern, sich nicht beschwern.
Ihre Hüllen, sie sind rostig.
Ihre Haut, sie ist porös.
Doch Sie schleppen Ihre Tonnen!Etwas zu verschnaufen,
mit ihrer letzten Energie..
Ohne Jammern, ohne Fragen.
Gefragt haben Sie nie!
Ganz allein in eine Richtung,
die Ihnen vorgegeben ist.
Diese Reise wird nie Enden,
bis das Ende Sie zerbricht!Und Du stehst
am Anfang zweier Gleise,
Entscheidungen zu treffen,
die die Weichen dir bereiten!
Wie ein Zug,
schwere Last auf deinem Rücken,
immer volle Kraft voraus!
Und das Landschaftsleben zieht an Dir vorbei!Ich weiß, es gibt
keinen Grund sich zu beschweren!
Ich weiß, es gibt
Keine Grund sich zu beschweren!!Und Du stehst
am Anfang zweier Gleise,
Entscheidungen zu treffen,
die die Weichen dir bereiten!
Wie ein Zug,
schwere Last auf deinem Rücken,
immer volle Kraft voraus!
Und das Landschaftsleben zieht an Dir vorbei!

Landschaftsleben - Marathonmann (Youtube)

Es war in diesem Moment perfekt.

Leider hält so ein perfekter Moment auch nicht ewig. Der Weg ging von Erling nach Aschering und irgendwie hatte ich gedanklich den Fehler gemacht das alles nach VP 5 und dem Anstieg als "abgehakt" zu betrachten. Es waren aber halt noch rund 15km zu Gehen. Also mindestens 3 Stunden (in unserem Zustand eher etwas mehr) und die mittlerweile runterbrennende Sonne trug ihren Teil dazu bei, dass es eher zäher wurde. Wir hatten schon damit gerechnet, dass das 90er Schild ebenfalls fehlen würde und in Gedanken hochgerechnet, dass es jetzt noch so ungefähr 9-9,5 km ins Ziel sein dürften als das Schild auftauchte.

Nun hatte es den komplett gegenteiligen Effekt. Statt Jubelstürme auszulösen war es frustrierend, dass aus den 9 plötzlich wieder 10 Kilometer wurden. Das "Ist halt so" lies diesmal auch etwas länger auf sich warten - es war einfach doch etwas schwerer zu verarbeiten. In Aschering trafen wir dann auf den einzigen Idioten der kompletten 100km. Wirklich jeder den wir bisher sahen und der uns Ansprach war beeindruckt/begeistert von der Veranstaltung, wünschte uns viel Glück auf dem weiteren Weg. Sogar den besoffenen Kids mitten in der Nacht war in Ihrem "Warum macht man sowas?" ein gewisser Anteil an Respekt rauszuhören. Hier kam uns jetzt ein etwas älteres Pärchen auf ihren E-Bikes entgegen. Wir liefen links, bzw. rechts an der Straße und dieser Idiot hat nichts besseres zu tun als ein "Schau halt wosd laffsd!" rauszublöken. In dem Moment war ich geistig einfach nicht schnell genug um ihn zu fragen ob er nicht besser ein Fahrrad ohne Motor fahren sollte, wenn er sich nicht in der Lage sah auf einer fast leeren Straße durch zwei Wanderer zu fahren. Zu einem "Geht's noch?!" hat es aber glaube ich gereicht. Etwas erregt liefen wir weiter.

In Aschering gesellte sich eine Läuferin zu uns, die anscheinend wartete, dass wieder jemand vorbei kam. Diesmal war es eine willkommene Abwechslung wieder in Begleitung zu laufen. Der Depp war schnell vergessen und wir unterhielten uns über dies und das. Oder auch gar nicht. Der Weg zog sich so dahin, in der prallen Sonne war es wirklich übel. In dieser Phase beging ich den einzigen wirklichen Fehler: Ich hielt nicht nochmal an um eine Trinkflasche heraus zu holen. Das hätte ich definitiv tun sollen, denn es war enorm heiß, fast durchgängig ohne Schatten und einfach anstrengend. In der nächsten Ortschaft überholte uns ein Teilnehmer. Das wäre eigentlich nichts besonderes, aber: Er lief in einem Hoodie. Und zündete sich ne Kippe an. Ich dachte erst an ne Fatamorgana, aber da wir das alle sahen bin ich mir sehr sicher, dass er wirklich so da war!

Rund 4km vor dem Ziel hielten wir auf Befehl von Chrissy dann nochmal und es war absolut richtig. Der Kollege im Hoodie machte hier ebenfalls eine Pause und wollte gerade weiter. Er schimpfte noch darüber wie man denn die Läufer nach so einer Anstrengung 15km durch die pralle Sonne schicken kann und ging dann weiter. Gute Frage eigentlich, aber ich denke, die Alternativen werden nicht so reichlich vorhanden gewesen sein. Wir tranken nochmal ordentlich und aßen Bliss Balls und Nussriegel und gingen auf die finale Etappe.

Es dauerte nicht mehr allzu lange bis wir Tutzing erreichten und es wurde nochmal richtig schön ekelhaft. Die letzten 3km ging es nur noch bergab. Und bergab laufen ist das schlimmste was man nach so einer Distanz machen kann. Am Anfang richtig steil, teils sogar mit Treppen. Ich kam mir vor als wäre ich 40 Jahre älter und die Laufstöcke wären Krücken an denen ich mich nach unten wuchte. Wahnsinn. Der letzte Kilometer war dann nicht mehr schlimm. Am Bahnhof angekommen kannten wir die Gegend fast schon wieder. Uns kamen schon die ersten Finisher (und Abbrecher) entgegen, die sich auf die Heimreise machten und uns schon mal beglückwünschten. Kurz danach waren wir beim Supermarkt vom Vortag und nun kannten wir uns endgültig wieder aus. Kurz darauf war die "Selfi-Wand" zu sehen und ein großes Schild lotste die ankommenden Finisher auf den Sportplatz. Hier luden gerade die Beiden von VP 3 ihr Auto ein - wir grüßten kurz, aber leider habe ich in dem Moment nicht darauf geachtet ob sie ins Ziel kam oder nicht - gedanklich war ich hier voll auf Ankunft gepolt. Die Anwesenden klatschten einem schon vor dem Gelände zu. Zum Glück ging es jetzt nicht nochmal außen rum um die Laufbahn, sondern direkt die Start-/Zielgerade entlang zum Ziel. Geschafft. GESCHAFFT! Unfassbar.

21 Stunden und 27 Minuten waren wir unterwegs. Seit Samstag um 15:30 Uhr bis Sonntag kurz vor 13:00 Uhr. 100km im großen Bogen nach München hoch und wieder zurück. Begriffen habe ich das alles glaube ich bis heute nicht.

Nach dem Zieleinlauf gab es noch die Finisher-Medaillen, unsere die Urkunden, ein Finisher Armbändchen und zu guter Letzt das wohlverdiente Zielbier mit dem wir uns in den Schatten begaben. Wir setzten uns auf die Treppe zu anderen Finishern, klatschten denen zu, die noch ankamen und ließen erstmal alles Sacken. Un-FASS-BAR!

Im Sitzen begann ich zwar noch nicht zu realisieren, was wir da geschafft hatten, mein Körper begann aber eindeutige Signale zu senden: Das rechte Bein tat wie aus dem Nichts weh, die Füße fühlten sich an wie Steine und zumindest der Körper merkt einfach so langsam was er da eigentlich gemacht hat.

Das wichtigste, was ich zu sagen hatte durfte gleich die ganze Welt wissen:

#FrauOhneTwitter, danke für diese geile Nummer!

Gewandert,   gelitten,   gekämpft,   gefinisht.   Megageil!!!#mammutmarsch
pic.twitter.com/6Pz96c8EVE

— *??Der Fleggo – ┗(ツ)┛ (@DerFleggo) 29. Juli 2018*

Danke, dass du die Idee hattest dieses Ding zu machen und dass du das so konsequent von vorne bis hinten durchgezogen hast. Ich weiß weder ob ich alleine überhaupt (irgendwann) so eine Nummer gemacht hätte und noch viel weniger weiß ich was passiert wäre, wenn irgendwann wirklich mal zur Diskussion gestanden hätte, dass wir aussteigen. Es war fantastisch!

Im Nachhinein bin ich auf ein paar Dinge sehr stolz:
- Wir haben perfekt als Team funktioniert. Wenn einer eine schlechte Phase hatte war der jeweils andere da. Und zwar genau so, wie es nötig war.
- Wir haben uns phantastisch ergänzt (vorher, während-dessen und auch danach)
...und persönlich:
- Ich hatte niemals den Gedanken daran aufzuhören
- Ich war die komplette Zeit über komplett klar und fokussiert
Ich hatte nie Probleme mit der Energie

Epilog

Wir blieben noch etwas sitzen und genossen einfach das Nichtstun. Als wir so da saßen kam der joggende Kollege auch noch mit einer Medaille um den Hals die Treppe hoch! Wir beglückwünschten uns kurz gegenseitig. Wenig später machten wir uns auf zum Auto. Dass das Loslaufen wieder beschwerlich war spare ich mir an dieser Stelle, die 200m waren vielleicht die langsamsten des Tages 😊 Wir wussten auch noch nicht wirklich wie wir heim kommen würden. Auto fahren in diesem Zustand? Zug? Beides irgendwie keine verlockenden Lösungen. Wir beschlossen einfach die Kutsche erstmal in Richtung Tutzinger Bahnhof zu fahren, dann sehen wir ob es geht. Wenn es nicht geht fahren wir mit dem Zug heim und holen das Auto in den nächsten Tagen. Also los! Erster Eindruck: es geht erstaunlich gut. Wir entschieden uns also zu fahren und für die Strecke am See entlang nach Starnberg. Wir erkannten viele Stellen wieder, an denen wir gestern noch zu Fuß unterwegs waren, als unser Abenteuer begann. Das war super! Fahren an der Seestraße ist aber alles andere als super. Chrissy hatte neben mir bereits enorm mit der Müdigkeit zu kämpfen, die spontan, aber dafür gewaltig einsetzte und auch mir ging es langsam ähnlich. Chrissy hatte den spontanen Vorschlag wir könnten doch am Rand parken und noch eine Runde schlafen bevor es komplett heim geht - das taten wir dann auch. Wir fuhren noch zur

Autobahn, nahmen den ersten Parkplatz - zum Glück mit Schatten - und schliefen da bis 15:30 Uhr. Der Rest der Heimfahrt war dann total entspannt und sicher möglich - somit war auch die letzte Entscheidung dieses Abenteuers eine Gute!

Die Zeit danach

Daheim angekommen fielen wir halb aus dem Auto und humpelten zur Family, die sich die Zeit bei der Hitze in Planschbecken im Garten vertrieb. Die Freude war groß, endlich wieder daheim zu sein. Geglaubt hatte es glaube ich niemand so recht, dass wir es schaffen würden. Vielleicht auch doch. Wahrscheinlich kann und konnte sich keiner so richtig vorstellen, was wir da gemacht haben. Konnten wir vorher ja auch nicht und es fällt immer noch nicht wirklich leicht alles zu begreifen. Es gab dann noch was zu essen und natürlich ließ ich alles so ausklingen wie es auch begann: mit Pizza!

Danke!

Am Ende folgt ausnahmsweise noch ein spezieller Abschnitt - es war ja auch ein spezielles Abenteuer.

Wie oben schon geschrieben gehört der erste und Größte Dank Chrissy, die diese Idee überhaupt erst hatte und die beste Begleitung für dieses Abenteuer war, die man sich wünschen kann!

Natürlich geht ebenfalls ein großer Dank an die Family - Groß und Klein - für's Aufpassen auf die Kids und für den Anruf am Abend - sonst wäre das alles auch nicht möglich gewesen.

Alex möchte ich auch nochmal speziell danken für den Anruf am Morgen, den Support mit Lampe und Powerbank, sowie die aufmunternden Tweets, die ich an den VPs immer kurz überflogen habe, also ich den nächsten Status raus gezwitschert hatte. Selbiges gilt für alle Anderen der Twitterwelt, die ich jetzt nicht einzeln namentlich erwähne, da ich sonst garantiert wen vergessen würde. Danke euch allen, auch für die Glückwünsche danach!

Ein weiterer Dank der im Text hoffentlich schon durch kam geht an die OrganisatorInnen und die HelferInnen, die wirklich immer super freundlich und hilfsbereit waren. Dass ich die Strecke fast perfekt markiert fand und das bei 100km alles andere als selbstverständlich finde habe ich glaube ich bereits geschrieben - wenn nicht: doppelt hält besser! Das Roadbook ließ auch keine

Wünsche offen, die Verpflegung war doch etwas umfangreicher als ich erwartet hatte (eigentlich hieß es ja "im Grunde Selbstverpflegung, es gibt am VP Wasser und Snacks") und auch die Strecke an sich war super, auch wenn wir zwischenzeitlich (vor allem gegen Ende) nicht mehr so glücklich waren mit der Gesamtsituation!

Last but not least: Danke ans Rote Kreuz! Wie auch bereits geschrieben: Toll, in welcher Dichte die Rettungswagen über die komplette Zeit an der Strecke und wie freundlich die Sanis die komplette Zeit über waren - das war echt der Hammer und gab ein beruhigendes Gefühl!

Allerdings möchte ich doch noch zwei einzeln raus picken, die auf eine besondere Art geholfen haben. Sebastian lief im letztes Jahr im September ebenfalls den Mammutmarsch (allerdings in NRW) und kam mit deutlich mehr Training und somit Erfahrung bis Kilometer 67(?), hatte das Projekt aber nicht als Hauptziel und stieg eher vorsichtshalber aus wenn ich es richtig im Kopf habe. Flo kam mit seinem Kumpel wie oben erwähnt bis Kilometer 50 bei geplanten 100. Zum Einen waren beide Marken somit einerseits Ziele, die irgendwo im Kopf waren und andererseits absolute Punkte der Motivation, als wir diese überschritten haben und ich merkte: es geht weiter! Viel wichtiger waren allerdings die Tips die ich direkt und indirekt durch das mitverfolgen und Lesen der Schilderungen von den beiden bekommen habe. Danke dafür!

Nachtrag 2

Wer sich gerne die Geschichte - nicht ganz so ausführlich 😌 - im Audioformat anhören möchte möge bitte <u>hier klicken</u> und bei den wunderbaren <u>Daniel</u> und <u>Nicklas</u> vom <u>LaufenLiebeErdnussbutter-</u>Podcast vorbei schauen, die uns eingeladen haben und denen ich gerne alle Fragen zum Marsch beantwortet habe. Soweit ich mich noch erinnern konnte... ☺ Ich hoffe man versteht mich auch außerhalb Frankens 😌

Neue Horizonte - III

Der Mammutmarsch war das mit Abstand krasseste was ich bisher - und vielleicht auch seitdem erlebt habe. Aber es war nicht die einzige Geschichte, mit der ich ein paar neue Dinge ausprobieren wollte. Als nächstes stand wieder der Seenlandmarathon auf dem Programm. Diesmal der Halbmarathon und zeitlich ziemlich nahe am Mammutmarsch. Ich war weder mental, noch physisch in der Verfassung hier irgendeine grandiose Zeit raus zu hauen, deswegen wollte ich mich gar nicht in die Versuchung bringen irgend etwas „dummes" über's Knie zu brechen, wovon ich bereits vorher weiß, dass ich hinterher nicht zufrieden damit sein werde. Warum erwähne ich das dann also? Weil es wieder eine „typische Fleggo Aktion" war!

Mir schoss irgendwann ein Gedanke in den Kopf, der sich ruck zuck verfestigte: warum nicht mit dem Babyjogger den Halbmarathon laufen? Kind rein - wie im Training auch - und ab dafür! Wer weiß, ob man nochmal einen so passenden Zeitpunkt für so eine Aktion findet? Wenn sie sich direkt so anbietet sollte man sie auch nutzen! Nach kurzer Rücksprache mit den Veranstaltern ob das ok ist war der Plan geschmiedet und ab ging's zum nächsten Abenteuer!

Seenlandmarathon 2018 - HM mit Babyjogger

Veröffentlicht am *25. September 2018*

Die Sommerpause ist vorbei! Nachdem die letzten Wettkämpfe mit b2run und Mammutmarsch nun rund zwei Monate her sind steht der erste Herbstwettkampf an. Das ist leider wörtlich zu nehmen, denn pünktlich zum Wettkampfwochenende hat sich ein Wetterumschwung angekündigt. Von rund 30 Grad und Sonne gingen die Temperaturen auf 15-20 herunter. Das wäre noch gar nicht so tragisch für eine Laufveranstaltung, blöder ist da eher der mit aufkommende Wind. Gerade für mein Vorhaben bei diesem Lauf: Wettkampf mit Babyjogger!

Im Vergleich zu bisherigen Berichten will ich versuchen eine Neuerung einzubauen und zwar eine Art "Preview". Ich schreibe diesen Teil gerade zwei Tage vor dem Wettkampf mit dem Hintergedanken mir über den Lauf an sich, meine Ziele und einen entsprechenden Plan dafür klar zu werden. Damit vielleicht irgendjemand anderes auch etwas davon hat dachte ich, ich schreibe es hier mit rein - vielleicht interessiert es ja jemanden. In diesem speziellen Fall ergänze ich um die Frage: "Warum denn das???" Antwort - eigentlich - wie immer: "Warum denn nicht???" Im Ernst: Ich laufe ja des Öfteren mit dem Babyjogger einfach so - da entsponn sich irgendwann der Gedanke das auch mal im Wettkampf zu machen. Die Kinder werden größer, so viele Möglichkeiten werde ich dafür vielleicht gar nicht mehr haben. Also: warum nicht?!! Eine Herausforderung sollte es dann auch sein, deswegen: Halbmarathon. Das wird eine harte Nuss, die ich mir in drei Stufen eingeteilt habe:

Ziel C: ankommen. Klar
Ziel B: Sub 1h 45min
Ziel A: Sub 100min (also 1h 40min)

Ziel C ist das eigentlich auf jeden Fall zu erreichende Minimalziel. Ziel B schätze ich als "anspruchsvoll realistisch" und Ziel A als "wenn alles zusammen passt klappt es" ein. Etwas erschwerend kommt hinzu, dass ich einerseits gefühlt ewig keinen HM mehr am Stück gelaufen bin und speziell die letzten 1,5 Wochen krankheitsbedingt gar nicht laufen konnte. Ein Testlauf mit Baby und Jogger im geplanten A-B Renntempo über 8km ging heute ganz ok, also geht der Lauf an sich klar. Ob die Ziele klar gehen wird sich zeigen ☺ Den Anfang und das Ende der Strecke kenne ich vom letzten Jahr. Der Beginn hoch zum Brombachsee ist schon ohne Jogger sehr anspruchsvoll - hier gilt es kontrolliert zu laufen und ab "Ankunft See" ein kontrolliertes Rennen zu laufen. Entsprechend sollte diesmal am Ende tatsächlich ein negativer Split raus kommen 🙂 Etwas unsicher bin ich mir noch mit der Positionierung im Startblock. Ich werde früh rein gehen, da ich ja schlecht mit dem Wagen irgendwie durch komme. Mit den Veranstaltern ist geklärt, dass ich mitten rein kann und soll und nicht vorneweg/hinterher renne. Ich orientiere mich (natürlich) am 1:45er Läufer, tendenziell eigentlich etwas davor, aufgrund der Streckencharakteristik bin ich mir da aber auch noch etwas unschlüssig. Das berede ich mit mir bis Sonntag!

RACEDAY

Der Start in den raceday verlief fast absolut entspannt. Fast, weil das Wetter seit dem Vorabend nett formuliert beschissen und daher die Motivation der Familie mitzukommen doch eher gering war. Die geplante Abfahrt verzögerte sich dann auch auf 9:30 Uhr (Rennstart um 11:00 Uhr), es war aber alles easy. Wie schon im letzten Jahr waren die ersten Wegweiser zum Parkplatz noch vor Pleinfeld angebracht und innerorts wurde von der Feuerwehr gelotst. Am Ende landeten wir fast an der gleichen Stelle wie letztes Jahr 🙂

Ich zog mich noch am Auto um und bog kurz in die Schule ab, die als Umkleide, Dusche und Toilette geöffnet hatte – ebenfalls klasse!

Wir kamen am Start-/Zielbereich an, als die ersten Hobbyläufer im Ziel waren. Roland Rigotti konnte seinen

Vorjahressieg verteidigen, Platz 2 kam mit 19:09 ins Ziel. Da hätte ich schon einen sehr guten Tag gebraucht um das auf diesem Kurs zu laufen! Den dritten Platz vom Vorjahr hätte ich wohl wiederholen können, aber ich war ja auf einer anderen Mission unterwegs 😉

Wir gingen erst mal über das Veranstaltungsgelände zum voll gefüllten Zelt. Mittlerweile hatte der Regen zwar aufgehört, dennoch war ein Großteil der StarterInnen hier versammelt. Ich ging einmal quer durch um mein Startpaket holen. Es ging ratz fatz und was soll ich sagen? Ich habe mich noch nicht oft so über den Inhalt gefreut! Einzig der Optikergutschein war nichts für mich, die Infohefte waren „ok", Müsli, Duschgel und vor allem das „Buff" super nützlich! Das ganze in nem Stoffbeutel rundet alles ab. Daumen hoch!

Wir gingen wieder zur Strecke und sahen noch die letzten Läufer der Hobbylaufs ankommen. Nun waren es noch gut 20 Minuten bis zum Start und die letzten Vorbereitungen gingen los. #FrauOhneTwitter und die Großen bereiteten Baby und den Jogger vor, ich lief mich kurz warm. Am Ende saßen neben dem Baby ungefähr fünf Kuscheltiere, ein paar Bücher, eine Rassel und drei Trinkflaschen, sowie diverser Krimskrams der eh drin rum fliegt im Jogger ? Kurz hatte die Kleine dann keine Lust einzusteigen, konnte mit einer kleinen Packung Gummibärchen aber überredet werden sich anzuschnallen. Alter Elterntrick 😉

Also auf in den Startbereich! Es war schon etwas knapp am Start und so kam was kommen musste: alles voll. Alleine hätte ich mich durch gequetscht, mit Jogger aber wie vorher befürchtet keine Chance. Also reihte ich mich hinten ein. Weit hinten. Beim zwei Stunden Läufer hinten ? Die ersten Mitläufer haben nun verstanden, dass ich hier stehe, weil ich mitlaufe. Mit dem Jogger mitlaufe! Ich erntete die ersten neugierigen und verdutzten Blicke und auch schon die ersten Anfragen ob noch Platz im Jogger wäre. Spoiler: nicht das letzte mal.

Auf los ging's los! Naja, oder auch nicht. Bzw. war „ging" schon richtig. So weit hinten startete ich schon ewig nicht mehr. Das wäre auch nicht so wild gewesen, aber mit dem riesen Ungetüm, dass ich vor mir herschob war kaum ein durchkommen. Aber man muss die Dinge ja so annehmen wie sie sind und irgendwie hatte ich ja befürchtet, dass es so kommen würde. Und tatsächlich hatte das Ganze auch echt gute Seiten: zum Einen bin ich gezwungenermaßen nicht zu schnell angegangen, zum Anderen hüpfte ich total entspannt vor mich hin während um mich herum einige schon beim ersten Anstieg das Pumpen anfingen! Dass das fies den Anderen gegenüber ist hatte ich ja schon des öfteren festgestellt, trotzdem ist es immer wieder ein gutes Gefühl für das eigene Ego!

Die ersten Kilometer waren also sehr entspannt. Wenn sich Lücken auftaten durch die ich passte nutzte ich diese, ab und zu reichte das erscheinen meines Vorderrads auch aus um eine Lücke zu provozieren. Weit vor mir hatte ich die 1:45er Fahne als Fixpunkt im Blick. Nach drei Kilometern kam dann der Anstieg zum See. Ich hatte vorher ja enormen Respekt davor, aber was soll ich sagen: ich war oben, als ich dachte, dass der Anstieg noch im ersten Drittel sein müsste! Schöne Überraschung! Nächste schöne Überraschung: der Weg hier oben war sehr breit. Zwar war der asphaltierte Bereich von den LäuferInnen belegt, aber ich wich gerne auf den Schotter neben dran aus. Er war nicht tief, lies sich super laufen und ich konnte an vielen Läufern vorbei ziehen und mein Tempo etwas erhöhen. Die nicht so schöne Überraschung: es war verdammt windig. Zwar noch seitlich und leicht von hinten, aber ganz schön stark. Da ich mich neben der Strecke vor arbeitete waren hier oben Viele über meine Begleitung überrascht, im Großen und Ganzen nahmen die Anderen mein Gefährt aber ganz gut auf. Es kam zwar einmal ein „das ist jetzt aber demotivierend!" gerufen, allerdings eindeutig spaßig. Wobei ich mir andererseits durchaus vorstellen kann, dass das tatsächlich für einige wirklich demotivierend sein könnte. Sollte es ein nächstes Mal geben schaue ich, dass ich wirklich da starte wo ich auch „hingehöre" um mich nicht durch das Feld arbeiten zu müssen.

Ich lief also neben der "Hauptfahrbahn" am Damm entlang. Es kam ein Verpflegungsstand und ich entschied mich hinten dran vorbei zu laufen, da ich mich nicht zwischen alle anderen rein und durch die Tische durchquetschen wollte. An dieser Stelle gleich mal ein Lob an die super Organisation und besonders die Streckenposten: ich wurde gesehen und mir wurde „nach hinten" ein Wasser angeboten. Echt klasse! Und wie überall an der Strecke waren alle super freundlich und hilfsbereit und bemüht einem die Becher „ordentlich" in die Hand zu geben!

Die schöne breite Strecke am Damm ging knapp 2km. Danach ging es links auf einen immer noch breiten Weg. Zum Glück hinter Bäumen, denn sonst hätten wir hier volle Kanne Gegenwind abbekommen. Hier bemerkte ich das erste Mal Marathonis, die wir überholten. Die Strecke wurde wieder enger und war immer noch sehr voll, sodass überholen nun kaum noch möglich war. Zwischenzeitlich war ich relativ nah am 1:45 Läufer dran, hatte zu seiner Gruppe grob bei KM 6 aufgeschlossen, aber keine Chance vorbei zu kommen. Also hing ich mich dran, trank etwas (hatte ja genug dabei ?) und sparte etwas Kraft - im Nachhinein betrachtet vielleicht auch nicht das Schlechteste! Wir passierten die recht kleine 4h(?) Marathonigruppe und kurz darauf erreichten wir das nächste Stimmungsnest mit VP. Hier wurde der Weg etwas breiter und ich nutzte die Chance über die Wiese an der Gruppe vorbei zu gehen. Beim VP wollte ich kurzfristig ein Gel mitnehmen, griff aber daneben ? ... auch nicht schlimm. Nun war endlich mal Platz und ich konnte einfach meinen Stiefel laufen - ich war endlich „frei". Mittlerweile war bereits knapp die Hälfte geschafft und ich konnte weiterhin nach und nach Läufer schlucken. Neu war hier die Frage nach dem Elektromotor im Jogger, sie sollte aber auch noch ein paar mal kommen 😉

Nachdem die Strecke zwischen kleinem und großem Brombachsee geschafft war ging es zu einem

Wendepunkt. Das war für mich wieder problematisch, da das Überholen hier nicht nur aufgrund der relativ engen Strecke, sondern vor allem aufgrund des Gegenverkehrs schwierig war. Ich hatte hier also ein kurzes Fahrtspiel - entspannter als normal, wenn ich fest hing, schneller beim Überholen. In Summe war das nur vielleicht ein Kilometer, aber ich war echt froh als es herum war und ich sah, dass eine gute Lücke zwischen mir und der 1:45er Gruppe war. Allerdings hielt das auch nicht wirklich lange, denn irgendwie kam nun ein Anstieg den ich absolut nicht auf dem Schirm hatte! Schön ist anders aber hier ging's noch. Vor allem: was man hoch darf, darf man ja auch wieder runter. Und runter mit Jogger ist tatsächlich angenehm! Zumindest solange es nicht zu steil ist. Aber hier war es genau richtig und ich konnte an den 3:45er Marathonis vorbei ziehen! Der Endspurt war somit quasi eingeläutet, in Gedanken ging es nur noch zurück zum Startpunkt am See und runter nach Pleinfeld. Zuerst ging es aber noch an einem Truck mit „Sprechern" (keine Ahnung wie man das nennt ;)) vorbei, die leicht verdutzt über uns waren, später noch durch ein kleines, aber lautes Stimmungsnest. Dort war es nochmal sehr lustig: Dass ich bisher noch nichts vom Baby erzählt habe lag daran, dass die Kleine nach rund zwei Kilometern einschlief und bis jetzt auch nicht aufgewacht war. Ich lief also durch die Zuschauer, legte einen Finger auf die Lippen und sagte „Psssssst, Baby schläft!" - fanden die Leute auch gut, leiser wurden sie aber nicht ?

Gedanklich war ich also fast im Ziel, auch wenn mich die Schilder immer wieder verwirrten. Dass ich die von der ersten Marathonhälfte nicht einfach hochrechnen kann habe ich erst sehr spät kapiert. Ich überschlug auch immer wieder die Zielzeit - es könnte eine Punktlandung auf 1:40 werden. Hätte werden können. Baby war mittlerweile wach und freute sich genauso auf das Ziel wie ich, aber eins hatte ich absolut vergessen/verdrängt: es kam noch ein Anstieg. Und diese 500m mit ein paar, eigentlich wenigen Höhenmetern vom See weg, bevor es wirklich nach Pleinfeld runter ging, machten mich fertig. Auf dem kleinen Stück habe ich rund eine Minute verloren, die ich auch im etwas zu steilen Downhill dann nicht mehr herausholen konnte. Aber das war egal. Wir waren in fantastischen 1:40:42 im Ziel und mehr als zufrieden!

Im Ziel traf ich dann noch Sven, den ich auf der Strecke bei seinem Marathon nicht mehr erwischt hatte 😉 und futterte und trank mich einmal quer durch das Zielbuffet 🙂 Baby bekam ein Wasser und einen Schwung Gummibärchen und wir machten uns nach kurzem Plausch auf zur wartenden Familie um dann die Heimreise anzutreten.

In Erinnerung bleibt, dass der Lauf zu über drei Vierteln absolut locker war, trotz Jogger und aller, oder vielleicht auch gerade wegen der Widrigkeiten und fehlenden Möglichkeit am Start und auf der Strecke zu Überholen. Es war eine fantastische Erfahrung, etwas besonderes in einen „ganz normalen" Lauf gepackt zu haben, was so für mich vielleicht nie mehr möglich sein wird!

Neue Horizonte - IV

Eine letzte besondere Aktion soll noch Erwähnung finden. Nochmal ein Halbmarathon, aber auch einer der besonderen Art: Indoor! Aber auch nicht „normal" Indoor auf einer Laufbahn oder so, sondern Indoor in einem Bürogebäude. Auf den Fluren und durch Treppenhäuser über zwei Etagen! Es war genauso verrückt wie es sich anhört, aber auch diese Veranstaltung war wieder richtig gut!

Indoor Marathon Nürnberg

Veröffentlicht am *13. November 2018*

Die Wintersaison ist eröffnet! Nach dem "Einbruch" bei den Goldenen Meilen von Schwabach stand nochmal ein Halbmarathon auf dem Programm. Diesmal eine Laufpremiere: es ging zum TÜV Rheinland LGA Indoor Marathon nach Nürnberg. Zwar auf die halbe Distanz - 21,2km reichen - aber wie der Name sagt: Indoor! Man läuft für den Halbmarathon 27 Runden durch das Gebäude des TÜV Rheinland, dabei jeweils 22 Stufen runter und später wieder 22 Stufen hoch!

Normalerweise schreibe ich in letzter Zeit diesen Teil ja immer ein paar Tage vor mir um mich schon mal etwas auf den Lauf einzustellen und mir über meine Herangehensweise und die Ziele die ich mir vornehme klar zu werden. Dafür war aufgrund verschiedenster Turbulenzen und Terminen (u.a. einem Turniersieg meiner Fußballjungs ;)) keine Zeit. Zumindest nicht zum aufschreiben. Den ein oder anderen Gedanken verschwendete ich dann doch daran und am #raceday selbst schmierte ich mir noch grob auf den Zettel die Splits für die Zielzeit 1h 40 - also Sub 100Minuten.

Die Rundungen und die Rechenfehler machten das Ganze wirklich nur grob. Ich wusste nicht wie ich die Treppenhäuser vertragen würde, erwartete enormes Gedränge und wenig "freien Lauf", sodass ich als Ziel ungefähr die Zeit vom Seenlandmarathon mit Baby-jogger in Gedanken als Ziel zusammen würfelte.

Am Sonntag machte ich mich dann alleine auf zur TÜV-Prüfung (dieses Wortspiel steht glaube ich irgendwo in der Ausschreibung...) - die Family gab sich den Stress nicht, hätte aber vielleicht auch Spaß gehabt, da man hier - vielleicht abgesehen von einem Halbmarathon auf der 400m-Laufbahn - so oft wie sonst nirgends die Läufer zu sehen bekommt. Ich war relativ zeitig vor Ort, begab mich in den Keller zum Umziehen und sah mir dann erst mal den Start- und Zielbereich an. Dort traf ich dann zuerst auf Uwe, der nach langer Verletzungspause in der Staffel den Marathon lief und in seinem feschen Kostüm (Weiterlesen! Weiterlesen!! :D) nicht zu übersehen war und dann auf Roland Rigotti, der ebenfalls über den Halbmarathon am Start war. Wir quatschten eine Weile bis wir alle unserer Wege gingen und Dinge taten.

Ich für meinen Teil suchte (natürlich!) erstmal die Toilette auf und stellte mich dann vor eine Fenster-scheibe in die Sonne, da es doch recht frisch im Gebäude war. Irgendwann beschloss ich dann einfach mal die Strecke abzugehen. Ein WarmUp war das nicht, man könnte es eher Streckenbesichtigung nennen. Also einmal den langen Gang lang, Treppe runter (der Bodenbelag wechselte von Teppich auf Gummi), den langen Gang zurück (hier war irgendwo der HM Start), 90 Grad nach links vorbei am Buffet (gleich mal einen Keks geschnappt), den kurzen Gang vor, beim DJ die Treppe hoch, den kurzen Gang auch wieder zurück (hier war der Marathonstart) und schon war ich bei den Start/Ziel Messstellen. Die Schleife um den Aufzug sparte ich mir.

Hier sieht man eine komplette Runde beginnend ungefähr beim Marathonstart:

Indoor Marathon Nürnberg: Die komplette Runde (767m) (Youtube)

Nun hieß es noch etwas warten. Ich machte es mir wieder in der Sonne bequem und beobachtete das Geschehen. Während der Begrüßung durch Markus Othmer - am spannendsten war die Begrüßung von Friedrich Hinkel; er ist seit der ersten Auflage am Start, lief hier bisher 10 Marathons, 3 Halbe und ist mittlerweile 78 Jahre alt! - und der "offiziellen Einweisung" (Im Prinzip wurde der Zettel mit den Regeln nochmal vorgelesen) ging ich, als das "Faschingsprinzenpaar" geehrt wurde, schon mal Richtung Start, denn mit Fasching habe ich ungefähr so viel am Hut wie Pinguine mit einem Karibikurlaub. Ich trabte einmal den langen Gang entlang und traf auf dem Weg die Treppen runter wieder Roland, der das aus den Jahren vorher schon kannte und sich ebenfalls schon mal auf den Weg nach unten machte. Wir sprachen über die letzten Läufe die wir so machten, die Ziele des Tages - seine Einschätzung ich würde heute vorne mitlaufen nahm ich erfreut, aber eher ungläubig zur Kenntnis 😉 - und dass wir relativ schnell auf die ersten Marathonis auflaufen würden, was aber kein Problem ist, da man am Gang eigentlich gut vorbei kommt. Nur im Treppenhaus gibt's Stau. Auch daran zweifelte ich noch etwas, aber hey: er kennt das ja schließlich schon!

Nach und nach füllte sich der Gang und schlussendlich startete ich aus Reihe zwei. Der Countdown wurde über einen Mitarbeiter vom TÜV mit Handy angetriggert, von den Läufern aufgenommen und bei Null ging's los! Der Anfang lies sich wie erwartet super laufen, am Buffet vorbei, der DJ hatte Fasching im Programm - yeah -.- ... - und zum ersten mal die Treppen im schnellen Schritt hoch. Oben wurde es dann laut - der Weg zum Eingangsbereich war nicht weit und hier waren die Zuschauer und nochmal Musik. Das erste Mal ging es durch Start/Ziel, 26 komplette Runden noch.   Am Wendepunkt nach dem Start (auf dem Video hat man es kurz gesehen) war eine Videowand aufgebaut auf der die aktuelle Zeit, die gelaufenen und die noch zu laufenden Runden der Läufer angezeigt werden, die kurz vorher durch Start/Ziel liefen. Ich brauchte tatsächlich mehrere Runden, bis ich mich grob orientieren konnte und ab dann meinen Namen fand.

Hier hätte ein offizielles Wettkampfbild sein sollen - leider habe ich vom Urheber keine Rückmeldung bekommen, ob ich das Bild verwenden darf. Somit musst du leider zum Blog wechseln um das Bild zu sehen :)

Ich hatte ja vorher echt Bedenken wegen der vielen Runden und den für die kurze Strecke doch vielen Starten. Das stellte sich aber als absolut unbegründet heraus. Es hielten sich eigentlich alle daran rechts zu laufen, damit man links überholen kann und auf den

Treppen das Überholen sein zu lassen. Natürlich gab es dadurch Stau und man hätte bei freier Bahn die Treppen - gerade hochwärts - schneller in Angriff nehmen können, mit der Zeit wusste ich diese kurzen "Pausen" aber durchaus zu schätzen! Es dauerte ungefähr 2,5 Runden bis ich nicht mehr wusste wie viele Runden ich gelaufen war und wie viele ich noch laufen musste. Als ich mich dann regelmäßig auf der Liste fand hatte ich ein neues Problem und zwar dass mir nicht klar war, ob ich, wenn bei "noch zu laufende Runden" eine Null steht die Runde noch fertig laufen musste oder nicht. Tja :). Ich hatte genug Zeit mir das zu überlegen.

Der Weg zu den Umkleiden - der Gang entspricht aber der Laufstrecke

Der Lauf war für mich sehr kurzweilig und immer spaßig. Als HM-Läufer, noch dazu wie sich zeigte doch einer der schnelleren, hat man das Glück ständig - wirklich ständig - andere zu überholen. Ein paar wenige Marathonis und Halbmarathonis überholten mich, dazu natürlich noch ein paar Marathonstaffeln, aber wenn es in Summe mehr als eine Hand voll waren, war es viel. Die ersten paar Runden orientierte ich mich hinter Anderen die ich beim Start gesehen habe und das Gefühl hatte, dass das ein gutes Tempo wäre. Der Abstand variierte je nachdem, wie man durch die Treppenhäuser kam und irgendwann ging ich vorbei. Von da an war die Orientierung weg und ich lief für mich alleine. Auf der

Strecke nahm ich irgendwann einen Becher Iso (auch nur einmal, da er mir zu voll und das Iso entsprechend in meinem Gesicht war), danach mal Corny (die waren ganz schön kalt und entsprechend schwer zu kauen ;)), später mal ein Wasser und zwei mal noch je ein Stück Banane. Alle 800m Verpflegung ist schon fein! Unterwegs traf ich mehrmals auf <u>Rene</u>, der den ganzen Marathon vor sich

hatte und <u>Uwe</u>, der im Start-/Ziel Bereich war um zu-zuschauen und zu warten bis sein Staffeleinsatz bevorstand. An dieser Stelle möchte ich ihm nochmal höchst inoffiziell zur Miss-Indoor-Marathon küren

Irgendwann war ich im Tunnel (hier vielleicht besser "im Gang") und spulte einfach mein Programm so konstant es ging ab. Ich bekam nicht mehr mit, wann die Musik von Fasching auf rockigeres wechselte. Irgendwann setzte im Erdgeschoss die Sambatruppe ein und am Ende nahm ich unten Highway to Hell wahr.

Gefühlt lief ich die ganze Zeit sehr konstant, was auch die offiziellen Rundensplits belegen (* siehe: Am Ende)

Die Abweichungen bis Runde 21 dürften hauptsächlich den unterschiedlichen "Stauleveln" in den Treppenhäusern geschuldet sein. Gegen Ende wurde es dann etwas schwierig, ich merkte die Anstrengung so langsam doch. Überraschenderweise war es irgendwann beim Abbiegen ins Treppenhaus auch im Nacken anstrengend (Spoiler: am Tag danach hatte ich da leichten Muskelkater...). Außerdem hatte ich Probleme mit der 180 Grad Kurve um den Aufzug nach Start/Ziel. Ich ging irgendwann dazu über so kleine Sprünge zu machen (kann man sich vielleicht vorstellen wie ein Langläufer den Berg hoch, nur eben um die Kurve) um meinen rechten Fuß etwas zu entlasten, auch wenn das komisch klingt. Auch das Anlaufen nach den Treppen - egal ob hoch oder runter - wurde gegen Ende schwieriger.

Hier hätte ein offizielles Wettkampfbild sein sollen - leider habe ich vom Urheber keine Rückmeldung bekommen, ob ich das Bild verwenden darf. Somit musst du leider zum Blog wechseln um das Bild zu sehen :)

Wenige Runden vor Schluss sah ich bei einer Kurve im Augenwinkel Richard Wick (aus der Finisherliste gespickt ;)) dem ich in den ersten Runden gefolgt bin direkt hinter mir. Ich fragte ihn irgendwann, ob wir eigentlich noch 2 oder 3 Runden zu Laufen hätten, da ich es echt nicht wusste. Er war sich auch nicht sicher, meinte aber es wären noch zwei. Das fand ich gut! Genauso, dass wir es nicht auf einen Zielsprint anlegen wollten, wir hatten ja schon genug in den Beinen 🙂 Wir liefen also die letzten Runden zusammen bis wir unten nochmal auf Rene aufliefen. Ich quatschte nochmal kurz mit ihm, wünschte viel Spaß und war froh, dass es spätestens nach dieser Runde zu Ende war. Nochmal wollte (und konnte) ich dann nicht zu Richard auflaufen und kam nach offiziellen 1:35:54 als Siebter ins Ziel, ohne zu wissen, ob ich denn schon im Ziel war. Also lief ich die Schleife normal durch, sah dann Richard am Rand stehen, der bei der Rennleitung fragte ob wir fertig sind - waren wir - und ich war sehr froh darüber 🙂

Auf dem Weg Richtung Umkleide schlurfte ich an der Fotobox vorbei. Ich war geistig nicht mehr in der Lage das Ding richtig zu bedienen, aber hey, zwei Bilder wurden es noch 😀

Danach ging es runter in die Umkleide, vorher stoppte ich kurz an der Finisherausgabe und zog mir eine Flasche Wasser rein. Auf dem Weg zu den Umkleiden haute es mich fast zwei mal auf die Waffel weil ich auf dem

Gummiboden die Füße nicht mehr hoch bekam... Heil angekommen hüpfte ich kurz unter die Dusche und beim Anziehen traf ich auf eingangs erwähnten Friedrich Hinkel. Er musste leider nach knapp 10 Runden wegen Rückenschmerzen aufhören, erzählte mir dafür aber ein paar Anekdoten von Früher! Ich kämpfte mich dann wieder nach oben, plünderte erst mal das Buffet ... der Kuchen war super! ..., schaute dann nochmal bei Uwe vorbei, der immer noch auf seinen Start wartete und machte mich auf den Heimweg. Festzuhalten bleibt, dass der Lauf absolut gut war, ich gerne nächstes Jahr wieder teilnehme, wenn ich bei der Anmeldung schnell genug bin und absolut positiv überrascht bin von meiner Zeit. Im Nachhinein habe ich gesehen, dass ich nur rund 1:30 Minuten auf Roland und somit Platz 4 verloren hatte (soviel nimmt er mir wenn's sein muss auf 5km ab ;)). Es war also enorm eng da vorne und ich habe es gar nicht geschnallt 😐 Ist mir im Endeffekt aber auch egal! Es lief eigentlich von Anfang bis Ende super, ich hatte wirklich Spaß, hätte mit dieser Zeit nicht gerechnet und wer weiß, wenn ich die 1:30 versucht hätte zu holen wäre es vielleicht anders gewesen.

Als nächstes geht's dann wirklich in den Wintermodus, aber nicht ohne diesmal doch noch etwas anderes zu machen. Zwei Termine stehen: Am 25.11. der 5er bei der Winterlaufserie und am 31.12. der 5er beim Silvesterlauf. Das ist jetzt noch nichts besonderes, aber für die 6

Wochen Trainingsphase habe ich mir einen 5k Plan geklickt. Der Winterlaufserienlauf dient somit der frühen Formbestimmung. Somit kann ich zur Not den Plan etwas anpassen (ich habe eine optimistische niedrige 19er Zeit als Ausgangswert angegeben) und beim Silvesterlauf das erste Ergebnis sehen. Eigentlich ist es ein 12 Wochen Plan, die zweite Hälfte habe ich auch bereits da, aber Ziel ist es erst mal die 6 Wochen konsequent durch zu ziehen - das wird schwer genug! Eventuell mache ich auch eine kleine Blogserie daraus - so für die Eigenmotivation - mal sehen.

6: Laser-Run

Das war ein sehr langer Anlauf um zum eigentlichen Grund zu kommen, warum ich dieses Buch schreiben wollte. Wie bis hier hin hoffentlich klar geworden ist: ich bin eigentlich ein ganz normaler Typ, für den zwar über große Teile seines Lebens der Sport eine sehr hohe Priorität hatte und (wieder) hat, der aber nie auch nur ansatzweise irgendwo besonders herausragend war. Wie es das Leben manchmal so will - und wie es auch ab und zu hier schon der Fall war - spielen kleine, erstmal unspektakulär wirkende Momente und Zufälle im Leben eine Rolle, die erst irgendwann später ihre ganze Wucht entfalten.

Genau so ein Zufall war mein „Erstkontakt" zum Laser-Run, einer Sportart, die eigentlich eine Teildisziplin des Modernen Fünfkampfs ist, von der ich noch nie etwas gehört hatte, in der ich aber wenige Wochen, nachdem ich sie kennenlernte direkt bei der Deutschen Meisterschaft startete. Genauso verrückt wie es so kurz zusammengefasst klingt war das alles - und ist es irgendwie nimmer noch. Denn nach der Deutschen Meisterschaft war bei Weitem nicht Schluss! Da ich das alles ausführlich bereits online erzählt habe, nehme ich hier die wichtigsten Texte direkt rein. Wie beim Mammutmarsch gibt es im Blog aber auch eine eigene Übersichtsseite dazu:

 https://www.likethewindt.de/category/laser-run/

Deutsche Meisterschaft im Laser-Run 2019

Veröffentlicht am *25. Juli 2019*

Auf völlig zufällige Weise kam ich mit einer Sportart in Kontakt von der ich vorher noch nie etwas gehört hatte: Laser-Run.

Von unserem Sportverein (TSV Katzwang) war Ende Juni Sonnwendfeier. Dieser Abend wird von den einzelnen Abteilungen immer genutzt, um sich vorzustellen, den Gästen zu zeigen, was sie denn so machen und somit natürlich neue Mitglieder zu werben. Dieses Jahr war die Abteilung „Moderner Fünf-kampf" (von der ich bisher übrigens ebenfalls noch nichts gehört hatte, aber sie existiert auch erst seit rund einem Jahr ;)) vor Ort und hat die Teildisziplin Laser-Run vorgestellt.

Oli hatte den Abend über richtig Spaß. Eigentlich sollten ja erst die Kids ab 8 Jahren hin gehen, aber im Urlaub haben wir bei den Achterbahnen gelernt, dass 1 Jahr mogeln im Toleranzbereich liegt 😉 Da er kaum vom aufgebauten Schießstand weg ging hat er auch uns Eltern erst so richtig neugierig gemacht. Also haben wir beim Spaßwettkampf am Abend mitgemacht und uns gar nicht so blöd angestellt 😉 Tobi, der die Abteilung im Verein leitet, hat uns dann gleich noch auf die anstehende Deutsche Meisterschaft, die vom TSV Katzwang ausgerichtet wird, aufmerksam gemacht und uns nahegelegt doch mitzumachen. Spätestens als er sagte „so leicht kommt man zu keiner Deutschen Meisterschaft mehr" und mich zur Ausschreibung führte hatte er mich 🙂 und da das Laufen bei mir ja ganz ok klappt stand nur noch das Schießen im Weg um auch ein ordentliches Ergebnis abzuliefern - denn vier Mal am Schießstand stehen bis die Zeit abläuft ist nicht das, was ich von mir erwarte wenn ich mitmache. Eine Woche später war das nächste Training und wir verabredeten uns am Sportplatz, um das Ganze nochmal zu üben.

Der Moderne Fünfkampf besteht aus Schwimmen, (Sprung)Reiten, Fechten, Laufen und Schießen, wobei die beiden letzten Disziplinen zum „Laser-Run" zusammengefasst werden. Den Laser-Run kann man sich jetzt als eine Art „Sommerbiathlon" vorstellen. Man rennt vom Start zum Schießstand, versucht 5 Treffer in unter 50 Sekunden zu setzen, läuft dann um die Laufbahn und wiederholt das Ganze mehrere Male. In Abhängigkeit vom Alter und ob man in der Offenen, oder der „Eliteklasse" startet, variiert der Abstand zu den Zielen zwischen 3, 5, 7 und 10m, die Anzahl der Durchgänge (also Schießen + Laufen) zwischen 2, 3 und 4, sowie der Laufstrecke: 400m oder 800m. Die ganz Kleinen dürfen beide Hände an der Waffe haben, ab der der U13 dann nur noch Eine. Außerdem muss zwischen jedem Schuss die Waffe runter genommen und der Tisch berührt werden. In der offenen Klasse kann jede(r) starten, für die „Elite" muss man Mitglied in einem Verein mit einer Abteilung Moderner Fünfkampf sein, hat dann aber auch die Möglichkeit, um den Titel zu kämpfen. Klingt alles erst mal verwirrend, macht aber eigentlich Sinn, wenn man es mal sieht (hier die Regularien im Detail)

Wir waren also eine Woche später am Sportplatz. Die ersten Versuche aus 10m die Scheibe zu treffen scheiterten kläglich, gegen Ende habe ich aber immerhin mal 5 Treffer innerhalb der 50 Sekunden ins Ziel gebracht und die ersten Versuche unter Last nach 400m Laufen waren auch... ok 😉

Tobi meinte für den ersten Versuch war das mehr als ordentlich, also war´s klar: ich mache mit. Und wenn, dann natürlich auch um die Deutsche Meisterschaft. Also 4-mal aus 10m Schießen mit jeweils 800m Laufen.

Um das Schießen noch gebacken zu bekommen hat uns Tobi eine Waffe und ein Ziel ausgeliehen und ich schob ab sofort mindestens zwei Trainingseinheiten am Tag. Dazu wurden zwei Holzlatten präpariert, um das Ziel auf der richtigen Höhe zu haben - eine ging in den Keller, für schlechtes Wetter, da waren es aber eher 9m Distanz, die andere an den Gartenzaun, da waren dann bis zu 12/13m drin. Also, los ging es, als uns dann mal klar war wie man die Waffe in Betrieb nimmt ... das kann mit einem Magneten über den Lauf ziehen muss, um sie zu aktivieren ist... nicht intuitiv 🙂

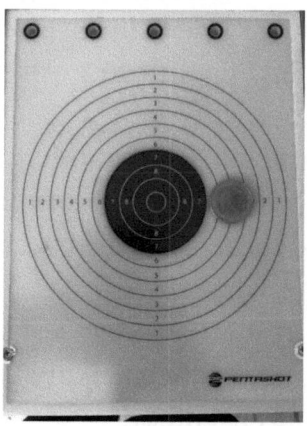

Das Ziel im Größenvergleich mit einer 2€ Münze

A propos Waffe. Der Begriff ist eigentlich völlig falsch. Klar, das Ding sieht aus wie eine Waffe, ist aber absolut ungefährlich. Es hat einen Laser verbaut, der auch in Kinderspielzeug zu finden und somit absolut ungefährlich ist. Sämtliche Kinder, die die Waffe vom Gewicht her halten können, durften an der Sonnwendfeier damit Schießen. Die Ziele reagieren auf den Laser (und auch nur auf den einer solchen Waffe, nicht etwa von einem Laser Pointer), zeigen die Anzahl der Treffer durch rote/grüne Lämpchen an und blinken nach 40s, schneller nach 45s und rot nach 50s, wenn man nicht vorher 5 Treffer erzielt hat. An der Sonnwendfeier (und im Wettkampf) sind dann externe Displays angeschlossen, auf denen auch die Zeit mitläuft.

Von Trainingsbeginn bis Wettkampf waren exakt zwei Wochen Zeit, um halbwegs ordentlich mit der Waffe klar zu kommen. Es ist krass wie schwer es doch ist aus 10m die Scheibe zu treffen. Es wurde zwar von Tag zu Tag merklich besser, aber oft geht´s auch einfach noch daneben. Irgendwann war ich eigentlich soweit, dass ich eigentlich zumindest die Serie immer in den 50s durchgebracht habe und später hat es normalerweise auch geklappt, ohne, dass es blinkt - also unter 40s. Ausnahmen gab es immer wieder, vor allem wenn der Arm müde wurde, was doch relativ schnell passiert, wenn man einfach durchschießt!

Natürlich musste im Training dann auch mal eine Wettkampf Simulation her. Das Ziel im Garten, eine Runde um den Block dürfte ca. 800m haben - ab dafür! Um es vorne Weg zu nehmen: Nachbarn schauen dämlich, wenn man viermal wie von der Tarantel gestochen um den Block rennt 😉 die Strecke hat nicht ganz gepasst, sie war etwas zu lange und hatte auch einen Hügel und enge Kurven drin - also erschwerte Bedingungen! Egal, als Simulation war es super, nach 3200m auf der Uhr waren 14:37 Minuten vergangenen - absolut ok für das erste Mal!

Ich war ja vorher neugierig und wollte von Tobi wissen was denn die Top-Leute so Laufen: mit einer Zeit unter 13 Minuten hat man wohl realistische Chancen ganz vorne dabei zu sein! Also soooooo weit weg ist das ja nicht 😉

Weiter ging's mit dem fleißigen Schießtraining - die Familie immer dabei. Oli war mittlerweile für die Elite U9 nachgemeldet, Chrissy für die Offene Klasse und K2 wollte ab und zu auch mal auf die Scheibe Schießen. Für den Wettkampf haben wir sie aber nicht angemeldet, da sie wirklich alleine hätte Laufen müssen und nur deutlich ältere gemeldet waren, die parallel mit ihr starten würden - bis zur U11. Das hätte sie nur frustriert, auch wenn sie am Ende gewonnen hätte, weil sie alleine in der AK war.

Eine Woche vor dem Wettkampf war dann nochmal Training vom Verein, diesmal mit einer „echten" Simulation, nur ohne Gegner. Es lief ziemlich perfekt. Läuferisch sowieso, aber auch alle Schießeinlagen funktionierten nahezu problemlos. Allerdings haben wir in der Turnhalle geschossen, da es kurz vorher geschüttet hat und sind direkt auf die Bahn vor der Tür zum Laufen. Ich habe auch zu Hause im Keller deutlich besser geschossen als außen, einmal 20 Treffer mit 21 Schuss. (Besser wurde es nie mehr ;)) ... Am Ende stand dann eine Zeit von 13:13 auf meiner Uhr! Annähernd das im Wettkampf und es wäre absolut perfekt!

Guter Dinge ging es in die letzte Woche, es waren nur noch zwei Dinge zu klären:

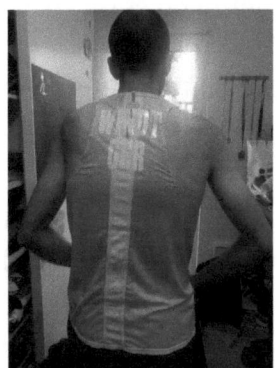

1. Wettkampfkleidung. Also Elitestarter der DM braucht es ein Shirt mit Namen und „GER" auf dem Rücken! Ok, kein Problem. Knalliges Shirt vom Decathlon geholt und Chrissy mit dem Aufdruck beauftragt. Ergebnis: Geil! ☺

2. Teilnahme nur mit Gesundheitszeugnis. Ja ok, sollte ja kein Problem sein! Schnell zum Hausarzt, 'nen Zettel abholen, fertig....

... Denkste! „Machen wir nur im Rahmen eines Sporttests, geht nicht mehr so kurzfristig und kostet ca 60€." WHUT?? „Ich brauch' nur einen Zettel auf dem steht „alles soweit ok, keine Krankheiten bekannt, einer sportlichen Betätigung steht nix im Weg" ... „Ne, trotzdem" ... na danke auch.

... also beim Doc angerufen bei dem ich vorher war (einige Jahre her). Geschichte erzählt, geht das klar? "Ja, kommen sie vorbei." Ich komm also vorbei und bekomme zu hören: „Nein, also das unterschreibe ich nicht, das kann nur der Hausarzt machen, der sie ja kennt! .... Oder ich stelle sie einmal auf den Kopf, aber das geht in dieser Woche nicht mehr." Na, schönen Dank auch...

Nächster Versuch: Vor 1,5 Jahren war ich zum letzten Mal bei der Leistungsdiagnostik im Nürnberger Südklinikum. Die kennen mich also etwas besser, machen das mehr oder weniger täglich. Das hätte so rein theoretisch auch geklappt, aber der Doc, der das macht ist diese Woche im Urlaub. $%"§%"§%!!!

Versuch Nummer 4: Eine Hausarztpraxis, bei der ich noch nie war, die aber anderen aus dem Verein die mitmachen und dort Patienten sind die "Tauglichkeit" bescheinigt haben. Ich also hin, kaum warten müssen. An der Anmeldung gefragt worden: "Es geht um den Fünfkampf da, oder?" Ich: "Ja genau" ... "Ok, dann bereite ich das Schreiben schon mal vor!" - kurz danach drangekommen, angeschaut, ein paar Dinge gefragt worden, noch kurz Blutdruck gemessen und die Lunge abgehört bekommen - fertig. Auf dem Zettel steht sinngemäß: "... ist nach einer Untersuchung soweit gesund und kann sportlicher Aktivität nachgehen". Wahnsinn was das für ein Aufwand und Stress war, nur um einen so unverbindlich formulierten Zettel zu bekommen!

Berthold-Brecht-Stadion (wirklich! :))

Nachdem nun alles abgehakt war ging es am Freitag zur Wettkampfstätte, um die Umgebung kennenzulernen und soweit wir konnten noch beim Aufbau zu helfen. Ort der Veranstaltung ist die Berthold-Brecht-Schule in Nürnberg - die "Sport-Elite-Schule". Als Ortsansässiger Fußballfan ist sie einem geläufig, da die Jungprofis der Fußballvereine hier auf die Schule gehen bis sie ihren Abschluss gemacht haben und der Name entsprechend oft in den Medien erwähnt wird. Fährt man zum Schulgelände hin wird man vom "Bundesstützpunkt Taekwondo" begrüßt, außerdem sind hier Stützpunkte vom DFB, Triathlon, Bund Deutscher Radfahrer und sicher noch einigen mehr, die ich nicht beiläufig gesehen habe. Es ist mehr oder weniger immer jemand von der Stadt ("Sport-Service Nürnberg") anwesend, der sich darum kümmert, dass alles da ist, wo es zu sein hat und wenn etwas nicht da ist das Zeug ranschafft. Hausmeister wäre etwas geringschätzig formuliert, "gute Fee für Alles" passt vom Erscheinungsbild her nicht wirklich, aber ich denke es wird klar was ich meine ☺

Das Einschießen verlief soweit ganz gut, wir haben zwei kleine Wettkampfsimulationen gemacht (Einzel 4-mal Schießen mit ca. 200m Laufen und eine kleine Staffel). A propos Staffel - da wir erfahren haben, dass es doch eine Offene Staffel gibt haben wir uns dafür spontan angemeldet, wir dachten es gäbe nur Elite. Aber aus 5m

Schießen und jeder 2* 400m Laufen wollten wir dann doch noch mitnehmen 🙂

Am Abend hieß es dann die letzten Vorbereitungen treffen, Taschen packen und alles bereitstellen - am nächsten Morgen wollten wir um 8:00 Uhr vor Ort sein, Oli war im ersten Lauf um 9.00 Uhr eingeteilt, da hieß es rechtzeitig losfahren um entspannt anzukommen.

Meisterschaftstag!

Schießstand

So, genug des Vorgeplänkels - Meisterschaftstag! Am Morgen klappte alles wie gewünscht - wir waren wach, alle fertig und kamen pünktlich weg. Auf den Straßen war nichts los und wir waren mehr als pünktlich vor Ort, konnten in Ruhe ausladen, uns ein Plätzchen suchen und das Treiben von der Tribüne aus verfolgen. Ds erste was mich beeindruckt hat war wieder die Sportanlage. Es fuhr tatsächlich ein Fahrzeug um die Bahn um diese nochmal komplett zu reinigen! Wow!

Die Schießanlage war noch im Aufbau, wirklich helfen konnten wir nichts, also beobachteten wir die Szenerie und schlugen etwas die Zeit tot. Mit zwei Geschwistern und zwei Omas (und uns) im Gepäck hatte Oli einen ordentlichen Fan-Club dabei und konnte mit etwas Verzögerung endlich an den Schießstand zum Einschießen.

Auch wenn er es nie zugeben würde war er doch ganz schön aufgeregt und froh, dass es endlich los ging. Er war der einzige Starter in der U9, also der jüngste Teilnehmer des ganzen Tages und der einzige, der aus 3m Schießen durfte. Damit er nicht ganz einsam seine Kreise zieht wurde sein Lauf zusammen mit den Kids aus der U11 zusammengelegt, die ebenfalls 2 Runden Laufen, aber aus 5m Schießen mussten. Als es los ging machte er seine Sache richtig super.

Nach dem ersten Schießen ging er als Zweiter raus, überholte das Mädchen vor ihm direkt nach der ersten Kurve und kam mit kleinem Abstand zum zweiten Schießen. Das lief ebenfalls nahezu perfekt und er ging als erster auf die letzte Runde, gefolgt von seiner Kontrahentin. Der Rest hatte zu dem Zeitpunkt schon deutlichen Rückstand. Das Rennen lief auf einen Zielsprint hinaus. Er war anfangs noch deutlich vorne, aber in der Zielkurve dann schon merklich etwas platt, zog aber bis zum Ende durch. In einem Foto-Finish setzte er sich letztendlich als Sieger des Laufs gegen die U11 durch und war - wie wir alle - mächtig stolz auf die gezeigte Leistung. Zurecht! Im Nachhinein stellte sich noch heraus, dass bei den Jungs die Ziele nicht richtig funktioniert hatten - sie durfte in einem späteren Lauf nochmal starten und es wäre zu einem Dreierzielsprint gekommen. Ergebnis offen 😉

Oli und ich mussten dann leider kurz nach dem zweiten, ebenfalls total spannenden Lauf los, um zu unserem zweiten Pflichttermin des Tages zu gehen - Saisoneröffnungsfeier der Fußballabteilung, samt Mannschafts- und Abteilungsfotoshooting. Zum Glück ging alles komplett reibungslos - Anfahrt, Fotos machen, Abfahrt - es lief wie am Schnürchen! Wir verpassten zwar alle weiteren Vormittagswettbewerbe, waren aber rechtzeitig zur Mittagspause, zum Einschießen und am wichtigsten: zum Lauf von Chrissy wieder vor Ort! Durch die ganze Hektik unter der Woche und am Tag war ich nur in wenigen Phasen richtig aufgeregt, jetzt, wo alles soweit rum war und für mich nur noch das Warten auf den eigenen Wettkampf anstand war die Anspannung aber schon deutlich spürbar. Aber hey, beim ersten Mal bei einer Deutschen Meisterschaft darf und muss das wohl auch so sein!

Chrissy war direkt im ersten Lauf nach der Mittags-pause dran. Sie hatte eine enorm lange Warte- und auch Einschießzeit. Ob das gut oder schlecht ist? Keine Ahnung 😊 Ich glaube, wenn man irgendwann nicht mehr weiß ob man nochmal schießen soll oder nicht und man nur noch dem Start entgegenfiebert wird es langsam blöd.

Ihr Lauf war bunt gemischt: 4 Starterinnen in der Offenen U19- und Seniorinnenklasse, dazu 7 StarterInnen in U15, U17 und 40+. Schießdistanzen von 5m, 7m und 10m, aber alle 4-mal 400m Laufstrecke. Ihr absolutes Wunschziel war unter 10 Minuten zu bleiben. Das Schießen klappte leider nicht so wie gewünscht dafür war der Lauf unterm Strich besser als gedacht. Am Ende somit mit 10:18:94 nur knapp am "Gold-Ziel" 10 Minuten gescheitert. So bleibt ein schönes Ziel für das nächste Mal übrig 😊

Der nächste Lauf nach der Pause war die U19- und Junioren-Elite. Das komplette Feld war jetzt auf 10m Distanz und hatte 4mal 800m zu Laufen. Der Sieger des Laufes stand schnell fest, später stellte sich dann auch heraus, dass er deutlich die beste Zeit des Tages ablieferte. Nach 12:36,50 war er bereits im Ziel! Fantastische Leistung, sowohl am Schießstand als auch auf der Bahn! Beeindruckende Zielsprints gab es noch, um die Plätze 5/6 bzw. 7/8 zu bestaunen, die durch ein

"Liebes Publikum, hier sehen Sie ein schönes Beispiel für eine falsche Renneinteilung" kommentiert wurde 😊

Nachdem alle im Ziel waren war es schließlich soweit - ich war an der Reihe. "Hauptlauf", Senioren-Elite. Und ich mittendrin! Naja, erstmal nicht ganz. Auf Schießstand 1-4 waren die Damen, auf 5-9 die Herren (wobei der Starter auf Bahn 8 kurzfristig absagen musste) und ich dann auf Stand 10. Bis zum Start waren es noch rund 30 Minuten. Ich schoss ein paarmal auf die Scheibe, nach anfänglichen Schwierigkeiten traf ich gegen Ende auch ziemlich OK - so im Wettkampf und ich wäre glücklich. (Sogar mehr als das, einmal räumte ich in 11,x Sekunden ab, das hatte ich wohl noch nie!) 20min vor Start ein kurzes Einlaufen, nochmal unter leichter Belastung schießen. Auch ok. Einen Schluck trinken, zwischen-durch immer mit Chrissy reden, nochmal Schießen. Zeit vertreiben 😊 Da es mittlerweile schon sehr heiß war ging ich kurz vor dem Start nochmal zu meiner Tasche, schnappte mir meine Cap, ging Richtung Toiletten, machte sie mit kaltem Wasser nass und setzte sie mir auf den Kopf. Dinge, die man gelernt hat soll man ja anwenden und dass man sich mit einer kalten, nassen Cap gut kühlen kann und das beim Sommersport förderlich ist habe ich mittlerweile gelernt 😊

Dann war es soweit, es ging zum Start!

Ich fühlte mich gut, sortierte mich ein - wir wurden nach Nummern aufgestellt und wir warteten bis es los ging. Interessant: die, die vom Ausdauersport kommen haben GPS Uhren am Arm, Fünfkämpfer nicht 😉 Auf die Plätze, fertig, los! Ich verzichtete auf den Sprint auf den ersten Metern, sortierte mich problemlos ein und war Sekunden nach dem Start am Schießstand. Das erste Schießen lief für meine Verhältnisse ok - in der Ergebnisliste steht 24,1 Sekunden, passt schon. Aber hier ist der Elite-Lauf und als ich auf die Laufstrecke ging fand ich mich an Gesamtplatz 5 wieder. Ok, kein Problem, Laufen kann ich ja irgendwie. In der ersten Kurve ging ich direkt an den beiden vor mir vorbei, hatte den Zweitplatzierten, Ricardo, von der Schießbahn neben mir im Blick, nur der Erstplatzierte, Robin (er Schoss die ersten 5 in unter 10 Sekunden!!), war ein gutes Stück weg. Ich lief ein mehr als ordentliches Tempo (unter 3:30min/km) und schloss im Laufe der zweiten Runde zu Ricardo auf, überholte aber in der letzten Kurve nicht. Das zweite Schießen lief noch besser als das Erste: 21,1 Sekunden, Mega! Trotzdem fiel ich wieder auf Platz 3 zurück, Ricardo schoss 18,8, war wohl auch schneller mit dem ersten Schuss und somit ein Stück vor mir.

Diesmal zog ich aber direkt auf den Gegengeraden vorbei und war auf Platz 2. Robin war schon rund 100m vor mir. Ich hielt mein Tempo hoch und kam näher - zwar langsam, aber Stück für Stück. Zum Dritten

Schießen kam ich, als er bei vielleicht zwei Treffern war - also riskierte ich viel. Und verlor viel. Die ersten Treffer wollten nicht fallen, Ricardo neben mir war auch bereits da und schoss sau starke 11,9 Sekunden. Er hatte mich also auch wieder überholt. Ich quälte mich mit knapp 39 Sekunden aus dem Schießen. Also wieder Laufen. Das Bild war ähnlich wie nach Schießen Nr. 2: Der Abstand war aufgrund meines Vorsprungs vor dem Schießen nicht so riesig und ich konnte mich wieder auf Position zwei schieben, der Abstand nach ganz vorne war aber mittlerweile echt groß. Beim letzten Schießen ging es also um Silber oder Bronze. Ich hatte zwar bisher noch keinen Blick nach hinten verschwendet, war mir aber irgendwie sicher, dass das Podest „safe" ist. Leider lief jetzt alles schief. Ich schaffte es nicht mich auf mich zu konzentrieren, sondern hatte meine Augen und vor Allem meine Konzentration mehr auf

seinen Lämpchen als auf meinem Ziel. Nach knapp 20 Sekunden war er durch, ich hatte aber totale Probleme mein Schießen überhaupt irgendwie durch zu bringen und schaffte es schluss-endlich auch nicht. 50 Sekunden. Verdammt! Ich gab zwar auf der Laufstrecke nochmal alles, der Rückstand war aber viel zu groß. Ich kam am Ende nochmal auf gut 10 Sekunden heran und mit 13:42,88 ins Ziel, auf Platz zwei (13:31,94) fehlte aber ein gutes Stück. Der Sieg ging ungefährdet in 13:03,69 an Robin.

Ich war völlig platt, aber trotz der schlechten Schießleistung sehr zufrieden mit mir. Beim Debüt in einer Sportart, die man so erst seit gut zwei Wochen macht bei der Deutschen Meisterschaft gleich den dritten Platz zu kassieren, mit realistischen Chancen auf Platz zwei ist doch mehr als ordentlich! Wie bei Chrissy geschrieben: Wettkampf kann man nicht simulieren, eine fantastische Erfahrung war es und es macht definitiv Lust auf mehr!

Im Ziel waren dann auch Elli und Sven da, die vorher den 10 Freunde Triathlon "nebenan" am Stadion gemacht hatten, extra rüberkamen und pünktlich zu meinem Start da waren.

Der Tag war aber noch nicht ganz vorbei, wir hatten uns ja noch für die Staffel nachgemeldet. Die erste Runde

Staffeln durften wir noch anschauen, dann waren wir an der Reihe. Die Schießstände waren durch Nachmeldungen voll belegt und es ging für alle darum zweimal 5 Treffer aus 5 Metern zu erzielen und dann jeweils für 400m auf die Strecke. Für alle zwei Mal - macht insgesamt wieder 4 Durchgänge je Staffel. Chrissy lieferte ordentlich ab. Saubere Schießleistungen, vor Allem die zweite richtig stark (19,9!) und dazu stabil gelaufen - ich glaube ich durfte als Zweiter oder Dritter meinen Teil angehen - und hab's gleich wieder versemmelt...

Diesmal war auch für mich die Waffe neu und ich hatte mich wohl zu wenig damit eingeschossen und/oder die 5m unterschätzt, jedenfalls ging es so weiter wie es im Einzel aufgehört hatte. irgendwann fiel aber der Groschen und ich konnte nach knapp 30 Sekunden das machen was ich kann: Rennen! 😵‍💫

Blöd, dass die Hierls um mich herum zwischen 11,5 und 12,7 Sekunden schossen. Ok, alles klar 😊 Auf der Laufrunde holte ich raus was ging, kam aber natürlich mit Rückstand an. Tobi lief ungefähr weg wo ich zum Schießstand kam, seine Brüder waren noch da, hatten aber auch schon ein paar Treffer gesetzt. Egal, alles oder nichts! Diesmal: alles!! 10,1 Sekunden. Jackpot! ich machte mich direkt auf die Verfolgung und schloss nach der Gegengerade zu den beiden auf. Auch hier wieder:

Alles oder nichts. Ich lief am Limit, zog durch, ging in noch gegen Ende der Kurve vorbei und versuchte alles raus zu hauen was noch irgendwo in mir drin war.

Gegen einen der beiden hat es gereicht, nochmal gegen den anderen Bruder kontern war aber nicht drin. Egal. Sau spaßig war das Ganze, ich war am Ende und ich glaube alle waren Happy.

Zum Abschluss waren dann noch die Elitestaffeln dran, bevor es nach einer etwas längeren Pause, in der auch die Zuschauer das Schießen mal ausprobieren durften, mit der Siegerehrung weiterging.

Als erstes durfte unser Großer auf das Podest und den ersten "Deutschen Meister im Laser-Run" Titel überhaupt entgegennehmen!
Nach und nach wurden alle Altersklassen - in der Offenen, sowie der Eliteklasse - geehrt, auch die nicht auf dem Podest platzierten bekamen ihre Urkunde überreicht!

Es war eine fantastische Veranstaltung! Es war wie erwähnt die überhaupt erste Deutsche Meisterschaf in dieser (in Deutschland) noch total jungen Sportart, entsprechend familiär (im wahrsten Sinne des Wortes!) war alles organisiert und man fühlte sich vor Ort einfach wohl. Mein Glück war, dass die Meisterschaft "vor meiner Haustür" stattgefunden hat, vom TSV Katzwang organisiert wurde, dass Tobi bei der Sonnwendfeier war und Werbung gemacht hat und auch so alles ermöglicht hat, dass wir in den wenigen Wochen zwischen dem "Kennenlernen" und der Meisterschaft halbwegs konkurrenzfähig an den Start gehen konnten! Nochmal extra danke dafür!

Für den Modernen Fünfkampf wird es bei mir nicht mehr reichen. Das Schwimmen könnte mit Mühe und Not (und im Blick auf den Triathlon) vielleicht irgendwann noch was werden, aber das Reiten scheidet dann doch definitiv bei mir aus. Vom Fechten habe ich keine Ahnung. Aber Laser-Run als Einzeldisziplin hat mich jedenfalls voll gepackt! Der Deal zu Hause war ja, dass es 'ne eigene Waffe gibt, wenn ich auf's Podest komme - Mission erfüllt! 😊 (Leider sind die Dinger schon gut teuer - also mal schauen)... A propos Planung: Witzigerweise wäre der nächste Stopp der Laser-Run Tour die Europameisterschaft in Weiden in der Oberpfalz, also ebenfalls fast vor der Haustür! Allerdings sind wir da (eigentlich) bereits seit zwei Tagen am Gardasee. Eigentlich? Ja, eigentlich. Der Familienrat plant schon die Möglichkeiten trotzdem - zumindest Oli - irgendwie die Teilnahme zu ermöglichen. Ein Deutscher Meister sollte doch auch zur Europameisterschaft, oder? 😉

Tja und im Herbst wäre dann noch die WM in Budapest, aber so weit schauen wir jetzt mal noch nicht -

vielleicht kommt ja ein Beitrag zur EM, dann sehen wir weiter 🙂

Also nochmal: Danke an Familie Hierl und besonders Tobi für die tolle Veranstaltung, für das Heranführen und "Anfixen" an diese geile Sportart! Wenn sich ein Laser-Run Training im Verein etabliert bin ich auf jeden Fall dabei – somit hätte ich auch meine Tempo-Laufeinheiten gleich im Sack! Win-Win 🙂

Laser-Run II

Was für ein Start in eine Sportart! Natürlich bin ich mir völlig bewusst, wie viel Zufall, Glück und „fehlende Konkurrenz" dazu geführt hat, dass ich von 0 auf 100 in wenigen Wochen durchstarten und eine Bronzemedaille bei einer Deutschen Meisterschaft gewinnen konnte!

Aber auch hier gilt - und hier vielleicht sogar noch mehr als zB bei meinem ersten Sieg in einem Laufwettbewerb auf Fehmarn - nur, weil (eventuell) (mehr) stärkere Konkurrenz nicht vor Ort ist, macht das das Ergebnis nicht weniger Wert! Warum und aus welchen Gründen die deutschen Top Fünfkämpfer nicht vor Ort waren? (Termine? Laser-Run „irrelevant"?) keine Ahnung. Für mich tat sich eine Tür auf, durch die ich durch gehen und mir einen Traum erfüllen konnte. Einen Traum, den wohl jede*r irgendwo tief in sich trägt, die/der gerne Sport macht, aber genauso weiß, dass sowas normalerweise für immer ein Traum bleiben wird. Spätestens seitdem ich das erste Mal bei einem Lauf auf dem Treppchen stand habe ich versucht mich bei Meisterschaften in die Gefühlswelt der Sportler:Innen hinein zu versetzen, die bei Meisterschaften / Olympia auf einem Siegerpodest stehen. Von der „Wichtigkeit" waren meine Podeste bisher vergleichsweise un-spektakulär, aber: irgendwo ist es schon geil zu wissen, dass man unter denen, die gerade hier vor Ort waren zu den Besten gehört hat. Jetzt das und dazu K1 als Deutscher Meister! Hammer!

Ich hatte es im Blogtext ja schon halb geteasert: als Drittplatzierter einer Deutschen Meisterschaft könnte man ja vielleicht bei der Europameisterschaft starten. Ohne zu viel zu Spoilern: es war möglich!

Laser-Run Europa-meisterschaft

Veröffentlicht am *3. September 2019*

Es gibt so viele Sprichworte die mir einfallen würden... ich lass es sein. Nur so viel: hätte mir irgendjemand irgendwann bis vor ein paar Wochen erzählt ich würde in meinem Leben nochmal an einer Deutschen Meisterschaft teilnehmen, dort eine Medaille gewinnen und kurz darauf zu einer Europameisterschaft fahren, hätte ich die versteckte Kamera gesucht. Tja. Morgen ist es soweit, <u>die Europameisterschaft im Laser-Run steht vor der Tür</u> und ein irgendwann mal da gewesener, lange für unmöglich gehaltener Traum geht doch noch in Erfüllung!

Unser Großer als Deutscher Meister (das muss man als stolzer Papa bei jeder Gelegenheit erwähnen!) ist natürlich ebenfalls dabei! Der erste Dank geht gleich vorneweg schon an Chrissy. Eigentlich wären wir seit gestern schon am Gardasee, aber wir konnten von Freitag-Freitag immerhin auf Samstag-Samstag umbuchen und verlieren so nur eine Nacht.

Auch sonst hat sich "ein bisschen was" getan:

Nach der DM haben wir eigene Waffen bestellt und letzte Woche erhalten. Wir konnten zwar immer mit Tobis Waffen problemlos trainieren, aber allerspätestens durch die Meisterschaft wird der Laser-Run bei mir ein fester Bestandteil der „sportlichen Zukunft" und da braucht man schon sein eigenes „Werkzeug"!

Eine Woche ist natürlich knapp um sich an eine neue Waffe zu gewöhnen, aber der Griff passt jetzt an meine Hand (der andere war ein bisschen klein) und sonst ist das Modell fast identisch - die Umgewöhnung fiel also nicht sonderlich schwer. Etwas „aufgemotzt" haben wir die Teile natürlich auch gleich ☺

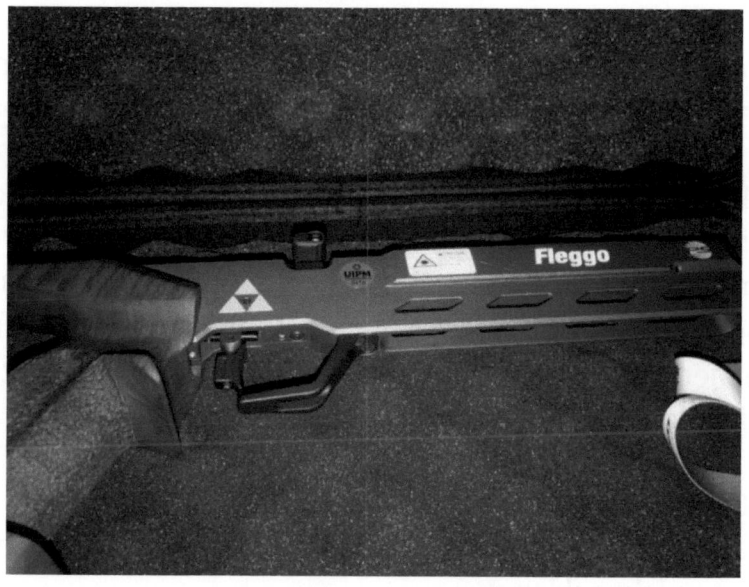

Auch das Rennoutfit hat ein Update bekommen! Nachdem ich zur DM den Aufdruck in weiß hatte ist er diesmal passend zum vorhandenen Aufdruck in „Reflektor-Silber". Geil, oder? Nächster Dank an Chrissy! 😃

Alles perfekt also? Nicht ganz. Beim „Generalproben-training" habe ich richtig mies geschossen. Es war echt übel und das schlimme war: ich wusste nicht warum... irgendwann kamen wir drauf: ich schoss daheim meistens später am Abend im Schatten. Das ist tatsächlich um Welten leichter als im strahlenden Sonnenschein! Den heutigen Tag konnte ich zumindest noch nutzen um noch ein paar Serien in der Sonne zu schießen. Das klappte schon deutlich besser und wenn ich mich morgen kontrollieren und konzentrieren kann bin ich ganz guter Dinge, dass es laufen wird.

Damit wären wir auch schon bei den Zielen: Da ich keinen Plan habe wie die Konkurrenz unterwegs ist - wir sind zu siebt im Rennen - konzentriere ich mich nur auf mich. Will es zumindest 😏 Ok, ich habe drei der sechs Gegner googeln können. Die können (niedrige) 12er Zeiten laufen ... das ist bei mir nicht drin, also:

C) ich will alle 4 Schießen zu Ende bringen, d.h. 5 Treffer in 50 Sekunden schaffen. Bei der DM hat das bei einem nicht geklappt.

B) ich unterbiete meine DM Zeit. Mit einem besseren Schießen sollte das gut möglich sein, auch wenn diesmal die Strecke durch einen Park und nicht über eine Laufbahn geht!

A) ich schieße so gut wie im Training (d.h unter 25-30 Sekunden, ein paar unter 20 ... meine aller aller beste war bisher 10.1!) und knacke die 13 Minuten. Das wäre der Hammer, aber da muss absolut alles passen!

So, jetzt wird noch entspannt, das Auto ist fast gepackt, weil direkt von der EM geht es ab an den Gardasee! Die EM kann kommen. Geil!!

Raceday! EM-Day!!

Unser Reisemobil war ja schon so gut wie fertig gepackt. Am Morgen kamen noch unsere Sporttaschen samt Waffen und die "Futterkiste" für die Fahrt nach Italien rein und wir waren startklar! Weiden ist fast "ums Eck", trotzdem hatten wir etwas Puffer eingeplant um nicht in Hektik zu geraten. Wir kamen mehr als pünktlich los, rutschten entspannt über die leeren Autobahnen nach Osten und waren am Ende wie gewünscht eine gute Stunde vor dem ersten Lauf - bei dem K1 gleich ran musste - vor Ort. Auf unserer Fahrt durch Weiden sahen wir schon die ersten TeilnehmerInnen aus Groß- britannien - internationaler Flair herrscht auch direkt bei einer hierzulande mehr als jungen "Randsportart" - Europameisterschaft ist halt Europameisterschaft! Das Veranstaltungsgelände ist in einem Park in Weiden aufgebaut. Mich hat es anfangs noch gewundert, dass man nicht den direkt angrenzenden Sportplatz samt 400m Bahn nutzt, sondern die Laufrunde etwas verwinkelt durch den Park legt, aber im Nachhinein bin ich aufgrund der Hitze am Tag ganz schön froh darüber, dass die Laufstrecke komplett im Schatten war.

Wir mussten von unserem Parkplatz ein paar Meter quer durch die Altstadt laufen und schon waren wir am Park angekommen. Die Wettkampfstätte war richtig schön aufgebaut, mit Pflanzen, rotem Teppich als Zielgerade und sogar einer mobilen Tribüne, die aber niemand nutzte, weil sie komplett in der Sonne stand.

Als wir ankamen schnappten wir uns erstmal unsere Startunterlagen. Neben der Nummer gab es einen Transponder zur Zeitmessung. Dieser wurde um den Knöchel geschnallt, das zugehörige, wiederverwendbare "EM-Band" durfte jeder mitnehmen. Außerdem waren noch zwei Getränkegutscheine, ein Essensgutschein und ein Gutschein für ein Eis im Ort dabei. Super übersichtlich, aber genau alles drin was man braucht - kein "Glump" das eh nur im Müll landet - super! Eine Besonderheit der Startnummer war übrigens, dass neben dem Namen noch die Länderkennung und vor allem die

Nummer des Schießstandes aufgedruckt ist. Das ist natürlich eine elementare Information, die man eventuell im Eifer des Gefechts vor dem Wettkampf vergessen könnte... Sobald die Waffe mal am Schießstand liegt ist es egal, dann findet man seinen Platz, aber vorher ist das sehr nützlich für den stressfreien Ablauf. Die Startaufstellung war später übrigens auch in der Reihenfolge des Schießstandes.

Nachdem wir also alles hatten was wir brauchten machten wir uns nicht direkt auf zur Eisdiele, sondern fertig für den Start von K1 🙂 Nummer ran an den jungen Mann, Schuhwerk und T-Shirt wechseln, das war's auch schon! Das Design hat er sich übrigens selbst so gewünscht!

Danach ging es dann mehr oder weniger direkt für ihn zum Schießstand, damit er sich schon mal etwas vertraut machen konnte. Auf den Bildern ist es nicht ganz so gut zu erkennen, aber die Tische standen bei der 3m Schussdistanz an einem kleinen Hügel, also schräg, was ich durchaus gewöhnungsbedürftig fand, ihm aber nicht wirklich viel ausgemacht hat. Nach ein paar guten Serien war er soweit durch mit dem Einschießen und wir fieberten alle dem Start entgegen. Wir gingen alle zusammen nochmal die Laufstrecke ab - auch hier finde ich es immer gut, wenn man schon mal weiß womit man es so zu tun hat - auch wenn er nicht so Lust darauf hatte

- und nahmen dann noch am "Technical Meeting" teil - also einer kurzen Erklärung, wie alles abläuft... worauf er auch nicht allzu große Lust hatte ;). Dabei gingen wir zusammen nochmal die Laufstrecke ab und unterhielten uns kurz mit Pierre Jander, dem Organisator der ganzen Veranstaltung. Er wünschte uns viel Glück und meinte ich soll Gas geben um unter die besten drei Deutschen zu kommen um nicht für die Staffel zu qualifizieren. Das habe ich in dem Moment nicht kapiert - aber später dazu mehr! Das Technical Meeting dauerte etwas länger als ursprünglich geplant, sodass wir erst damit fertig waren, als eigentlich schon das "offizielle Prozedere" in vollem Gang gewesen wäre. 10-15min vor jedem Start mussten alle TeilnehmerInnen am Eingang zum Schießstand zusammen kommen - "Anwesenheitskontrolle". Dann ging es zum gemeinsamen Einschießen vor dem Start und dann in die Startaufstellung. Bei den Kleinen - neben der U9 weiblich/männlich war im gleichen Lauf auch die U11 weiblich/männlich am Start war das nicht so wild und auch knapp 10 Minuten ausreichend Zeit zur Vorbereitung. Ich war draußen wahrscheinlich aufgeregter wie später vor meinem eigenen Start, der Große dagegen ganz cool. Oder innerlich aufgeregt wie Sau, hat es sich nach Außen aber nicht anmerken lassen 🙂 Er schoss also noch ein paar mal auf die Scheibe, alles klappte prima und wir schickten ihn dann in den Schatten, denn auch am Morgen war die Sonne schon zu spüren. Wir beobachteten noch die wahnsinnig stark schießenden britischen Jungs auf Bahn 1 und 2, die seine direkten Konkurrenten waren bis es dann schlussendlich zum Start ging.

Die Countdownmusik lief, das angekündigte "on your marks - set" fiel aus und es machte direkt "tröööt" - ab ging die wilde Fahrt! Der Start war 5 Meter vor Bahn 20, K1 musste aber einmal den kompletten Schießstand abrennen bis er bei seiner Bahn war. Egal, sein Schießen lief fantastisch, nach nur rund 14 Sekunden war er fertig!

...aber es war so abgefahren, was die anderen alle(!) schossen. Er war trotz dieser bombastischen Zeit einer der letzten, der den Schießstand verlassen hat. Klar, er hat auch später begonnen, weil er länger hin rennen musste, trotzdem war das wahnsinn. Er hatte also 10 Sekunden Rückstand auf Platz 1, ein paar Sekunden auf Platz 2 und verschwand im Park. Ich brüllte ihm noch Anfeuerungsrufe nach und für uns begann das große Warten. Nach der Laufrunde waren die drei wieder relativ gleich auf, aber es bot sich ein ähnliches Bild wie im ersten Durchgang "tak, tak, tak, tak, tak" - wie eine Maschine haute der Kleine auf Bahn eins sein fünf Treffer in exakt 5 Sekunden ins Ziel. Unfassbar. Der Junge auf Bahn 2 verbesserte sich auch nochmal auf 9 Sekunden, K1 schoss auch wieder starke 15, hatte aber trotzdem erneut 10 Rückstand... also hieß es für uns nochmal alles raus hauen beim Anfeuern und für ihn beim Laufen.

Er war richtig gut unterwegs, kam als zweiter aus dem Park raus - nochmal vorbei am Schießstand und ab ins Ziel! Vizeeuropameister!! Dabei hat er seine Zeit im Vergleich zur Deutschen Meisterschaft sogar nochmal um 15 Sekunden verbessert. Nach ganz vorne fehlten ihm 10 Sekunden, aber diese Schießleistung war schon enorm gut und es war schon krass, dass er einem der beiden auf den 800m die 15 Sekunden abgenommen hat. Kurzzeitig enttäuscht war er dennoch, da er dachte, er hätte den ersten auch überholt, das war aber anscheinend ein Starter der U11. Egal, er war nicht lange und auch nicht wirklich gefrustet, weil auch er wusste, dass der andere einfach richtig gut war! VIZEEUROPAMEISTER!! 🙂

Für uns wurde es dann erstmal etwas entspannter, aber das "Team TSV Katzwang" hatte ja noch ein paar AthletInnen am Start!

Team TSV Katzwang

In der Folge waren nacheinander alle TSV'ler an der Reihe. Es lief zwar für alle persönlich eigentlich gut, aber auch hier schoss die Konkurrenz so unfassbar stark, dass sogar trotz eigener verhältnismäßig guter Schießleistungen leider einfach nichts zu holen war. Auch wenn es auf der Ergebnisliste vielleicht nicht so aussieht: die eigenen Leistungen waren von allen klasse, die Konkurrenz aber einfach richtig, richtig gut! Man merkte, dass in anderen Nationen der Laser-Run schon ein paar

Jahre und nicht erst wie bei uns in Katzwang ein paar Wochen gemacht wird. Aber es ist bei jedem Individualwettkampf gleich: man darf eigentlich nur auf sich schauen und sehen, wie man sich selbst entwickelt - was die Konkurrenz macht kann man nicht beeinflussen. Alle drei (vier) haben sich seit der DM super entwickelt und richtig gut abgeliefert - Jahre Trainingsrückstand im Vergleich zu den anderen merkt man dann aber einfach.

Nun war es also langsam soweit. Ich war als nächstes dran. Wir waren 7 Starter in meinem Wettbewerb, dazu kamen noch die Junioren und die U19, die mit mir starteten, mich aber absolut nicht interessierten. Sorry 😉 Ich hatte mit Chrissy ausgemacht, dass sie sich am Ende des Schießstands hin stellt um mir meine Position nach einer Laufrunde zuzurufen. Vor dem "Check-In" war schon etwas Zeit mit der Waffe an den Schießstand zu gehen, sich etwas einzurichten und die ersten Schüsse abzugeben. Irgendwie hatte ich hier von Anfang an schon einen Drang nach oben. Gut, dass die Ziele im Schatten lagen, so konnte ich erkennen wohin ich daneben geschossen habe - ob es was hilft? Ich denke schon, zumindest beim Einschießen.

Danach ging es mit allen anderen zur Anmeldung und zum offiziellen Einschießen. Die Jungs auf den Bahnen neben mir, Richie Gottschalk rechts und Martin Weinfurter links, waren enorm locker und machten einige Späßchen. Auch ich war bei weitem nicht so aufgeregt wie beim Start vom Junior am Morgen, aber natürlich schon angespannt.

Bei dem Warmup konnte ich noch ein paar mal den "Einlauf" zum Schießstand ausprobieren. Das war nicht ganz so leicht, da es ein klein wenig auf der Wiese den Hang abwärts ging und der Boden ein paar Mulden hatte - also aufpassen, die Kurve eng nehmen, da gleich danach der Schießstand war. Ich war am Vorletzten, bzw. anders betrachtet am zweiten von der Laufstrecke und dem Start kommend. Kurz darauf war es dann auch soweit zu eben jenem zu gehen und sich in die Reihe einzusortieren. Ich musste etwas "komisch" anlaufen, da die Tische jetzt natürlich weit weg von den Zielen standen, aber ok, der Platz ist halt begrenzt, irgendwo müssen alle hin und im Endeffekt ist es für uns Senioren, die alle auf den hinteren Schießständen stehen mehr oder weniger gleich. Vor Ort hatte ich bisher nur meine Nebenmänner wirklich beachtet. Im Vorfeld hatte ich ja versucht schon mal meine Gegner zu googeln und aufgrund der gefundenen Ergebnisse der Konkurrenz rechnete ich mir nicht viele Chancen aus. Vielleicht war auch das ein Grund für die kaum vorhandene Aufregung. Ich wollte mich auf mich fokussieren, der Rest ergibt sich dann - leichter gesagt als getan, aber das war der Plan.

Ich sammelte mich nochmal, richtete dann meinen Blick auf den Sprecher (der übrigens den ganzen Tag einen fantastischen Job machte und wunderbar auf deutsch und englisch durch den Tag führte!), da er das eigentliche Startkommando für die Tröte gab und los ging's! Ich gab diesmal mehr Gas zum Schießstand als bei der DM und schoss nach wenigen Sekunden los. Es lief leider nicht so wirklich gut, ich stand weit über 30 Sekunden, aber noch schlechter erging es Richie neben mir. Seine Waffe war irgendwie aus gegangen und er stand mehr oder weniger die komplette Zeit, da sein Schüsse nicht auslösten. Leider bekam ich das neben dran ziemlich mit - ich war nicht 100% auf mein Schießen fokussiert. Martin auf den anderen Seite hatte auch seine Probleme, kam aber glaube ich kurz vor mir weg - jedenfalls war der Schießstand schon ziemlich leer als ich raus kam. Egal, die jüngeren interessieren mich ja eh nicht, auf geht's auf die Laufstrecke!

Hier war ordentlich was los, ich konnte ein gutes Tempo anlegen und ein paar Plätze gut machen. Ob in meinem Wettkampf oder andere? Keine Ahnung ☺ Nach der ersten Runde rief mir Chrissy Platz fünf zu. Ui. Innerlich hatte ich mit Platz 4 spekuliert, war wohl nix. Ich schloss zu weiteren Läufern auf, wieder ohne Idee, ob sie meine Altersklasse waren oder nicht und hielt mich hinter ihnen. Überholen war immer etwas heikel, gerade auf der zweiten Streckenhälfte, da sie doch ziemlich eng und verwinkelt war, außerdem fand ich es auf den letzten paar 100m zum Schießstand ganz ok minimal das Tempo raus zu nehmen.

Ich habe im Rückblick keine Ahnung mehr ob ich direkt mit anderen am Schießstand war oder dazu kam/ andere dazu kamen. Das zweite Schießen lief deutlich besser als das Erste und ich war nach unter 30 Sekunden fertig. Ich hoffe es gibt später noch irgendwo "offizielle" Zeiten mit Auflistung der Schussergebnisse um meine Erinnerung mit der Realität abgleichen zu können :). Ich machte mich auf die zweite Laufrunde und es lief weiterhin sehr gut. Ich konnte mit meinem direkten Umfeld gut mithalten und nach vorne immer auf-schließen. Bei diesem Durchgang war ich auf Platz vier, hatte vor mir Benni Hierl von den Junioren im Blick und als Orientierung. Außerdem wurde ich erstmals auf einen Läufer im weißen Shirt aufmerksam, dem an der Strecke viel französisch zugerufen wurde. Ob es Geoffrey Delusier war wusste ich nicht, dafür war die Schrift auf seinem Shirt zu klein und ich zu weit weg, aber es baute mich auf jeden Fall auf, dass ich eventuell Platz 3 in direkter "Schlagdistanz" hatte.

Das Dritte Schießen war nochmal besser als das zweite. Ich ging am Ende mit einer niedrigen 20er Zeit raus (22,x?) und war sehr optimistisch nochmal einen Platz gut gemacht zu haben. Allerdings lief ein Stück vor mir immer noch ein weißes Shirt. Das gleiche? Ein anderes?

Keine Ahnung. Chrissy rief mir wieder Platz 4 zu, ich kam dem Kollegem aus Monaco aber immer näher und schloss auf der Runde zu ihm auf. Ich konnte nun lesen, dass es Geoffrey Delusier war. Gegen Ende zog ich dann an ihm vorbei, da ich das Gefühl hatte, dass er schon kämpfen musste und ich etwas Druck aufbauen wollte. Allerdings hatte ich auch keine Ahnung ob ihm klar war, dass ich in seinem Lauf bin - schließlich war ich ja als deutscher Athlet in neongelber Tarnkleidung unterwegs 😉

Am Schießstand angekommen waren die ersten beiden schon da, der erstplazierte Ungar Gabor Brazda aber schon fast fertig. Der Zweitplazierte Christian Götz - während des Rennens wusste ich das nicht - hatte einen oder zwei Treffer als ich ankam. Also ging ich am Anfang Risiko. Einmal um eventuell noch die Möglichkeit zu haben Boden nach vorne gut zu machen, andererseits um Druck nach hinten aufzubauen. Leider ging das (natürlich!) schief. So gut/stabil bin ich einfach noch nicht um bewusst schneller zu Schießen. Was allerdins zum Glück geklappt hat war die Selbstkontrolle. Ich konnte mich kurz zusammenreißen, neu fokussieren und das Schießen zwar in über 30 Sekunden, aber dennoch halbwegs ordentlich abschließen ohne mir das komplette Rennen zu zerschießen.

Ich ging also mit Rückstand zu Platz zwei raus, aber zeitgleich mit Geoffrey Delusier auf Platz 3/4. Das war mir sofort nach dem Schießen klar und mir war auch sofort klar, dass ich nicht groß herum taktieren werde, sondern direkt angreife. Das tat ich auch, nach dem Schießstand ging ich direkt an ihm vorbei und zog das Tempo so gut es noch ging an. Ich blickte mich nicht um, zog mein Ding durch. Nach der ersten Runde bekam ich die Bestätigung von Chrissy, dass ich Dritter bin. Weiter geht's, nicht nachgeben. Ich war mir auf den letzten 400m meiner Sache ziemlich sicher, da ich bisher immer die französisch sprechenden Begleitungen (es waren glaube ich drei an verschiedenen Stellen auf der Strecke) gehört habe, nur jetzt nicht mehr. Auch nicht leise, als ich schon etwas weg war! Ich blickte mich das erste mal am hinteren Wendepunkt kurz um und sah: niemanden. Weit und breit niemand! Darauf verlassen wollte ich mich natürlich nicht, also hielt ich das Tempo weiter oben, bog um die letzten Kurven im Park und nochmal die Rampe runter zum Schießstand. Dran vorbei, rauf auf den roten Teppich, nochmal alles raus hauen und rein ins Ziel. Drin! Dritter!! Bronze bei der EM!!! Ich war total platt, musste mich erstmal hin legen und mir die Mütze ins Gesicht ziehen. Wie geil!

Ich hatte wie oben erwähnt vorher absolut nicht damit gerechnet hier irgendwas mitnehmen zu können und meine Zeit war auch schlechter als bei der Deutschen

Meisterschaft. Aber das alles ist egal, es zählt nur der Wettkampf und wenn die Konkurrenz auch einen schlechten Tag (oder Pech wie Richie) hat reicht einem auch ein nicht ganz optimales Ergebnis! Ganz einordnen kann ich meine eigene Leistung noch nicht. Läuferisch fand ich sie richtig, richtig gut, das Schießen war sehr wechselhaft, unterm Strich aber nicht wirklich schlechter als bei der Deutschen. Warum die Zeit am Ende ein gutes Eck schlechter ist: keine Ahnung, aber ist mir im Moment auch total egal 😉 [Die Aktivität bei runalyze]

Individual Elite division Seniors male						
1.	Gábor Brázda	1997		HUN	13:12,5	☆
2.	Christian Götz	1983		GER	13:37,7	☆
3.	Sebastian Windt	1984		GER	13:57,6	☆
4.	Martin Weinfurter	1989		GER	14:07,6	☆
5.	Geoffrey Delusier	1996		MON	14:23,4	☆
6.	Richie Gottschalk	1986		GER	15:07,5	☆
7.	Philipp Frik	1983		GER	16:28,0	☆

Nun war für uns erstmal das große Warten angesagt. Wir gingen mit den Kids zum Spielplatz, schauten den restlichen Wettkämpfen zu - es kamen noch diversen Altersklassenläufe und am Ende noch die Offenen Wettkämpfe und warteten auf die Siegerehrungen. Ganz entspannt den anderen zuzusehen ist echt gut, Laser-Run ist auch für die Zuschauer ein sehr spannender und interessanter Sport, da immer Action ist und sich was tut, auch wenn man gerne mal den Überblick verliert, gerade wenn mehrere Altersklassen parallel unterwegs sind.

Nach einiger Zeit war es dann soweit: Siegerehrungen! Jede Altersklasse wurde einzeln auf's Podium geführt, um die Zeit etwas zu verkürzen Frauen und Männer zusammen. K1 war dabei als Starter der jüngsten Altersklasse natürlich gleich als erster dran, ich musste noch etwas warten, durfte dann aber auch auf das Podest

Immer noch unfassbar.

Nachdem wir alle Siegerehrungen angesehen hatten machten wir uns auf den Weg zum Auto. Fast. Als wir schon fast vom Gelände weg waren hörten wir den Sprecher noch sagen: "Bitte noch nicht gehen, es folgen noch die Siegerehrungen für die Nationenwertung!" Und da klickerte es in meinem Kopf. Die "Qualifikation für die Staffel" die ich beim Technical Meeting nicht kapiert habe war das "Ticket" zur Nationenwertung. Da in meinem Lauf bis auf einen Ungarn und einen Monegassen nur Deutsche am Start waren, war ein Platz unter den besten drei Deutschen gleichbedeutend mit der Goldmedaille in der Mannschaftswertung! Also musste die Abfahrt noch ein wenig warten und ich stellte mich nochmal zu den Siegerehrungen, wartete auf unseren Aufruf und freute mich völlig unverhofft noch über eine Goldmedaille! Der Familienmedaillensatz war also komplett und bestens gelaunt ging es mit etwas Verzögerung auf nach Italien!

Das Eis hatten wir in der Aufregung des Tages irgendwie komplett vergessen ☺ Egal. Der Traum geht weiter. Nach der Europameisterschaft folgt die Welt-meisterschaft. Die besten 6 der deutschen Laser-Run Rangliste sind startberechtigt wenn sie wollen. Vor der Europameisterschaft war ich Sechster, jetzt stehe ich auf

Platz drei. Die <u>Weltmeisterschaft ist am 7.9.2019 in</u> <u>Budapest</u> und wir sind dabei! Verrückt!!

Nachtrag:

Wir kamen mitten in der Nacht - also wörtlich zu verstehen: um Mitternacht - am Gardasee an und entdeckten am nächsten Morgen, dass unsere Freunde mit denen wir den Urlaub verbrachten eine kleine Grußbotschaft zur Begrüßeng an unserer Unterkunft hinterlassen hatten 😉

Nachtrag 2:

Bei "Oberpfalz TV" ist <u>ein kurzer</u> <u>Bericht zur Europameisterschaft,</u> ungefähr bei Sekunde 20 bin ich sogar kurz im Bild 🙂

Laser-Run III

Es ist und bleibt auch beim immer wieder drüber Reden, Schreiben und auch einfach nur Nachdenken eine absolut verrückte Geschichte.

Oli: Deutscher Meister, Vizeeuropameister;
Ich: Dritter bei Deutscher- und Europameisterschaft, dazu Mannschaftseuropameister.

Bei der EM gilt jetzt auch nicht mehr die „Ausrede", dass die Besten ja nicht da waren. Ja, vielleicht stimmt das immer noch für die „Fünfkampfelite", aber auf europäischem Level ist Laser-Run schon etwas länger etabliert als in Deutschland. Trotzdem konnten wir uns beide ehrlich durchsetzen. Nicht zufällig - auf 3,2km und 20 Treffer, bzw. 800m und 10 Treffer kommt man mit Zufällen nicht weit - sondern wirklich verdient. Ich kann für mich sprechen, dass ich absolut ohne Erwartungen in den Wettkampf gegangen bin, alles einfach nur genießen wollte und entsprechend frei im Kopf war. Trotzdem war ich sau nervös am Start und folglich unkonzentriert und nicht wirklich gut beim ersten Schießen, was dann aber eigentlich erst dazu führte, dass ich ab mental völlig frei und vor Allem läuferisch richtig gut war. Die unverhoffte Mannschaftsgoldmedaille setzte dem Ganzen natürlich die Krone auf!

Dass wir nun alles in die Wege leiten würden auch zur WM zu fahren stand direkt fest. So eine Chance lässt man sich nicht entgehen, wenn sie - vielleicht einmalig? - besteht! Wer weiß schon, ob man sich nochmal qualifiziert?! Vielleicht ist man verletzt?! Oder es kommen irgendwelche weltweiten Krisen dazwischen... Soll es ja mittlerweile auch geben. Kurz gesagt: Es ist eine Situation eingetreten, die sowas von nicht selbstverständlich ist, dass man die Chance einfach beim Schopfe packen muss!

Wenn das Leben einem mit Leuchtreklamen die Möglichkeit bietet einen (ja, sorry, ich sag's schon wieder) absoluten Traum zu erfüllen sagt man nicht: „Ja, wart' mal, vielleicht wär's in 3 Jahren gut...". Man sagt: „JA GEIL, DANKE! DANKE! DANKE!" Und greift zu.

Laser-Run Welt-meisterschaft

Veröffentlicht am *10. September 2019*

Weltmeisterschaft!

WELT-Meisterschaft!!

WELT! MEIS!! TER!!! SCHAFT!!!!

Ich kapiere das alles immer noch nicht wirklich, aber es stimmt tatsächlich. Gerade erst sind die Deutsche Meisterschaft und die Europameisterschaft vorbei, jetzt steht tatsächlich die Weltmeisterschaft im Laser-Run vor der Tür! Das Hotel für das Wochenende ist gebucht, die Zuschauertickets gekauft und ausgedruckt, die Autobahn-maut bezahlt, der Tank allerdings noch nicht ganz voll und die Tasche ist auch erst fast fertig gepackt. Morgen (Freitag) Mittag nach der Arbeit geht es direkt nach Budapest, denn übermorgen ist es schon soweit! Das Leben fliegt gerade nicht nur sportlich wie im Rausch dahin, wahnsinn!

Diese Woche sind nach und nach die letzten Details zur WM eingetrudelt: der Große startet um 10:15 Uhr gegen 6 andere Jungs in seiner Altersklasse. Zwei Ägypter, zwei

Briten (einen davon kennt er von der Europa-meisterschaft) und zwei Portugiesen. Für mich geht es um 11:30 los - insgesamt werden neben mir 36(!) andere Teilnehmer aus insgesamt 13 Nationen am Start sein. Geil! Zum Glück bin ich also gerade so an einem Vorlauf vorbei gekommen (es gibt wohl 42 Schießstände), in den Altersklassen U13, U15 und U17 müssen sowohl die Mädchen als auch die Jungs vorher noch in Halbfinals herauslaufen, wer denn im Finale nochmal antreten darf.

Im "offiziellen Laser-Run Regelwerk" haben wir noch eine Besonderheit entdeckt, die wir vorher nirgends gelesen (bzw. die in den Ausschreibungen anders formuliert war, da es kein 'UIPM organisierter Wettkampf' war), nämlich: *"Athletes participating in UIPM LR competitions and representing the same NF must wear the same style and colours of competitive apparel in order to clearly identify the country which they represent."* Also: Alle Deutschen Starter müssen den gleichen "Style" und die gleichen "Farben" tragen. Somit fällt mein neongelb-türkis definitiv raus (sonst werde ich vielleicht als Ukrainer gewertet? :)), aber glücklicherweise habe ich mir bei der EM ein Nationalmannschaftssinglet mit-genommen, in dem alle anderen eh schon am Start waren (außer die wilde Katzwang Crew ;)). Das einzige Problem, dass ich hier noch habe: Der Name wird dann unter dem GER stehen. Laut Reglement müsste er drüber. Aber so pingelig werden sie schon nicht sein!

Laut Zeitplan geht es bis 13 Uhr, danach finden die Finals der Weltmeisterschaft im Modernen Fünfkampf statt. Die Aufregung hält sich noch in erstaunlichen Grenzen, mal sehen, wie es dann vor Ort werden wird. Ich freue mich momentan einfach tierisch so etwas in meinem "hohen Alter" noch erleben zu dürfen und hoffe, ich kann das Ganze einfach nur genießen und vielleicht noch halbwegs ordentlich abliefern! Da meine Zielsetzung bisher ja immer so famos *hust* geklappt hat will ich mir natürlich auch für die Weltmeisterschaft was vornehmen und ich denke, ich orientiere mich an der EM von vor zwei Wochen. Geklappt hat da zwar nur das "C-Ziel", das Endergebnis war dennoch sensationell. Damit rechne ich dieses Mal noch weniger wie in Weiden, aber ich für mich würde gerne das Gleiche nochmal versuchen, also:

C) ich will alle 4 Schießen zu Ende bringen, d.h. 5 Treffer in 50 Sekunden schaffen. Bei der DM hat das bei einem nicht geklappt. Bei der EM schon, also korrigiere ich das C-Ziel auf: alle unter 40 Sekunden. Daran scheitere ich im Training nur noch ganz, ganz, ganz, ganz, gaaaaanz selten, also "muss" das auch im Wettkampf klappen!

B) ich unterbiete meine DM Zeit. Mit einem besseren Schießen sollte das gut möglich sein. Diesmal habe ich allerdings absolut keine Ahnung wie die Laufstrecke sein wird. Laut Google-Maps-Satellitenkarte ist der Kincsem Park eine Pferderennbahn?! Also ein (zwei?) Sandovale mit Wiese drum herum. Ich bin gespannt, aber ich denke leicht crossig könnte mir genauso liegen!

A) ich schieße so gut wie im Training (d.h. unter 25-30 Sekunden, eventuell sogar mal unter 20) und knacke die 13 Minuten. Das wäre der Hammer, aber da muss absolut alles passen!

AUF NACH UNGARN!

Nürnberg-Budapest. Laut Google gut 7h mit dem Auto, plus Pinkelpausen und einem Essensstop sollte Abfahrt am Mittag ok sein. Also ging ich ganz normal in die Arbeit, Freitag ist eh mittags Schluss. Danach nochmal kurz heim, das restliche Gepäck ins Auto, einen Happen essen uuuuund ab dafür! Die Fahrt verlief im Großen und Ganzen ganz ok. Die Autobahn, vor allem in Ungarn dann, war aber enorm voll. Bis auf zwei kurze Staus, die wir dank Navi gekonnt umfahren konnten, ging es aber alles Reibungslos. Der Blick auf Wien war beeindruckend, genauso die Fahrt durch die Nacht in Budapest. Vor allem die Fahrt über die Donau war stark und erinnerte mich irgendwie an Dresden. Bei der Fahrt durch die Stadt zum Hotel haben wir noch an der ein oder anderen Ecke die richtige Straße verpasst, aber kurz nach 10 am Abend waren wir dann da. Sachen aus dem Auto, rein ins Zimmer und ab ins Bett fallen. Der Tag war anstrengend und sicher nicht die beste Vorbereitung für eine Weltmeisterschaft, aber hey, der Entschluss war spontan, wir waren da, alles gut!

Der Wecker war auf 7 gestellt, wach waren wir, weil es außen hell und recht laut war aber schon etwas vorher. Auch nicht schlimm: anziehen, frühstücken und los zum Kincsem Park! Auf der Stadtkarte sah es eigentlich so aus, als würden wir recht nahe dran wohnen (2 Straßen weg), in Wirklichkeit waren es aber mehrere Kilometer und wir mussten eine ganze Schleife fahren um anzukommen. Egal, wir hatten mehr als genug Zeit und alles lief vollkommen problemlos. Wir betraten das Gelände und waren absolut geflasht. Wie auf dem Screenshot oben zu sehen ist der Kincsem Park eigentlich eine Pferderennbahn. Es ist alles absolut gigantisch groß!

Noch vor dem Eingang bekamen Oli und ich unsere Athletenakkreditierung mit der wir fast überall hin durften. Im Vorfeld hatten wir uns noch reguläre Eintrittskarten gekauft, im Nachhinein wäre das gar nicht nötig gewesen... für einen „festen" Sitzplatz war es aber ok. Die anderen holten währenddessen ihre Bändchen und wir gingen auf den ersten „Vorplatz". Hier waren eine kleine Kinder-Area, ein paar Zelte mit Fanartikeln - hauptsächlich natürlich für die Ungarn und eine kleine "Messe" bestehend aus Pentashot (Hersteller von Laserpistolen und Zielen) und dem Internationalen Fünfkampfverband. Ums erste Gebäude rum war dann ein Foodtruck-Roundup aufgebaut. Als wir ankamen hatte alles noch zu, aber es waren weit über 20 Trucks. Vor uns ein riesiges Gebäude - wie wir später sahen war das die Tribüne der Pferderennbahn und zur rechten der Eingang zum Fünfkampf- und Laser-Run Bereich.

Am Tag vorher waren die Frauen dran, heute die Männer. Vormittags Laser-Run, am Nachmittag die Fünfkämpfer. Wir kamen zu den Semifinals der U15 an. Ausnahmsweise war Oli nicht direkt im ersten Lauf dran, sondern zuerst ältere, da von der U11 bis zur U19 so viele Meldungen da waren, dass trotz 38 Schießständen ausgefiltert werden musste wer im Finale ran darf!

Für uns war das gut, konnten wir uns so doch erstmal in aller Ruhe umschauen und zurechtfinden. Wie gesagt alles war gigantisch groß!

Wir trafen uns mit Nicklas, der wie sich herausstellte leider das Finale verpasst hat, Roland, der später noch in der 40+ starten durfte und deren Familie, die bei uns saßen, schon am Vortag da waren und so alles kannten. Bis man mal im gesamten Ablauf drin ist und alles kapiert hat vergeht einiges an Zeit und es war gut, alles gezeigt und erklärt zu bekommen.

Wir haben uns die ersten Läufe angesehen, dann bin ich mit Oli zum Einschießen gegangen. Der Stand war, wie auf der Skizze zu sehen, ein gutes Stück entfernt. Also an der Tribüne entlang, am Athletenbereich vorbei, ebenso am „Check-In" und einmal ein Stück um die Laufstrecke. Ach ja, die Laufstrecke. Wir waren ja wie des Öfteren erwähnt auf einer Pferderennbahn. Und auf dieser liefen wir passenderweise auch. Sowohl auf der Rennbahn, als auch im Sprungparcours. Auf den

Screenshots sieht man es nicht richtig, aber zu ca. 80% waren wir auf etwas festerem Sandboden unterwegs, der zwischendrin auch immer mal wieder gewalzt wurde, der Rest war Wiese.

Nach dem Einschießen machten wir uns auf den Rückweg und nahmen Olis Startnummer mit. Oli machte sich rennfertig und ich ging mit ihm zum Wartebereich für die nächsten Läufer. Von dort verfolgten wir die Siegerehrungen, die sich etwas verzögerten, aber es waren ja die ersten des Tages. Allgemein war der Zeitplan sehr straff, wurde aber auch sehr gut eingehalten. Allerdings hatte man im Wettkampfbereich somit auch nur wenige Minuten zum Warm-Up. Bei Oli waren es ziemlich genau 5, incl. Hinweg zum Schießstand und Rückweg zum eigentlichen Start (jeweils gut 100m). Aber das ist ja auch für alle gleich.

Offizielles Foto der UIPM, Copyright - KRZYSZTOF KURUC

Als er auf dem Weg rein war rannte ich wieder zur Tribüne und vor zu den ersten Schießständen um auch "hautnah" dabei zu sein. Alle Anderen waren schon da. Oli schoss ein paar Mal wie die anderen Kids und sie machten sich alle relativ zeitgleich zum Start auf. Ich war schon im Wartebereich vorher sau nervös, Oli soweit ich merkte aber gar nicht und schon ging's los! Wir hörten das Startsignal, kurz darauf rauschten die 7 Jungs Vollgas zum Schießen als wären sie schon im Zielsprint! Hier spielte sich ein kleines Drama ab. Oli schoss wie alle anderen auch super, der Ägypter auf Bahn 1 allerdings wollte nach 5 Schuss losrennen, hatte den letzten aber nicht getroffen. Er bekam von außen etwas zugerufen, fiel über die kleine Abtrennung der einzelnen Bahnen, rappelte sich auf, schaute nochmal kurz, aber lief einfach weiter. Keiner wusste von uns so recht was das bedeutet, die Jungs waren aber alle schon auf der Runde. Oli erzählte später, dass es auf dem Reitplatz einen der Briten hingehauen hat, davon haben wir in der Hektik aber gar nichts mitbekommen. Die Meute kam schon wieder an, Ägypten etwas vorne weg, die anderen ziemlich beisammen.

Der Junge von Bahn 1 musste sogar noch mit dem Weiterschießen warten, da die 50 Sekunden noch nicht mal durch waren. Oli schoss wieder fantastisch, die Ägypter und ein britischer Junge waren vorne etwas weg, er kam kurz nach einem portugiesischen Jungen auf Platz fünf raus. In dem Moment brüllte ich nur noch, dass er alles raus hauen und ihn sich schnappen soll - in Gedanken hatte ich den einen Ägypter vor ihm nämlich schon nicht mehr im Rennen. Ich sprintete selber Richtung Zielbogen um den Einlauf mit zu bekommen und tatsächlich kam er mit dem Portugiesen fast nebeneinander auf die Zielgerade. Oli war leicht vorne, ich brüllte nur noch und er hielt tatsächlich den minimalen Vorsprung bis ins Ziel! Ich flippte außen total aus und war so unter Spannung wie glaube ich überhaupt noch nie. Vielleicht hatte er gerade tatsächlich eine WM-Medaille gewonnen!!

Wir waren uns oben kurz danach aber alle unsicher wie es denn nun wirklich ausgehen würde, ob ich überhaupt recht hatte (ich war mir aber total sicher, dass er im Zielsprint vorne war) und wie der Ägypter denn gewertet werden würde. Oli musste seine Waffe holen und sich die Nummern abnehmen lassen, währenddessen ging ich wieder runter und wartete am Streckeneingang auf ihn. Als ich da stand kam ein Offizieller zum Zeitzelt mit der Ergebnisliste. Den schnappte ich gleich und sprach ihn an, was denn war und auf der Liste war Oli tatsächlich als 4. und der Junge von Bahn 1, eigentlich Zweiter Platz, disqualifiziert. <u>BRONZEMEDAILLE</u>!!! Ich war fix und fertig. Als Oli kam wusste er das natürlich noch nicht. Er dachte er wäre Vierter und hatte dann natürlich auch ein dickes Grinsen im Gesicht!

Wir (vor allem ich) mussten dann erst mal runter kommen, aber es dauerte gar nicht lange bis zur Siegerehrung. **Ein unfassbarer Moment!**

POS	BIB	NAME	NATION	TOTAL TIME
Under 9 - Male				
1	2	MOHANAD KHDEIR	EGYPT	01:52.45
2	7	LIAM NEIL	GREAT BRITAIN	01:58.50
3	3	OLIVER WINDT	GERMANY	02:01.49
4	4	FRANCISCO MARTINS	PORTUGAL	02:01.52
5	5	GUSTAVO CORREIA	PORTUGAL	02:13.86
6	6	HUGO STEVENS	GREAT BRITAIN	02:20.50
	1	MOUTAZ BANDARI	EGYPT	00:00.00

Schon jetzt hatte sich das alles hier mehr als gelohnt. Wahnsinn! Ich bin jetzt noch fertig wenn ich die Videos anschaue!

Wenn du mal einen (fast) kompletten Wettkampf sehen und mich total ausrasten hören willst, musst du unbedingt auf die Website gehen und sich die eingebetteten Videos im Blog ansehen!

Aber auch ich hatte ja noch einen Wettkampf vor mir auf den ich mich in dem Moment aber noch so gar nicht wirklich konzentrieren konnte. Als ich Oli von der Siegerehrung abholte nahm ich gleich meine Startnummern mit - leider wurden die von Lauf zu Lauf wieder verwendet, sodass man sie relativ knapp vor Start erst bekam und auch wieder abgeben musste... eigentlich behalte ich die gerne als Erinnerung. Es waren nur noch zwei Wettbewerbe vor meinem dran (Final M40 und Junioren), aber noch rund eine Stunde Zeit. Also machte ich mich fertig, zog mich im Athletenbereich um, trank kurz was und traf mich dort mit Oli, der mein fertig mit Startnummern (Nummer 8 - vorne und hinten) versehenes Shirt mitbrachte und wir gingen zusammen zum Einschießen. Dort traf ich die anderen Deutschen Teilnehmer - Pierre Jander und Philipp Frik, die ich beide von der Deutschen, bzw. Europameisterschaft kannte, sowie Benni Hierl, der vor mir bei den Junioren dran war. Ich schoss ein paar Mal - es lief eigentlich ganz ok -, übergab dann an Oli, der auch mal aus 10m wollte und lief mich warm. Währenddessen war Roland in der M40dran und wir verfolgten so halb über den Sprecher, hörten das er zwischenzeitlichen auf Platz zwei war! Nach dem dritten schießen rannte ich dann an die Laufstrecke, da es immer noch hieß: „Third Place Germany!", aber leider war nicht Roland auf Platz drei, sondern ein anderer deutscher Starter. Schade für ihn! Aber Dirk Marko holte sich die Bronzemedaille und verpasste nur ganz knapp Platz zwei. Roland wurde letztendlich 13., durfte sich aber trotzdem freuen, da sie zusammen mit Daniel Curth den Dritten Mannschaftsplatz ergattern konnten und dafür ebenfalls die Bronzemedaille bekamen! Zum Start der Junioren waren wir dann wieder zurück an der Tribüne, ich ging nochmal zu den Toiletten, feuerte Benni unterwegs an und ging, während der Lauf noch unterwegs war zum "Vorstartbereich".

Wie erwähnt, der Zeitplan war eng und man darf schon auf die Strecke, wenn der letzte im Ziel ist, damit man noch ein paar Minuten am Stand hat. Mittlerweile war ich wieder ziemlich ruhig und entspannt, ich genoss das alles einfach! Als wir rein durften und ich unten entlang lief sah ich nur volle Tribünen, viele Menschen, aber erkannte nichts.

Ich genoss das alles so gut es ging, konzentrierte mich aber erstmal darauf zur Bahn zu kommen, alles einzuprägen und noch ein paar Schüsse abzugeben. Wir hatten auch grobe 5 Minuten - das ist wirklich nicht viel. Ich schoss ein paar Serien, war zufrieden mit dem

Schießstand (gefühlt war der Tisch höher als bei der EM, das kommt mir entgegen) und traf auch ganz ordentlich. Nicht so schön war, dass keine Zeitanzeige unter den Trefferlampen war, aber gut. Die Schussanzahl zähle ich eh immer mit, also kann ich zumindest grob einordnen, ob es gut war oder nicht.

Nach wenigen Serien lief ich noch ein paar Mal den Platz an - natürlich zuerst von der falschen Richtung. Bisher lief man alle Wettbewerbe gegen den Uhrzeigersinn, hier entgegengesetzt - auch darauf muss man sich einstellen. Lange blieb einem dafür an der Bahn nicht, schon wurden alle zum Start aufgerufen. Beim Weg dahin konnte ich Oli noch zu winken und stellte mich in die Startaufstellung. Wir Deutschen Starter standen nebeneinander - da es sehr eng werden würde sprachen wir noch ab wer wie losrennen wollte und konzentrierten uns die letzte halbe Minute als die Musik aus ging und es ruhig wurde. **Ich hatte erstmal ein dickes Grinsen im Gesicht. Ich realisierte den Moment: Gleich ist es soweit: WM, Finale, ich mitten drin!** Wer weiß ob/wie oft es das noch geben wird - ich freue mich jetzt noch beim Schreiben, dass ich den Eindruck so klar aufgenommen habe!

Nach einem den ganzen Tag über für mich schon nicht einzuordnenden Countdown preschten alle los und auch ich sprintete ziemlich in Richtung Schießstand.

Das erste Schießen lief ziemlich gut. Ich kam nach 10 oder 11 Schuss ordentlich raus, von hinstellen bis los rennen brauchte ich 27s. Das dürfte eine reine Schusszeit (die geht ab dem ersten abgegebenen Schuss los) von unter 25 sein - super! Ab auf die Laufstecke also und die hatte es, wenn man auf ihr ist, enorm in sich. Bis es auf den Reitplatz ging war alles Wiese, kein Problem, aber dann. In einer 90 Grad Kurve geht es rein, man steht sofort im Sand und hat das Gefühl nicht vorwärts zu kommen. Durch den Wettkampfdruck überzieht man dann trotzdem und haut alles raus, entsprechend gut war auch die Pace, aber sau anstrengen. Nach den knapp 100m in der Bahn wieder 90 Grad auf eine eher lockere Wiese, die ging ganz gut und einmal um das Schwimmbecken. Dort war auf der Innenbahn ein richtiges Sandloch das total besch... zu laufen war und es ging wieder rein in den Pferdeparcours. Nochmal gerade aus durch, wieder 90 Grad auf die Wiese. Nochmal Tempo machen nur um direkt eine noch engere Kurve auf die Pferderennbahnrunde zu nehmen. Es treibt einen durch die hohe Geschwindigkeit auf der Wiese und die Enge Kurve raus, man "hängt wieder im Sand fest" und muss zusehen wie man vorwärts kommt. Es war echt krass. Und von hier ging es erstmal noch 400m (laut Sprecher war das die Hälfte der Strecke) weiter. Durch die Läufer vor mir war der Boden auch schon ordentlich durchwühlt. Ich hatte keine große Orientierung wo ich war, die Spitze vorne war immerhin noch in Sichtweite, aber auch schon einige Läufer dazwischen. In der letzten Kurve vor Start/Ziel stand Marcus Schattner, der mir glaube ich Platz 14 zu rief und mich immer zwei Mal pro Runde auf dem Laufenden hielt - danke für den Service!

Es ging wieder rein zum Schießen, die ersten waren schon wieder weg - es war nochmal eine krasse Niveausteigerung verglichen zu DM und EM. Ich fand meinen Schießstand und lieferte das beste Schießen in einem Wettkampf ab, dass ich bisher zeigen konnte. Von Stillstand bis Weg rennen brauchte ich rund 18 Sekunden. (gemessen dann wahrscheinlich unter 15!). Wie viele Schuss es waren weiß ich nicht, 6 oder 7 wahrscheinlich. Aber genau so stelle ich mir das in Zukunft vor! Ich war beflügelt vom Ergebnis, lief wieder so gut es ging durch den Sprungparcours und hatte Gabor Brazda, den Europameister aus Weiden vor mir. ich wusste somit, dass ich wirklich gut im Rennen bin, auch wenn vorne viele schon weit enteilt waren. Egal - darum ging es mir von Anfang an nicht. Ich wollte ordentlich performen und das war bis zur Hälfte des Rennens absolut gelungen!

Als es zum dritten Schießen ging, merkte ich schon die Anstrengung durch die extrem schwierige Strecke. Ich hatte bei ein paar Treffern mehr Glück als Können, aber das muss man halt auch mal haben und ich ging etwas schlechter als beim ersten Schießen mit 30 Sekunden von Stehen zu Losrennen weg. 13 Schuss waren es glaube ich, alles absolut ok, auch die Zeit war somit mit unter 30 für mich voll im grünen Bereich. Die folgende Runde machte mich aber echt fertig. Ich war sehr einsam unterwegs (glaubt man gar nicht bei 36 Läufern auf 800m) und musste vor allem auf den zweiten 400m extrem kämpfen. Marcel rief mir zwar noch zu, dass es locker aussieht, aber "Fake it till you make it" ist auch ein nicht zu unterschätzendes Talent 😉 Egal, WM ist nur einmal. Im Startbereich hatte ich schon angekündigt, dass ich einfach alles versuchen würde, also versuchte ich auch konstant weiter zu laufen und kam somit ziemlich fertig zum Schießen.

Leider bekam ich das da dann auch zu spüren. Ich hatte keine Kraft und wirklich teilweise fast schon Probleme die Waffe hoch zu bekommen. An sauber zielen war nicht mehr wirklich zu denken. Ich drückte ein paar Treffer irgendwie ins Ziel, schaffte es aber nicht mehr die 5 Lämpchen auf grün zu stellen. Schade. Das war der Preis den ich für den bis dahin durchgezogenen Lauf auf dieser Strecke zahlen musste. Aber so ist es eben - macht man halt das Beste draus. Ich versuchte so gut es ging dem Ziel entgegen zu rennen, obwohl der Tank leer war. Witzigerweise wiederholt sich Geschichte doch ab und zu - auch diesmal habe ich wie schon bei der EM auf der letzten Runde Geoffrey Delusier aus Monaco überholt. Vor mir war dann weit niemand mehr, von hinten kam auch keiner, sodass ich es halbwegs entspannt zu Ende laufen konnte. Aber wirklich nur halbwegs - aus Unachtsamkeit wollte ich mich auch hier nicht mehr überholen lassen - also zog ich am Ende so gut es ging auch noch einen Zielsprint an und *freute mich schon in der Zielkurve, dass ich gleich offiziell ein WM-Finale gefinisht haben würde*! Am Ende sollten es offiziell <u>14:04 Minuten und Platz 18</u> werden!

Für die Bedingungen der Strecke zusammen mit der WM-"Aufregung", das sehr forsch angeschlagenen Tempo und das daraus resultierende verbockte letzte Schießen bin ich enorm zufrieden. Top 20 bei einer WM - Mega! Zwar 7 Sekunden langsamer als bei der EM, aber das "Warum" ist gut zu erklären und auch schnell abgehakt. Hätte, hätte, Fahrradkette: wäre das letzte Schießen nochmal im "realistischen Bereich" um die 25 Sekunden gewesen wäre maximal Platz 16, bei absolut perfektem Schießen Platz 14 drin gewesen. Alle davor waren dann schon über eine Minute weg. Die ersten drei blieben übrigens unter 12 Minuten. Wahnsinn. Im Ziel war ich noch völlig fertig, ließ mir die Startnummern abnehmen, unterhielt mich kurz mit allen anderen und ging bereits in die Wettkampfanalyse über 😊 "Zu schnell auf sau schwerer Strecke" hatte ich direkt nach dem Lauf schon treffend analysiert, trotz Hirnausfällen aufgrund von Sauerstoffmangel 😉 Das zeigte sich daran, dass ich beim

Abholen der Waffe zum falschen Schießstand bin und mir eine ähnlich aussehende, aber nicht meine Pistole geholt habe. Jetzt habe ich meine ja schon extra beklebt, aber offensichtlich war ich so gaga, dass nicht mal das geholfen hat. ich war mir total sicher, dass ein Italiener mich angesprochen hatte, dass es seine wäre. Ich habe mich noch mit ihm unterhalten und darüber ausgetauscht wie der Wettkampf war, wir haben beide etwas über die Strecke geschimpft und am Ende habe ich die richtige Pistole mitgenommen 😃 Einziges Problem an der Geschichte: Es steht kein Teilnehmer aus Italien in der Ergebnisliste...?! Hm, war er vielleicht doch Franzose? 😃 Er hatte leider keine Nummer mehr dran, wahrscheinlich erfahre ich es nicht mehr, außer ich stolpere noch über ein Foto von ihm... wenn ich das dann erkenne 😉

13	30	GÁBOR BRAZDA	HUNGARY	12:58.50
14	20	KHEMMATAT JANPRAPA	THAILAND	13:29.86
15	31	ILLÉS SZABÓ	HUNGARY	13:35.03
16	1	AHMED ELSAWEY	EGYPT	13:39.88
17	24	JOEL RIKER-FOX	CANADA	13:48.21
18	8	SEBASTIAN WINDT	GERMANY	14:04.48
19	10	GEOFFREY DELUSIER	MONACO	14:11.66
20	2	DMYTRO KHARCHENKO	UKRAINE	14:24.21
21	5	MICKAEL TRUC	FRANCE	14:42.27
22	6	PIERRE JANDER	GERMANY	14:56.76
23	33	SHEN-HUNG LIU	CHINESE TAIPEI	15:11.36
24	4	XAVIER LECLANCHE	FRANCE	15:26.05
25	13	GUSTAVO MADUREIRA	PORTUGAL	15:26.28
26	3	FRANCOIS MINNAERT	FRANCE	15:41.44
27	7	PHILIPP FRIK	GERMANY	16:09.45

Wir mussten dann natürlich relativ zügig Platz machen, da die nächsten Siegerehrungen anstanden. Leider gab es für uns nichts zu holen, auch in der Mannschaftswertung hatten wir auf Platz 5 rund 6 Minuten (!) Rückstand auf Platz 3, auch wenn zu Bronze wohl Platz 4 (4 Minuten Rückstand) gereicht hätte, da, wenn ich es richtig verstehe, eine Nation nur ein Team auf's Podest bekommen kann. Somit kann man Ungarn 2 in der Auswertung ignorieren.

Danach machten wir noch ein paar Fotos, beobachteten die restlichen Wettkämpfe incl. Fünfkampf und machten uns einen schönen Nachmittag. Zwischendurch schüttete es für 1-2 Stunden mal ordentlich runter, aber glücklicherweise hörte es auch wieder auf und wir waren ja überdacht. K3 hat es irgendwann mal zerlegt - Schlaf an der frischen Luft ist doch einfach der Beste!

Schade fanden wir - vor allem für die Zuschauer - dass die Technik die vor Ort war erst für den Fünfkampf genutzt wurde. Es war eine riesige LED-Wand aufgebaut, auf der das Wettkampfgeschehen richtig gut übertragen wurde - wohl für das Fernsehen. Das hätte man super auch am Vormittag schon nutzen können.

Was man am Vormittag noch nicht nutzen konnte waren die Foodtrucks. Wir hatten vorsorglich ja mal keine € in Forint gewechselt in der Hoffnung man käme mit Karte durch... und wie man mit Karte durchkam! Jeder(!) Foodtruck hatte ein kleines Bezahlterminal, dass offensichtlich von einem Dienstleister bereitgestellt wurde, da der auch einen Stand hatte. An diesem Terminal konnte man einfach kontaktlos mit Kreditkarte zahlen. Der kleine Nerd in mir hat sich richtig gefreut - so leicht kann das sein. In Deutschland undenkbar, wir hätten nicht mal genug Netzabdeckung dafür 😉 (Sogar im Hotel war hier das Mobilnetz besser als das Haus-WLAN...). Man bekam eigentlich an allen Trucks auch vegetarisch, teilweise vegan, wobei wahrscheinlich hier die Foodtruck-Szene wie bei uns auch deutlich weiter ist als der Rest was dieses Thema angeht.

Ein richtiges Highlight war noch der Laser-Run zum Abschluss des Fünfkampfwettbewerbs. Ein Franzose gewann das Ding enorm souverän, das Publikum wortwörtlich vom Hocker gehauen hat aber der Brite, der völlig unerwartet im Zielsprint am Südkoreaner vorbeischoss und sich Silber holte. Ganz, ganz, ganz großer Sport!!

Zum Abschluss des Tages machten wir es uns einfach und gingen in ein Einkaufszentrum Essen 😉 der Italiener da war aber erstaunlich gut und wurde witzigerweise auch von Britischen und (diesmal wirklich!) Italienischen WM-Teilnehmern aufgesucht. Nach einer guten Nacht ging es am nächsten Morgen dann nach dem Frühstück wieder nach Hause. Leider haben wir von Budapest selbst nicht viel mitbekommen. Aber ausnahmslos alle Menschen, mit denen wir hier Kontakt hatten waren super freundlich und hilfsbereit. Wir haben zwar weder Schrift noch Sprache auch nur ansatzweise verstanden ("ut" heißt glaube ich Straße" ;)), aber mit Englisch kommt man super durch, teilweise sogar mit Deutsch. Budapest selbst schwankt enorm zwischen "hochmodern" und "Ostblockklischee", ist aber definitiv nochmal einen Besuch wert! Auf der

Heimfahrt haben wir dann noch eine abgesperrte Laufstrecke gesehen. Tja, hätte ich mal besser geplant wäre ich noch den Budapest Halbmarathon gelaufen. Leider hatten wir schon 8:45 und der Start war bereits um 8:00. Da wir aber noch eine lange Fahrt vor uns hatten war das nicht weiter tragisch. Rund 9 Stunden später war das Wahnsinnswochenende zu Ende und unser Leben um eine nicht für möglich gehaltene Erfahrung reicher.

Wahnsinn, so etwas erleben zu können.

Wahnsinn, so etwas erleben zu dürfen!

Man kann sich glaube ich nicht glücklich genug schätzen es so gut zu haben.

Wie es jetzt weiter geht? Weiß ich noch nicht. Erstmal zum ersten Mal Marathon laufen 🙂 Dann die Schießzeiten auf ein "konkurrenzfähiges Niveau" bringen und nächstes Jahr wieder angreifen. Wann und wo Wettkämpfe sein werden weiß ich leider noch nicht. Ziemlich sicher wird es keine WM, da sie wohl in China stattfinden wird. Ob es andere "große" Meisterschaften werden hängt von Zeit, Ort und auch den Quali-bedingungen ab. So leicht wie dieses Jahr wird es für mich wahrscheinlich nicht mehr oft, da nach und nach die Bedingungen anziehen werden (Es wird mehr

Athleten geben, es werden nur noch die besten X teilnehmen dürfen, zumindest international. Bei der WM war es ja schon so, aber die Nachfrage war noch nicht so gegeben). Wie auch immer, es wird weiter gehen. Das erste Mal nach Bahntrainingsplänen gegoogelt habe ich auch schon, denn auch läuferisch kann ich mich denke ich noch steigern, schließlich komme ich ja von den längeren Distanzen. Da dürfte am Tempo schon auch noch was gehen!

Was ich zum Abschluss noch 'sagen' möchte:
* Danke an "die Hierls", die uns den Sport gezeigt, trainiert und alles organisiert haben!
* Danke an Chrissy und die kleinen Mädels, die das alles mitgemacht haben!
* Bravo, Oli. Geil abgeliefert!

7: Normalität

S paß. „Normalität" war noch nicht absehbar. Was für ein Ritt von Ende Juni (Sonnwendfeier) bis Anfang September (Weltmeisterschaft)! Ein (Sportler-)Leben auf der Überholspur! In zweieinhalb Monaten vom Kennenlernen einer Sportart über DM, EM zur WM. Hätte ich das nicht selbst so erlebt, ich würde die Geschichte nicht glauben...

Unfassbar krass auch wie stark Oli überall abgeliefert hat - ich hoffe, er kann das irgendwann mal so richtig ein- und wertschätzen. Ich glaube gerade ist das alles für ihn noch gar nicht so etwas besonderes. Aber für mich war sein Wettkampf bei der WM das wahnsinnigste, was ich jemals im Sport als Zuschauer miterlebt habe und das war auch schon so einiges!

Das „normale Leben" ging ja zwischendurch auch noch weiter. Wie erwähnt stand zwischen EM und WM der Sommerurlaub in Italien auf dem Plan - eine Willkommene Ruhephase zwischen all dem (positiven!) Chaos. Denn ansonsten kam auch noch so einiges zusammen:

Die vielleicht größte Veränderung kam für K2: Einschulung! Einschulung zwischen EM, Italien und WM. Auch irgendwo spektakulär!

Eine ähnlich große Veränderung stand für mich an: seit Anfang des Jahres festigte sich der Gedanke in mir, dass ich mit meinem Job auf lange Sicht nicht glücklich werde. Also, mit der Arbeit schon, das war ich ja auch seit vielen Jahren, aber mit dem „Arbeitsplatz" nicht. Das hat nicht nur Gründe mit den bereits erwähnten fixen Zeiten, es passte aus mehreren Gründen einfach nicht. Zwischen DM und EM unterschrieb ich den neuen Arbeitsvertrag und war froh, dass ich diese Baustelle aus dem Kopf hatte. Gekündigt habe ich dann nach dem Urlaub beim alten Arbeitgeber - nie eine schöne Situation, aber die Entscheidung war gefallen und musste daher nur „umgesetzt" werden. Also stand zum Oktober 2019 ein Arbeitsplatzwechsel auf dem Plan. Spoiler: es war die beste Entscheidung, die ich treffen konnte.

Aber das nur so nebenbei zum „Alltag", das hier ist ja ein Sportbuch, auch wenn das „drum herum" absolut dazu gehört, da es ja auch enormen Einfluss auf den Sport hat. Nur wenn alles andere passt kann man den Sport frei ausüben und genießen. Und Leistung bringen.

Und ja, auch beim Sport gab es noch etwas erwähnenswertes! Die unverhofften Ereignisse rund um den Laser-Run haben es vollkommen überstrahlt, aber eigentlich hatte ich 2019 einen anderen Traum, auf den ich hinarbeiten und den ich mir auch realistischerweise erfüllen wollte:

Ich wollte einen Marathon angehen!

Die Entscheidung fiel wieder auf den Seenland-marathon: Die Organisation ist super, die Veranstaltung lokal und die Strecke wunderschön, aber NICHT(!) bestzeittauglich.

Ja, dass die Strecke nicht bestzeittauglich war, war ein Argument für den Lauf. Beim ersten Marathon wollte ich nicht irgendwelche Zeitziele im Kopf haben, die ich erreichen „muss" (Spoiler: hatte ich trotzdem ;)), ich wollte versuchen den Lauf zu genießen...

Seenlandmarathon 2019

Veröffentlicht am *2. Oktober 2019*

Marathon. Das große Ziel im Laufsport!

Wer meinen Blog hier verfolgt weiß, dass ich in letzter Zeit eigentlich immer vorneweg einen Teil schreibe, der sich mit den Zielen und allem drum und dran beschäftigt. Allerdings habt ihr dann sicher auch alle mitbekommen, dass in letzter Zeit so viel los war, dass es genau dafür diesmal einfach nicht gereicht hat. Aber von vorne, schauen wir mal wohin sich der Text entwickelt! Das große Projekt Marathon verdient es auch ein wenig das drumherum und vor Allem auch die Vorbereitung etwas näher zu beleuchten. (*Wer sich dafür nicht so interessiert sucht nach #Raceday, da geht der eigentliche Laufbericht los* 🙂)

Die am Ende wilde Reise hin zum Marathon begann eigentlich sehr durchdacht und geplant. Wirklich! Irgendwann gegen Ende 2018 fiel der Entschluss, 2019 den Marathon anzugehen. Ich entschied mich bewusst gegen einen großen Stadtmarathon, sondern für den eher kleinen, aber bestens organisierten Seenlandmarathon bei uns am

295

Brombachsee. Dort lief ich 2017 die 5km, 2018 den Halbmarathon mit K3 im Babyjogger und es machte für mich einfach Sinn bei dieser schönen Veranstaltung die große Kante anzugehen, auch wenn die Strecke vielleicht nicht die einfachste ist.

Ich hatte also weit über ein halbes Jahr Zeit mich vorzubereiten, begann am Anfang noch mit einem 5k Trainingsplan um erstmal am Tempo zu drehen (was auch erstaunlich gut funktionierte!) und wollte dann spezifischer zum langen, langsameren Lauf übergehen und schraubte so nach und nach meine Trainingsumfänge hoch und das Tempo - abgesehen von den Wettkämpfen - runter.

Einige werden aufgrund der Umfänge von am Ende im Schnitt 50 Wochenkilometern (mit einigen wenigen Ausreißern bis über 80) wahrscheinlich schmunzeln, aber das war für mich das maximal machbare in Zusammenspiel mit dem, was man so "Leben" nennt.

Der Trainingslehre nach war das natürlich nicht genug, aber wie ebenfalls schon des Öfteren erwähnt: Laufen ist das Hobby, dass sich im Zweifel dem Rest unterordnen muss und so sind meine Trainingszeiten in der Regel früh Morgens vor der Arbeit. Somit bin ich da einfach zeitlich begrenzt, auch wenn ich mit der Zeit den Wecker "problemlos" bis 4:20Uhr drücken konnte ☺

Was dagegen ganz gut klappte waren die langen Läufe. Seit Februar, also ein gutes Halbes Jahr vor dem Marathon habe ich 18 Läufe als "langen Lauf" markiert. Das habe ich getan, wenn die Strecke über den Halbmarathon ging, es stellte sich dann heraus, dass, wenn ich länger als Halbmarathon lief auch immer mindestens 25km gemacht hatte. Zusätzlich kam dann noch der Metropolmarathon Fürth (ca. 31km) als Wettkampf dazu. Vor dem Marathon hatte ich somit 8 Läufe mit 30km oder mehr in den Beinen. Mein "normales" Training unter der Woche vor der Arbeit pendelte sich immer zwischen 12 und 17km ein, im Normalfall hatte ich 3, manchmal auch 4 Trainingsläufe pro Woche. Dass das Training anschlug spürte ich nicht nur, es zeigt sich auch eindrucksvoll in den Daten! Danke an runalyze.de!

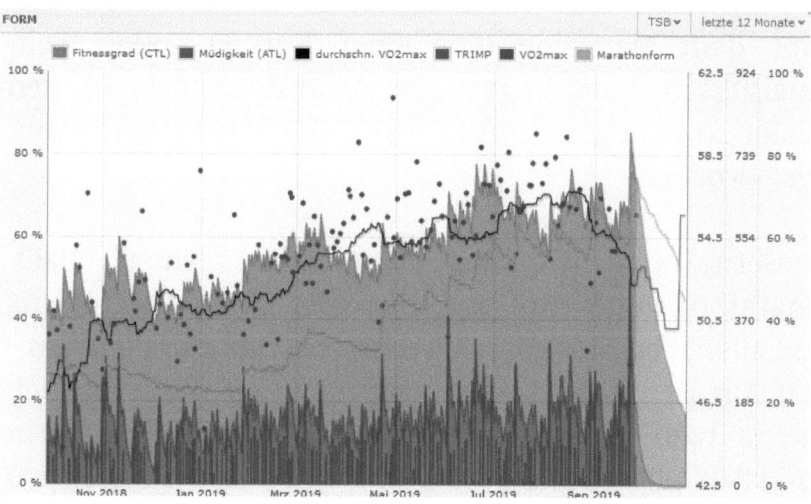

Der "Absturz" am Ende hat übrigens einen ganz einfachen Grund: mein Brustgurt hatte keine Batterie mehr, ich habe es nicht gemerkt und die HR kam vom Handgelenk. Das hat bei mir noch nie richtig geklappt, entsprechend war meine HR viel höher als vorher und die berechneten Werte sind folglich seitdem deutlich niedriger. Pünktlich zum Marathon habe ich aber die Batterie gewechselt 🙂 Ein zweiter Punkt, der nicht unter den Tisch fallen darf ist das Laser-Run Training. So viel Spaß es auch gemacht macht hat und weiterhin machen wird, für die direkte Marathonvorbereitung sind kurze Sprints als Trainingseinheit jetzt eher nicht das Mittel der Wahl. Durch die (ungeplanten) Laser-Run Wettkämpfe hatte ich in der direkten Marathon-vorbereitung auch einige Wochenenden verloren und den letzten "langen Trainingsblock" somit drei Wochen vor dem Marathon (vor einer Europa- oder Welt-meisterschaft macht man das dann doch nicht ;)), den dafür so richtig ordentlich: DI-DO-SO 25km-30km-30km: Peakwoche!

Gerne wäre ich auch noch einen "echten" Halb-marathonwettkampf gegen Ende der Vorbereitung gelaufen, aber das ging sich terminlich absolut nicht aus - im August ist die Laufauswahl nicht so riesig und ich selbst hatte auch einfach keine Zeit dafür. Eine nicht wirklich offizielle neue Halbmarathonbestzeit habe ich aber im Rahmen des Metropolmarathon gelaufen. A propos Bestzeiten! In der (frühen) Vorbereitungsphase hatte ich noch diverse kurze Wettkämpfe und dabei sowohl meine 5km (18:00min in Beiersdorf), als auch 10km (37:15min auf Fehmarn) Bestzeiten deutlich verbessert! Die Vorbereitung war also rundum gelungen. Bei den (langen) Läufen habe ich absolut Wert darauf gelegt im Grundlagenbereich zu laufen. Die durchschnittliche HR wollte ich bei 70-75% haben - anfangs war es schwierig, da ich da im Bereich weit jenseits der 5:20min/km unterwegs war und das auf Dauer ein für mich sehr anstrengend langsames Tempo ist, aber die HR recht schnell merklich runter, während das Tempo schneller wurde. Mein Training heute war bei 70% avgHF und 5:14 min/km. Das war für mich, der eigentlich nie wirklich im Grundlagenbereich gelaufen ist genau richtig, wie man auch am Fortschritt sieht.

Die Variation im Sinne von Tempoteilen habe ich anfangs durch die Jagd auf Stravasegmente eingebaut, später dann durch den Laser-Run. In beiden Fällen fehlte aber die Mischung - entweder war es sehr schnell und kurz, oder sehr langsam (was ja durchaus auch gut ist), aber es fehlten die Einheiten im geplanten Renntempo über längere Dauer und längere Intervalltrainings. Das war andererseits aber auch schwierig, da ich lange kein Zeitziel hatte. Wenn ich gefragt wurde nannte ich immer (und ich würde es auch heute noch als passend einschätzen) eine Zielzeit von 3h 30min, das hatte mir aber irgendwie niemand geglaubt. Irgendwann passte ich das dann auf 3:20 an, auch wenn mir das auch niemand wirklich glaubte - aber ich kannte ja meine langen Läufe, die waren auch in über 5er Pace ab spätestens 30km hart, und war mir sehr wohl bewusst, dass ich beim ersten Marathon (viele?) Fehler machen würde, da das ja wirklich alles neu für mich ist. Und den Erzählungen nach ist Neuland ab km30 schwieriges Terrain!

Nach der Laser-Run WM verging die Zeit wie im Flug. Die Fußballsaison begann wieder, Chrissy muss wieder Arbeiten, Schule, Kindergarten, Jobwechsel (zumindest schon mal die Kündigung des Alten), ... Langweilig war es wirklich nicht! Zum Glück hatte ich mir für die direkte Rennvorbereitung die meisten Gedanken schon vorher gemacht und ich musste nicht mehr allzu viel wirklich vorbereiten. Andererseits war es bestimmt auch gut, denn von Nervosität war keine Spur, wie dieses Zitat vom Vortag des Marathons belegt:

Na, langsam nervös?

FleggoForFuture
@DerFleggo

Replying to @SvnKswttr
Dafür hab ich gar keine Zeit 😅

Etwas wackelig war eigentlich nur noch die Kleiderfrage. Gemeldet waren zwischen 5 (Start) und 20 (Ziel) Grad. (sehr) Kurz? Lang? Eine Mischung? Mit freundlicher Unterstützung der Twitter-Timeline fiel dann die Entscheidung auf die Variante "LLE-Dark Knight in der Extended Variante mit Armlingen"!

Hier hätte ein offizielles Wettkampfbild sein sollen - leider waren die Lizenzgebühren für die Nutzung im Buch zu teuer. Somit musst du leider zum Blog wechseln um das Bild zu sehen :)

Am Tag vorher hatte zuerst der Große ein Fußballspiel, dann sind wir am Nachmittag noch raus zum Veranstaltungsgelände gefahren. Man konnte zum Einen schon Startnummern abholen, zum Anderen waren die

Mädels für den Bambinilauf gemeldet, der bereits am Vortag stattfand. Der Ausflug hat sich mehr als gelohnt, das Abholen der Nummern war - abgesehen von der Lautstärke im Zelt - super entspannt, die Beiden Mädels hatten dann bei ihrem Lauf richtig Spaß und ich noch einen Schritt weniger auf der To-Do-Liste für den Folgetag. Eine richtige Besonderheit hier war, dass die Sprecher den Eltern beim Bambinilauf mehr oder weniger verboten haben mit den Kindern zu laufen! Das fand ich erst komisch, da ich mir nicht sicher war, ob die Kleine mir gerade mal drei Jahren wirklich alleine mit macht, aber sie hat "ja" gesagt - also habe ich mich an den Streckenrand verkrümelt und wir waren mehr als stolz, als sie zwei mal mitten im Getümmel die Runde absolviert hat und elegant durch's Ziel und gleich zu den Medaillen weiter gerannt ist! 🙂 Über die hat sie sich dann auch selber mächtig gefreut und sie ganz stolz gezeigt!

Zwei Läufe später durfte dann die große Kleine in ihrer "Altersklasse" ran und machte ihre Sache auch prima! Das wussten wir natürlich, da sie das schon öfter gemacht hat, wunderten uns dann aber doch nach dem Lauf, wo sie denn bleibt... ich ging dann mal Richtung Medaillen um sie zu suchen und fand sie am Zielbuffet - Getränke, Gummibärchen, ... alles, was das Kinderherz begehrt. Natürlich war sie noch nicht bei uns 😵

Wir machten uns dann wieder auf nach Hause. Dort stellten wir fest, dass wir in unseren Startbeuteln alle Gutscheine für die "Knödelparty" gehabt hätten, das aber verpeilten und so haben wir unsere eigene Pasta-party zu Hause veranstaltet 😊 A propos Startbeutel: das einzige, was ich wirklich nicht gut finde sind die Massen an Werbung da drin. ich verstehe schon, dass die Sponsoren ihr Zeug loswerden wollen, aber zumindest bei den Kinderläufen kann man sich das doch sparen, oder? Insgesamt landeten 5 "Kataloge" und ich weiß nicht wie viele Flyer im Müll.

Ich packte am Abend gleich noch mein Zeug zusammen um am nächsten Tag - Abfahrt war um 7:30Uhr geplant - alles parat zu haben. Eine Idee hatte ich dann aber noch die ich umsetzen wollte. Eigentlich dachte ich mir ich könnte auf meine Kompressions-strümpfe irgendwas passend zu den Armlingen mit dem Plotter drauf machen. Das scheiterte aber einerseits (natürlich) an der Zeit, andererseits an der Idee und schlussendlich wohl auch daran, dass es auf den Strümpfen nicht wirklich gut aufzubringen gewesen wäre. Aber das ist ja kein Problem, es gibt ja die bekannte Stiftmarke, deren Farbe man nicht mehr weg bekommt, wenn sie mal wo drauf ist -> Also Stifte in schwarz, blau und rot geschnappt (mehr Farben hatte ich nicht da ;)), der Family in die Hand gedrückt und gesagt: tobt euch aus! 😊 Die Strümpfe hatte ich dabei an (keine so gute

Idee), das Ergebnis fand ich dann sehr cool! (Es kommt mehrmals das Wort "Knallerbse" vor :D)

Ich habe dann auch noch an einer Stelle Hand angelegt und somit aus dem Lauf noch meine eigene kleine Klimademo gemacht - wichtige Dinge brauchen eine Bühne. Immer.

Die letzte Nacht vor dem Marathon war super und der Morgen verlief auch total entspannt, wenn auch mittlerweile doch etwas aufgeregt 😊 Wir packten uns warm ein, es hatte vielleicht so 3 Grad, luden alle(s) ins Auto und los ging's deutlich vor geplanter Abfahrtszeit auf in Richtung Pleinfeld! Da war er also. **Marathon-Raceday**!

#Raceday

In Pleinfeld angekommen konnten wir so nahe wie noch nie am Start parken - klar, bisher kamen wir ja immer erst, wenn die Marathonis schon unterwegs waren. Am Parkplatz trafen wir direkt Hansi, der ebenfalls den Marathon unter die Füße nahm und machten uns gemeinsam auf den Weg zum Veranstaltungsgelände. Dort war alles noch sehr entspannt, einige Zelte der Aussteller waren sogar noch zu. Wir stellten uns erst kurz in die Sonne - wärme tanken - liefen dann einmal über das Gelände, trafen dort Elli und Sven, die - natürlich - auch zum Marathon da waren und vertrödelten uns etwas die Zeit. Ich suchte nochmal einen der Klowagen auf, was einige Zeit in Anspruch nahm, da Klowägen in der Regel die beliebtesten Umkleidekabinen bei Laufveranstaltungen sind. Einen Vorteil hatte das Ganze natürlich: die Wartezeit auf den Start war so auch wieder ein gutes Stück kürzer geworden! Ich zog mich als ich zurück war direkt um, lief noch ganz vorbildlich einen Kilometer (incl. Lauf-ABC!) ein, verabschiedete mich von der Familiengang, wünschte dem Großen viel Spaß bei seinem Lauf, den ich leider nicht sehen würde, weil er eine halbe Stunde nach mir startet und begab mich in den Startblock.

Dort waren Elli und Sven bereits und wir unterhielten uns ein wenig. Als das Gespräch auf die Laufstrategie fiel ging ich zum 3:30 Zugläufer vor, da wir zum Schluss kamen es wäre sinnvoll, dass ich mich an ihn hänge um am Anfang nicht zu überpacen. Außer er nimmt Tempo raus auf dem Weg hoch zum See. Als ich mich mit Flo so unterhielt quatschten wir noch über dies und das - ich erzählte vom letzten Jahr mit Babyjogger hier, er, dass er gerade eine Alpenüberquerung mit dem Rad mit seinem Kleinen im Hänger gemacht hat. Auch nicht übel, oder? 😉 Die Zeit verflog, kurz vor Start war auch Benni im Startblock angekommen und stellte sich zu mir. Ich wusste er würde schneller laufen als ich, zu recht viel mehr als die gewünschten Zielpaces auszutauschen (er so um die 4:30, ich 4:45) kamen wir aber nicht mehr, denn dann ging es auch schon los!

Die Konfettikanonen schossen und das Feld machte sich auf den Weg! Das schöne ist: total entspannt 😊 Bisher war es ja fast immer ein Gehetze am Start, nicht heute. Ich hatte ein dickes grinsen im Gesicht - es war soweit. Los geht's. Auf geht's. Greifen wir den Marathon an! Gefühlt ging es total gemütlich die breite Straße hoch und raus aus Pleinfeld. Hier schaffte ich es noch bei Flo zu bleiben, als es direkt danach runter ging nicht mehr. Ich ließ rollen, schloss nach und nach wieder zu Benni auf und lief einfach vor mich hin. Nachdem wir den ersten Hügel wieder unten waren ging es rüber

Richtung See und dann gleich nochmal bergan - den Wall hoch um auf den Uferweg zu kommen. Hier oben war der erste VP, die ersten drei Kilometer war geschafft und es ging erstmal ein gutes Stück geradeaus. Links der See, Rechts der Blick runter auf die, die den Anstieg noch vor sich hatten. Es war fantastisch. Ich lies laufen. Keine Ahnung wie schnell ich war, die Uhr war mir egal. Ich hatte <u>Benni</u> als Orientierung vor mir, wusste somit, dass ich für meinen Plan also zu schnell war. Aber es war egal.

Es ging am Ende des langen geraden Stücks an VP 2 vorbei am ersten DJ und erstmal einen ruhigeren Weg lang. Es waren noch halbwegs viele Läufer beisammen, aber Zuschauer waren hier kaum vorhanden. Der Weg war hier etwas steinig/staubig und leicht rutschig, im Schatten war es immer noch frisch, aber durch die Armlinge störte mich das nicht - die Kleiderwahl war tip-top! Ab und zu blickte ich rüber zum See und genoss es einfach hier zu laufen. Das nächste Stimmungsnest samt VP erreichten wir bei Kilometer 9 in Enderndorf. Kurz vorher hatte ich mein erstes halbes Gel genommen (ich hatte 75g Tuben - wiederverschließbar - die ich mir auf zwei "Portionen" aufteilte und grob alle 8,5km nehmen wollte). Ich schnappte mir einen Becher Wasser - wie schon bei den VPs zuvor - und saugte die Stimmung auf. Auch hier war knallige Musik, es waren viele Leute da - die Stimmung war bestens.

Von hier an lief man zwischen dem Brombach- und dem Igelsbachsee entlang. Der Blick auf den Brombachsee war fantastisch! Die Sonne strahlte mit dem Himmel und mir um die Wette und spiegelte sich im ruhigen Wasser. Es ging kurz minimal weg vom See, nur um direkt danach wieder "mitten durch" zu laufen. Diesmal zwischen kleinem und großen Brombachsee, direkt auf VP4 und KM11 zu. Nun folgte eine kleine Wendestrecke, um am Ende den Marathon voll zu bekommen. Zumindest sah sie auf der Karte klein aus, in Wirklichkeit waren es fast 4KM (2 hin, 2 her). Die Halbmarathonis hatten vielleicht einen Kilometer, das war im letzten Jahr schon einiges angenehmer. Ich war immernoch relativ nah an Benni dran und er war wohl etwas überrascht als er mich sah und meinte nur "das sind aber schnelle 4:45!". Jaaaa, stimmt natürlich. Mit meinem ursprünglichen Plan hatte das nicht mehr allzu viel zu tun, aber hey.... ich dachte mir: "Lass laufen, wenn's läuft!".

Die Wendepunktstrecke war für den Kopf etwas schwierig, ließ sich aber noch gut machen. Es ging nochmal kurz bergab, nur um danach zum zweiten ekligen Anstieg der Strecke zu führen. Vorbei an Ramsberg, vielen anfeuernden Zuschauern und einer Sambagruppe ging es weiter und zurück zum Beginn der Seerunde. Hier war der Halbmarathon schon geschafft, die Uhr sagte mir bei gleichem Tempo eine Zielzeit von 3:10 voraus und das schönste war: die Familie stand hier am Eck! Sie hatten ein noch Schild gebastelt, klatschten mit mir ab, bzw. in die Klatschpappen und tröteten. MEIN Stimmungsnest! 😊 Ich freute mich riesig sie zu sehen, da ich am Start auf die falsche Streckenseite geschaut und sie verpasst hatte. Beschwingt ging es wieder über den Deich und vorbei an DJ 1.

War das ein über einen Halbmarathon andauerndes Runner's High? Keine Ahnung, es fühlte sich jedenfalls fantastisch an. Das Problem ist: die Hälfte der Strecke lag noch vor mir und bekanntlich kann man tief fallen, wenn man hoch fliegt...

Mittlerweile wurde es wärmer und ich ging dazu über zwei statt einem Becher Wasser zu nehmen, wobei ich einen nicht zum Trinken, sondern zur inneren und äußeren Bewässerung nutzte. Als es danach wieder in den Wald ging wurde es plötzlich auch schwerer. Kilometer 25 war erreicht, mein Fixpunkt der ersten Hälfte - die Family an der Strecke sehen - war geschafft, Benni zog vorne langsam aber sicher davon (nicht weil er schneller, sondern ich etwas langsamer wurde). Mittlerweile waren auch relativ wenige Läufer um mich herum - eigentlich niemand - und es wurde in diesem Waldstück sehr leer. Ich kam mir kurzzeitig vor wie bei einem Trainingslauf früh um 5 und das ist nicht gut, wenn man langsam an die Grenze der körperlichen Belastung kommt. Es ging aber alles noch relativ gut. Als es an der Zeit war das nächste Gel zu nehmen und ich es so langsam in den Mund drückte merkte ich aber schon, dass es "pappiger" war als bei den ersten beiden Portionen. Diese konnte ich problemlos zu mir nehmen und irgendwann (viel) später das Wasser nachspülen, diesmal hätte ich gerne direkt etwas zu Trinken dazu gehabt. Ein erstes Zeichen von Flüssigkeitsmangel? Der nächste VP war aber nicht mehr weit, so halbwegs hatte ich es ja doch geplant, wann ich die Dinger nehmen würde. Aus Versehen habe ich dann aber ein Wasser und ein ISO genommen. Ich hielt das als ich mit den Bechern in der Hand weiter lief für gar nicht dumm. Als ich das ISO im Mund hatte hielt ich es für enorm dumm. Bäh, das war nicht lecker! ...Aber wahrscheinlich nützlich, also zwängte ich es trotzdem rein. Danach das Wasser zum nachspülen hinterher (mittlerweile mehr in, als auf den Körper) und weiter ging's.

Der Blick auf den See war leider nicht mehr so sonnig wie in der ersten Runde ... das spiegelte meine mentale Verfassung in diesem Moment ziemlich passend wieder. Es zogen mehr und mehr Wolken auf. Ich hatte relativ schwer damit zu kämpfen die Motivation hoch zu halten, konnte mich aber immer wieder etwas aufrappeln und klare Gedanken fassen: "Ja, ok, die Beine fühlen sich nicht wie Beine an, aber das muss so sein." "Die anderen hier schauen auch nicht mehr gut aus! ... und so viele kommen ja gar nicht (eigentlich keiner?!)" ... "Ganz da vorne läuft <u>Benni</u> noch, sooo langsam wie es sich anfühlt ist es also wahrscheinlich gar nicht!" und das ist es meistens ja wirklich nicht! Zu meiner Schande half mir aber auch das Leid anderer mich selbst besser zu fühlen. Einer musste aussteigen? Zumindest mit Rücken-problemen erstmal stehen bleiben - es war schon ein Radfahrer bei ihm - und ich merkte, dass es mir ja eigentlich doch noch irgendwie verhältnismäßig gut ging. Natürlich war es trotzdem hart und zäh - da kann es den Anderen noch so dreckig gehen. Allerdings kam der schlimmste Teil erst noch, als es nach der Überquerung der beiden Seen bei ziemlich genau KM 30 zur Wendepunktstrecke ging. Das war für den Kopf nochmal eine ganz neue, ganz üble Herausforderung. Links würde es zum Ziel gehen, aber man muss rechts abbiegen. So ein Kack!! Ich quälte mich den Weg nach hinten, aber er wollte einfach kein Ende nehmen. Das einzig Positive: Ich würde nochmal sehen wie weit mir <u>Benni</u> schon enteilt war und am Ende war es gar nicht so viel wie vermutet. Das blöde war ähnlich wie nach der ersten Seenrunden: das "Ziel" war weg. Gut, sorry <u>Benni</u>, du taugst als Ziel nicht so gut wie meine Familie, aber in dem Moment war es wieder ein "mentaler Fixpunkt" der abgehakt war.

Von nun an ging es also auf direktem Weg zum Ziel. Die Wendestrecke zurück zog sich wieder ewig. Aufbauend für mich war es jetzt allerdings diejenigen zu sehen, die hinter mir waren - und die sahen auch nicht mehr wirklich frisch aus. Ich machte mir Gedanken, ob ich Flo, den Zugläufer für die 3:30, noch sehen würde und ja, er kam mir mit seiner relativ kleinen Gruppe noch auf der Wendestrecke entgegen. Ich dürfte etwas über 3 km Vorsprung gehabt haben. Kurz danach war es Zeit für das letzte Gel. Orientierung hatte ich nicht mehr so ganz, aber deutlichen Bedarf nach Energie. Das sorgte dafür, dass ich das Gel etwas sehr früh einnahm und das war alles andere als gut. Fast direkt in dem Moment, als ich das Gel im Mund hatte zog es mir sämtliche Feuchtigkeit raus und es fühlte sich alles staubtrocken an. Ich quälte es hinunter, wusste aber sofort, warum man eigentlich das Gel am VP mit Wasser nimmt. Tja, lesson learned, aber was will man machen. Hoffen, dass der VP bald kommt, klar ☺ Der VP kam dann auch irgendwann, wieder zwei Becher Wasser, diesmal alles in den Mund und weiter!

Der Weg wurde kurz zu einer kleinen Straße, also stabiler Asphaltuntergrund. Das war erstmal gut. Außerdem würde es gleich etwas bergab gehen. Auch das war gut. Aber danach kam der "große Anstieg" der Seerunde. Das war nicht gut. Gar nicht gut. Gefühlt konnte ich gerade so den Berg hoch laufen (nicht gehen), von vorne und hinten schossen Radfahrer an einem vorbei, Läufer überholten mich auch zwei und zogen direkt weg. Es war richtig dunkel hier im Wald. Auch wieder passend zu meiner Gefühlslage... Wow, es war übel hier. Ich war im Arsch, quälte mich weiter rauf und versuchte einfach den Kopf auszuschalten. Ich war wohl noch nie so nah an einem DNF wie in diesem Moment. Das vielleicht einzige, was mich davon abhielt war die Frage: "Und dann?" Zurück musste ich ja sowieso, hier war auch weit und breit niemand. Also weiter. [*wahrscheinlich hätte hier auch ein VP sein können und ich wäre weiter gelaufen, denn entscheidungsfreudig bin ich in solchen Situationen nicht. Der Auftrag hieß: Marathon, also wird der auch ausgeführt* 😉]

Nach dem steilen Stück ging es für den nächsten Kilometer noch weiter bergan, allerdings lange und flach. Das war etwas besser, aber immernoch nicht gut. Zumindest schlug in der Phase das Gel an, oder ein paar Synapsen schalteten auf Positiv, keine Ahnung. Jedenfalls konnte ich hier den Abstand zu einem der Beiden vor mir halten und sein Tempo offensichtlich wieder mit gehen. Ob das gut für mich, oder schlecht für ihn war weiß ich jetzt auch nicht. Für meinen Kopf war es jedenfalls mal wieder ein kleiner Lichtblick und der Gedanke, dass ich mittlerweile so weit am Stück gelaufen war wie noch nie und es eigentlich nicht mehr soooo weit ist gab mir wieder Mut. Am nächsten VP gab es neben Wasser einen Becher Cola - da hatte ich total Bock drauf! - und es ging wieder ein wenig besser. Es waren jetzt auch wieder Leute an der Strecke, die Sonne kam etwas zurück (nicht gut für die Temperaturen, aber für's

Gemüt!) und es waren nun nur noch 5km. Ein 5er geht doch immer! Ich rechnete hoch wie ich ankommen werden würde, wenn ich denn halbwegs durch komme (KM-Splits habe ich mir bewusst den ganzen Lauf nicht gegeben, nur die HM-Durchgangszeit hatte ich mir wie oben erwähnt vorher angesehen) und stellte fest, dass die angepeilten 3:20 zu schaffen sein müssten. Wenn ich nochmal auf die Zähne beiße.

"Honey, you have to look beautiful!" - also, nochmal Konzentration auf den Laufstil, die letzten Kilometer am See entlang und zum letzten VP der Strecke. Nochmal zwei Becher Wasser und - VERFLUCHT - nochmal ein Anstieg. Ja, ich hatte ihn auf dem Schirm, ja, er überrascht mich jedes Jahr wieder auf's Neue und ja, er war definitiv mindestens 5 mal länger und steiler als die Jahre zuvor!!! Aber auch hier kam ich irgendwie halbwegs ordentlich hoch und was man hoch rennt darf man auch wieder runter rennen. Dass das nach über 40km auch nicht mehr unbedingt ein Spaß ist war mir bewusst, aber es ging "ok". Meiner Atmung durfte aber niemand mehr zuhören (in einem Geburtsvorbereitungsatmungskurs aus US-Klischee-Filmen wäre ich bestens aufgehoben gewesen), aber oben angekommen versuchte ich einfach rollen zu lassen. In mir herrschte nur noch Erleichterung, denn ich wusste spätestens jetzt sicher, dass ich auch im Ziel ankomme. Den einen der Beiden, die mich viele Kilometer vorher eingesackt hatten und den ich die ganze Zeit im Blick behielt konnte ich nun wiederum nochmal überholen und ich ließ einfach laufen, so gut es die Beine noch erlaubten. Raus aus dem letzten Wald, rauf auf die Straße, die wir vor über 3 Stunden entgegengesetzt am Start liefen und runter Richtung Ziel. Direkt am Eingang zum Zielkanal stand meine Gang, die Große rannte zu mir auf die Strecke und mit mir mit. Ich konnte ihr zwar nicht die Hand geben (sonst wäre ich wahrscheinlich auf die Schnauze geflogen), aber freute mich genauso wie sie, dass wir zusammen die Ziellinie überquerten!

Es war vollbracht. 3 Stunden 19 Minuten und 6 Sekunden. WOW!

Hier hätte ein offizielles Zieleinlaufbild sein sollen - leider waren die Lizenzgebühren für die Nutzung im Buch zu teuer. Somit musst du leider zum Blog wechseln um das Bild zu sehen :)

Im Ziel war ich wie schon auf den letzten Kilometern eigentlich nur froh, dass es rum war. Ich hatte mein vorher gesetztes Ziel erreicht, aber die Freude darüber war in dem Moment einfach nicht da. Ich ließ mich von meiner Großen erst zur Medaille, dann ins Verpflegungszelt führen und war echt froh, dass sie dabei war. Reden konnte ich mit ihr nicht wirklich, aber mich an ihr festhalten ☺ Die beiden anderen Kiddies kamen auch zu uns, ich nahm erstmal viel Flüssigkeit auf und mit - schließlich hatte ja jetzt fleißige Tragehände dabei - und setzte mich dann erstmal an den Rand vom Zelt. Ich war komplett im Arsch.

Irgendwann legte ich mich kurz hin, sodass andere Finisher sich schon sorgen machten ob alles gut ist, aber das war es schon so irgendwie. Die Kinder holten mir nach und nach auf meinen Wunsch einmal das komplette Buffet. Wassermelone war geil, Iso immer noch nicht. Aber zumindest ne andere Sorte und besser als das auf der Strecke. Die normalen Gummibärchen waren auch ganz ok, die Schlumpf-Gummibärchen hätte ich fast direkt ausgekotzt - blieben mehr für die Kinder ☺ Kuchen wollte ich leider nicht mal, Banane dafür schon, musste ich mir aber mit meiner Kleinsten teilen 😉 Und immer wieder Getränke.

Am Ende hatte ich glaube ich elf Becher aufgetürmt und einmal das komplette Getränkebuffet samt Tee und Suppe intus. Ich hatte enorme Probleme wieder aufzustehen, rappelte mich dann aber doch irgendwann auf und torkelte mit den Kiddies aus dem Zelt raus. Chrissy wartete schon und wir suchten uns zusammen mit Hansi und <u>Flo</u>, der einen Lauf zum Brombachsee als Training für den <u>Taubertal 100</u> eingestreut hatte und deren Familien etwas abseits ein Plätzchen in der Sonne. Die Anderen (<u>Benni</u>, <u>Elli</u> und <u>Sven</u>) haben wir leider im Getümmel nicht mehr getroffen. Es war herrlich, die Kinder spielten, ich lag nur rum und machte nichts. Als wir dann irgendwann gehen wollten musste ich kurz einen Abstecher machen und mir die (Nachziel-) Verpflegung nochmal durch den Kopf gehen lassen. Hinter dem Festzelt war nix los, zumindest war ich ungestört...

Auf dem Weg zum Auto hielt ich noch an der Medaillengravur - zum Glück hatte ich das vorher schon mitgebucht, sonst wäre ich nicht mehr hin. Von Freude war immer noch kaum eine Spur zu spüren, ich wollte eigentlich nur noch heim. Es ging aber ratz fatz und wir schlurften zum Auto. Auf der Heimfahrt musste ich dann nochmal meinen Mageninhalt zurück in die freie Wildbahn lassen. Dass mir das, während der Fahrt, mal passieren würde hätte ich nicht gedacht. Und wenn, dann nur unter Alkoholeinfluss... Tja, getäuscht. Noch ein "Highlight" also direkt mit abgehakt und somit wohl wirklich alles mitgenommen, was man bei einem Marathondebut so mitnehmen kann 😉

Daheim verlief der Rest des Tages nur noch entspannt. Ich versuchte einfach so gut es ging zu regenerieren und die Reserven wieder aufzufüllen. Am Morgen danach waren 4kg runter, ich hatte also noch einiges vor 🙂

... die Tage danach, Rückblick / Ausblick:

Mal abgesehen von einer gewissen "Grundmüdigkeit" war ich eigentlich relativ schnell wieder ziemlich fit. Beim berühmten Treppensteigen hatte ich kaum Probleme und auch so ging alles erstaunlich gut. Zwei Tage danach war ich schon wieder mit den Jungs auf dem Fußballplatz, ich hatte auch schnell Bock wieder die ersten Läufchen zu machen, "zwang" mich aber zumindest drei Tage Pause einzulegen, erst am Donnerstag wieder zu laufen und dann nicht gleich zu übertreiben. Der erste Morgenlauf ging fast wieder normal, beim Laser-Run Training am Freitag lag der Fokus diesmal glücklicherweise auch auf dem Schießen, da es draußen regnete und man in einer Turnhalle nicht so wild rennen kann. Kurz sprinten schon, aber das ging sogar. Am Wochenende, genau eine Woche nach dem Marathon, war alles wie immer. Es freut mich sehr, dass der berühmte "Post-Marathon-Blues" offensichtlich ausgeblieben ist.

Mittlerweile freue ich mich auch immer mehr über meine Leistung und das Ergebnis, das ich erreicht habe! Für das Debut ist das denke ich echt ordentlich. Ok, die Renneinteilung und die Verpflegungsstrategie sind, ähm ... "ausbaufähig" 😊 Ersteres wusste ich schon während des Laufs (vielleicht sogar vorher, denn das Ziel "Negativer Split" stand noch nie weit oben auf meiner Prioritätenliste), letzteres hätte ich mal öfter auf langen Läufen trainieren sollen. Egal, unterm Strich war es bombig und mittlerweile wird mir das auch mehr und mehr bewusst!

Und nun? Eines habe ich direkt nach dem Lauf und auch die Tage danach gesagt. Und es hat sich bisher auch nicht geändert: Ich habe (gerade) Null Ambitionen die Zeit zu verbessern. Die 3h 19 sind so weit weg vom nächsten Ziel das mich wirklich reizen würde (natürlich die Sub 3!), dass ich da ehrlicherweise, wenn überhaupt, so schnell nicht ran kommen werde und es auch nicht mit Gewalt darauf anlege. In naher Zukunft laufe ich erstmal den 5er in Schwabach und die 25 Minuten + X beim Lauf gegen Krebs, mal sehen was da geht. Gerne würde ich dann wahrscheinlich im nächsten Jahr die verpasste "offizielle" Halbmarathonbestzeit nachholen - eventuell läuft mir da ja im Frühjahr ein netter Lauf über den Weg. Im Zweifel bietet sich natürlich Fehmarn an, aber dann reißt da mit sehr hoher Wahrscheinlichkeit meine Siegesserie 😉

Die weiteren Gedanken die so für das erste Halbjahr 2020 herum schwirren wären der Frankenwegtrail, zwar als Marathon, aber der ist ja alles, nur nicht bestzeit-tauglich. Die Gerüchteküche sagt, dass auch der Outdoor-tag Plech vielleicht wieder stattfinden soll - auch darauf hätte ich richtig Bock - schauen wir mal was kommt. Und dann ist da ja auch noch der Laser-Run. Ich würde sehr gerne eine Phase richiges Bahn-Kurzstreckentraining einbauen um mich auf die 4*800m zu verbessern. Dazu brauche ich aber zuallererst mal einen Plan 🙂

Egal, das ist alles noch Zukunftsmusik! Mit etwas Abstand war der Marathon ein fantastisches Erlebnis, ich habe allen Widrigkeiten mehr oder weniger gut getrotzt, mein Ziel erreicht und weit über die Hälfte des Rennens richtig, richtig, Spaß gehabt!

Normalität II

Was für ein Jahr. Es war noch nicht vorbei, aber durch den Arbeitgeberwechsel passierte nicht mehr so viel - ein paar kleinere Wettkämpfe, einfach das Laufen genießen, runterkommen. Ich blieb trotz jetzt wieder flexiblen Arbeitszeiten ein #earlybird - es passt einfach bis Heute für mich, unabhängig von Allem. Die frühen Stunden am Tag sind meine Stunden. Literally! Die Menschen, die man sieht kann man normalerweise an einer Hand abzählen, die Welt ist wunderschön, wenn die Sonne aufgeht und die Vögel singen. Außer in den Wintermonaten. Wobei, manchmal sogar da!

Eine weitere Überraschung hielt das Laser-Run Jahr aber trotzdem noch bereit: Die Stadt Nürnberg veranstaltet jährlich eine „Sportlerehrung" für besondere Leistungen. Oli und ich wurden also in den „Historischen Rathaussaal der Stadt Nürnberg" eingeladen und waren plötzlich Teil der lokalen Sportelite!

 https://www.likethewindt.de/sportlerehrung-2019/

Eigentlich wäre das ein wunderschönes Ende für die Geschichte und das Buch gewesen.

Aber die Geschichte ist noch nicht vorbei!

Laser-Run ist mittlerweile natürlich fester Bestandteil unseres Lebens, Oli, und K2 sind regelmäßig dabei, Chrissy ab und zu und K3 scharrt auch schon mit den Füßchen, ist aber noch etwas klein. Ohne große Pläne gingen wir ins Jahr 2020. Wir spielten lose mit den Gedanken der Laser-Run EM Ende Juli in Barcelona und hatten natürlich wieder die Deutsche Meisterschaft auf dem Zettel, aber es kam alles ganz anders.

8: 2020

Ich will an dieser Stelle nicht groß drauf eingehen - nur so viel: 2020 war in allen Belangen verrückt, aber das weißt du ja selber. Die einzige Konstante war: Laser-Run fand statt!

Anfang März fand in Nürnberg noch die Freizeit, Garten und Touristik Messe statt, in der in einer Halle Fläche für Sport zur Verfügung stand. So entstand neben Werbung für den Laser-Run Sport der Plan eine offene Indoor Stadtmeisterschaft auszurichten, an der wir natürlich teilnahmen:

 https://www.likethewindt.de/1-indoor-stadtmeisterschaft-nuernberg-laser-run/

Direkt danach war dann erstmal alles vorbei. Für Monate wurden aus bekannten Gründen sämtliche Veranstaltungen abgesagt, bis es in den Sommer ging und die Situation es zuließ diverse Veranstaltungen wieder zuzulassen. Eine der ersten davon war die Deutsche Meisterschaft im Laser-Run! Da Laser-Run gut individuell trainiert werden kann, hatten wir relativ wenige Einschränkungen in der Vorbereitung und waren natürlich wieder am Start!

Deutsche Meisterschaft Laser-Run 2020

Veröffentlicht am *3. August 2020*

2020 ist ein verrücktes Jahr, da erzähle ich nichts Neues. Zum Wettkampftag, Samstag 1. August 2020 werde ich in diesem Jahr bisher genau einen offiziellen Wettkampf bestritten haben - die Laser-Run Indoor Stadtmeisterschaft am 1. März in der Messe Nürnberg. Damals ging die Pandemie bei uns gerade so los, im Rückblick nahm man zu dem Zeitpunkt alles noch irgendwie nicht so ernst wie mittlerweile. Entsprechend ist alles, was damals von mir geplant war nach und nach ausgefallen, bzw. wurde ins nächste Jahr verschoben. Auch die Deutsche Meisterschaft im Laser-Run stand lange auf der Kippe. Da wir ja "an der Quelle" sitzen haben wir mitbekommen was für - teils spektakuläre - Ideen und Varianten für die Veranstaltung im Raum standen. Angefangen vom Wettkampfformat mit Wendepunktstrecke um die Abstände unter den Starter-Innen einhalten zu können, bis hin zu verschiedenen möglichen Austragungsorten wie dem Zeppelinfeld, der große Straße, oder sogar dem Max-Morlock-Stadion! Verschiedene organisatorische Gründe einerseits, sowie die positiven Entwicklungen bei den Corona Fallzahlen in

Deutschland machten dann aber eine Austragung im "Bertolt-Brecht-Stadion" (ja, die Bezeichnung war mir auch neu ;)) wie letztes Jahr möglich, wenn auch ein paar Wochen später als ursprünglich geplant. Aber immerhin konnte der Wettkampf - als einer der ersten seit dem Ausbruch der Pandemie überhaupt - stattfinden! Natürlich mit den aktuell geltenden Bedingungen wie Abstand halten, Maske tragen usw., aber man hat ja mittlerweile doch gut gelernt, dass eine Übertragung an der frischen Luft sehr, sehr unwahrscheinlich ist - toi, toi, toi, dass auch hier nichts passiert ist!

Bevor es in den Wettkampfbericht geht muss ich an dieser Stelle ein wenig weiter ausholen, denn die Vorbereitung war coronabedingt doch etwas... ungewöhnlich. Im Bericht über die Virtual Runs habe ich es schon ausführlich geschildert - mit dem "Lockdown" in Bayern und kurz darauf Deutschland entstand auf Twitter die Idee des #Coronathon. Kurz erklärt ist die Idee: Jeden Tag Sport, keine Pause. Angelehnt an das Streak-Running gilt beim Laufen alles ab einer Meile Distanz, sodass man schon "Ruhetage" rein bekommt, wenn man denn möchte. Möchte man ja aber eigentlich auch nicht 😉 Da es ja eine "Eigenchallenge" ist habe ich mich auch nicht auf's Laufen beschränkt, sondern ließ natürlich auch Rad- und Laser-Run Einheiten gelten. Durch die frei gewordene Fahrtzeit - Homeoffice sei Dank - war es phasenweise so, dass ich zwei "ordentliche"

Einheiten am Tag hatte (> 1 Stunde), sei es am Rad oder auf den Füßen. Dazu die erste 100km Radelung und einen virtuellen Marathon. Es kam ordentlich was zusammen und die Ruhepausen eigentlich etwas zu kurz. Wer sich den ganzen Spaß genauer ansehen will, hier ist mein öffentliches Profil auf runalyze mit den getrackten Trainings 😌

An der Grundfitness bestanden keine Zweifel, aber ein Laser-Run Wettkampf ist keine Langdistanz. 4 * 800m fordern Tempo und Tempohärte deutlich mehr als Grundlagen. Andererseits ist die Grundlagenausdauer das Fundament für alles und schadet ganz gewiss nicht. Ein weiteres Detail ist nicht zu vernachlässigen: Schießen sollte man auch irgendwie. Wahrscheinlich gewinnt man beim Laser-Run nichts durch das Schießen, aber man versaut sich ganz schnell ein Rennen durch eine verkackte Schießeinlage. Auf dem Niveau einer Deutschen Meisterschaft können grundsätzlich alle rennen und schießen - beides unter Wettkampf- bedingungen abrufen zu können ist, worauf es ankommen wird.

Zum Glück hatten wir in Katzwang, sobald es der Freistaat Bayern erlaubte, die Möglichkeit zwei Mal pro Woche zum Training auf den Sportplatz zu kommen (Danke, Trainerteam! ;)), um zu rennen und zu schießen. Vor Allem gegeneinander zu schießen. Ich hatte zwar

Mitte Juni - als abzusehen war, dass die Meisterschaft wirklich stattfinden könnte (offiziell abgesagt war sie soweit ich weiß nie) begonnen täglich mindestens einmal eine, wenn auch nur 15 Minuten lange - Schießeinheit einzulegen, aber es ist etwas völlig anderes, ob man alleine im Garten steht, oder ob ein ganzer Schießstand belegt ist und doch zumindest so etwas ähnliches wie Wettkampfdruck herrscht. Diesen zumindest ansatzweise aufzubauen, schaffen wir am Schießstand tatsächlich ganz gut 😉 Einen zweiten Vorteil hatte das Ganze außerdem: Ich hatte regelmäßiges Tempotraining. Falls ihr den runalyze-Link angeklickt habt und auf die Uhrzeiten geschaut habt, werdet ihr vielleicht gemerkt haben, dass meine Läufe sehr früh stattfinden. Entsprechend laufe ich das Zeug selten schnell (außer mir kommt ein Strava-Segment in die Quere), sondern wirklich langsam. Grundlagen eben. Ein weiterer schöner Aspekt des Trainings war, dass neben K1 auch K2 langsam immer mehr Interesse entwickelte, mal ins Training rein zu schnuppern. Ungefähr Anfang Juli war es dann soweit und sie stieg auch ins Training ein - erst zu Hause überhaupt ein bisschen versuchen das Ziel mit der (für den Knirps noch echt schweren) Waffe zu treffen, dann aber auch mit vollem Elan und viel Spaß am Sportplatz!

Überhaupt kamen noch richtig viele NeueinsteigerInnen - hauptsächlich Kiddies aus der Grundschule - aber auch die Staffelpartnerinnen von Tobi, Benni und mir kurzfristig dazu. Es war am Ende soweit, dass wir Schieß-/Laufgruppen bilden mussten, bzw. Staffeln machten, damit alle zum Schießen kamen so voll war es. Es ist jedes Mal echt richtig toll, vor allem die ganz Kleinen zu sehen, wie sie mit vollem Elan und richtig viel Spaß bei der Sache sind. Nachwuchsarbeit im Sport ist vielleicht eine der wichtigsten Gesellschaftlichen Aufgaben (um mal die ganz große Keule zu schwingen ;)) und besser als man es hier sieht, kann ich es mir nicht wirklich vorstellen.

Das Training lief also soweit sehr gut, mit meiner Laufform war ich sehr zufrieden (hier wäre aber auch eh nicht mehr allzu viel zu holen in der kurzen Zeit), nur beim Schießen war es noch so eine Sache. Es wurde zwar konstanter und phasenweise war es sogar richtig gut, aber es waren immer noch viel zu viele Ausreißer mit Abschnitten drin, in denen ich einfach gefühlt nichts getroffen hatte. Das war nervig und konnte so wirklich nicht bleiben.... Ich neige viel zu oft noch dazu einfach bei einem grob passenden Bild bereits abzudrücken - bin also ganz einfach einen Ticken zu schnell und/oder zu unkonzentriert. Kinder im Garten sind im Sinne der Konzentrationsförderung beim Schießtraining sicher nicht schlecht, aber an einem nicht ganz optimalen Tag geht dann halt auch einfach mal gar nichts zusammen. Anfang Juli hatte ich dann einen kleinen Geistesblitz, der das Schießtraining in eine gute Richtung geschoben hat. Ich hatte seit kurzem einen 3D-Drucker und die Idee mir einfach eine "Maske" für das Ziel zu basteln, die die Trefferfläche einschränkt. Die ausufernde Geschichte über die steile Lernkurve des 3d-Drucks erspare ich euch an der Stelle, nur so viel: (Achtung, Eigenwerbung! ;)) In der Woche vor dem Wettkampf habe ich noch einen Onlineshop gebastelt und ihr könnt euch mal umsehen, ob das auch für euch was wäre! [Rabattcode "IDM2020" ;)] Bei mir haben die verschiedenen Auflagen den ganz simplen Effekt, dass ich vom "groben Ballern" in ein langsameres, konzentrierteres Schießtraining komme - was sich dann, wenn man wieder ohne Auflage schießt, direkt spürbar auswirkt.

Es ging in die letzte Woche vor dem Wettkampf und passend stiegen die Temperaturen eigentlich zum ersten Mal in diesem Sommer auf konstant an die 30 Grad. Zum Wettkampfwocheneden waren dann deutlich über 35 gemeldet. Bravo 😕 Mitte der Woche war Anmeldeschluss zum Wettkampf und Donnerstag wurden die Statlisten samt Zeitplan veröffentlicht. Die Kids zusammen in Lauf 1 direkt um 9 Uhr. Ich durfte dann um 11:30 in Lauf 6 eingreifen. Wir waren sieben Starter, vier kannte ich bereits, zwei noch nicht - dazu gleich mehr. Nach der Mittagspause ging es für die Kids direkt um

14Uhr in Lauf 9 mit der ersten Mixed-Staffelkonkurrenz los - 3 Kinderstaffeln waren es in der U11 (man wird immer in der "stärkeren" Kategorie gewertet - bis zu den Senioren also der älteren, ab den Senioren der jüngeren Wertung). In Lauf 11 um 15 Uhr war ich mit Elli auch am Start wir waren bei den Senioren insgesamt zu fünft.

Ok. Mal kurz sacken lassen. Ich kannte wie oben erwähnt bis auf zwei Konkurrenten mein Starterfeld ebenfalls bereits. Die anderen habe ich natürlich(! :)) gegoogelt und war dann ehrlicherweise etwas ernüchtert:

Hermann Arya: Kannte ich nicht, konnte ich auch nicht wirklich googeln. Scheint ein Neueinsteiger zu sein, also Kategorie "Wundertüte" die man auf dem Zettel haben sollte - ich bin als Wundertüte letztes Jahr auch gleich Dritter geworden 😌

Philipp Frik: Kenne ich von glaube ich allen meinen Laser-Run Wettkämpfen und bisher hatte ich immer die Nase vorne.

Matthias Bergner: Konnte ich googeln. Hätte ich vielleicht mal besser nicht gemacht 😌 Er hat eine sensationelle Laser-Run Zeit aus 2019 von der Fünfkampf-WM stehen und war in meinem Kopf damit Favorit auf den Sieg.

Christian Götz: War letztes Jahr bei der EM vor mir auf dem zweiten Platz.

Robin Schmidt: Ist amtierender Deutscher Meister.

Tobi Hierl: Ist mein Trainer und erstmals bei den Senioren dabei. Schießt besser als ich, hat mich bei einem Training bei mir (ca. 5*400m?) in Grund und Boden gerannt und sogar überrundet, bei einem Testlauf im Vereinstraining war es halbwegs gleich auf (aber eigentlich auch nur weil er da eine neue Waffe getestet hat glaube ich ;))

Ok. Fassen wir kurz zusammen: Vier Konkurrenten sehe ich mehr oder weniger sicher vor mir. Im ersten Augenblick war das ein "Oh, Kacke"-Moment. Der verflüchtigte sich aber recht schnell in eine "Scheiß drauf"-Einstellung. Ich hatte letztes Jahr meine Medaille gewonnen - was ich mir nie zu träumen gewagt hätte. Ich habe also nichts zu verlieren. Ich hatte gut trainiert. Ob die anderen auch so gut durch die aktuelle Zeit gekommen sind müsste man ja auch erstmal sehen. Ich fand am Ende eine gute Mischung aus Ehrgeiz, gepaart mit "keinen Erwartungen ans Ergebnis". Ich wollte für mich einfach einen guten Lauf abliefern: Besser schießen als letztes Jahr (da hatte ich im letzten Schießen 50s stehen, das sollte definitiv nicht mehr passieren), nach Möglichkeit einfach konstant abliefern und die Gesamtzeit am Ende unterbieten. Rundum glücklich wäre ich ja mit Schießzeiten unter 20 Sekunden und dann einer Gesamtzeit unter 13 Minuten. Wenn das Schießen so klappt, sollte die Gesamtzeit auch möglich sein, aber das wäre wirklich ein Traum. Naja, gut, aber: Das A-Ziel steht 😃

Bei den Staffeln war es komplizierter. Paula & Tobi sah ich als haushohe Favoriten an. Beim Rest war ich mir absolut unsicher, auch weil mir bei den Staffeln aus Wangen jeweils ein Name nichts sagte. War was drin? War nichts drin? Keine Ahnung, lassen wir uns überraschen 😃

Am Tag vor dem Wettkampf halfen wir noch beim Aufbau, danach war ein kurzes Training geplant. Schießstand und Wettkampfstrecke am Tag vorher kennenlernen ist jetzt nicht so verkehrt. Ebenso die Bedingungen vor Ort. Es war zwar spät am Abend, aber immer noch richtig heiß. Das würde ein Spaß werden morgen 😃 Im Training hielten sich die Laufanteile natürlich in Grenzen, wir schossen viel, wir schossen langsam und auf Präzision, am Ende dann noch ein Paar Runden mit "Wettkampfdruck" vom Start eine Scheibe grün schießen und ab durchs Ziel. Das Training lief super. Ich traf wirklich gut bei den Präzisionsübungen am Anfang und auch noch am Ende. Ich schaffte es nicht ganz so schnell zu schießen wie sonst, sondern den

Regler ein bisschen mehr zum sicheren Treffer zu schieben. Frohen Mutes ging's dann nach Hause (mit einem kurzen Umweg bei der Pizzeria - Abendessen und Verpflegung für den Wettkampf, beim Caterer-Metzger wäre meine Chance auf vegetarische Nahrung eher gering fürchtete ich :)) und ins Bett.

RACEDAY - MEISTERSCHAFTSDAY!

Nun war es also soweit. Endlich wieder ein Wettkampf und dann also erneut die Deutsche Meisterschaft. Das Frühstück fiel kurz aus, die Kiddies waren enorm nervös: "Papa, magst du meinen halben Muffin essen?" (1. Ja, Muffin als Wettkampffrühstück ist super 😉 2. Nein, ich bekomme sonst NIEMALS einen halben Muffin ab wenn das nicht vorher "ausgemacht" war :D) ... Wir packten das Auto gefühlt für einen Wochenendausflug und machten uns zusammen mit den Großeltern um kurz vor 8 auf zur Bertolt-Brecht-Schule. Coronabedingt waren keine Zuschauer erlaubt, da wir aber drei Teilnehmer-Innen waren, durften wir auch drei Begleitpersonen mitnehmen - passt. Chrissy (Einschießstand) und K3 waren als Helfer eingeplant und durften so rein. Wir waren kurz vor halb 8 vor Ort, am Check-In war schon eine ganz schöne Schlange, aber alles kein Problem. Wir waren rechtzeitig innen, die Kids eh schon am Parkplatz startbereit 🙂 Wir mussten nur noch die Startnummern anheften und sie konnten direkt zum Einschießen gehen. K1 musste ja einfach die 400m Runde laufen, aber K2 hatte in der U9 nur 200m pro Runde zu bewältigen. Damals bei der WM in Budapest hatten wir uns ja noch darüber gewundert (bei DM und EM letztes Jahr waren es für K1 in der U9 auch noch 400m). Die 200m Strecke war auf den ersten Blick etwas kompliziert. Vom Schießstand durch Start/Ziel, dann direkt an der Rasenkante entlang (nicht die Kurve) Richtung Gegengerade und dort in einer 180 Grad-Kurve über die Wiese zurück, direkt auf den Schießstand zu. Nachdem die Strecke einmal abgegangen war, war das aber auch kein Problem.

Kurz darauf ging es los und unsere Beiden lieferten jeweils ein sensationelles Rennen. Oli konnte den Titel verteidigen, K2 musste sich nur ganz knapp geschlagen geben und wurde 2. Fantastisch gemacht, alle beide!

Bei uns allen fuhr der Puls dann erst mal etwas runter, wir halfen hier und da wo es etwas zu helfen gab (Schießstandtische verrücken, Batterien für Pistolen verteilen ;), Chrissy betreute ja eh den Einschießstand wenn es etwas zu betreuen gab und wir schauten uns etwas entspannter die anderen Läufe an. Das tolle als "Ausrichterverein" ist ja, dass in fast jedem Lauf jemand aus dem eigenen Team startet. Und noch viel besser ist, dass alle anderen die nicht starten diejenigen anfeuern und unterstützen, die gerade laufen. Laser-Run ist zwar - eigentlich sogar in der Staffel - ein Individualsport, aber so ein Team dabei zu haben ist schon cool! Ebenfalls fantastisch ist es, wenn diejenigen, die gerade vielleicht keinen guten Tag haben und weiter hinten ins Ziel kommen trotzdem von außen noch angefeuert werden. Das hat man so auch nicht überall, zeugt aber von Sportsgeist, dass man allen den verdienten Respekt entgegenbringt. Die Distanzen klingen ja erstmal nach nicht sooo viel (im Maximum hat man 3,2km zu Laufen), aber die Distanz muss man am Limit erstmal auf die Bahn bringen - gerade bei Temperaturen über 30 Grad!

Es folgten noch einige wirklich spannende Läufe, die ich hauptsächlich vom Einschießstand unter unserem Pavillon anschaute. Ein paar Scheiben schoss ich dann auch noch bevor ich mich umzog und rund 45min vor meinem Start (ca. zwischen Lauf 4 und 5) ein kurzes WarmUp einlegte. Wirklich kurz. Ich lief zwei Runden, machte minimale Steigerungen und etwas Lauf ABC und war fertig. Es war eh so heiß, ich wollte nur die Beine etwas in Schwung bringen und gut ist. Zwischendruch griff ich immer wieder zum Getränk - wichtig bei den Temperaturen! - feuerte die anderen an und besuchte die Toilette - wichtig vor jedem Wettkampf! 😉 - und schon war es soweit, dass unser Lauf anstand. Auf der Einwärmrunde rief mir die Mama von Max noch Alles Gute zu. "1. Platz!" - Ich lachte, "naaaa, glaube nicht :)" - "doch, doch!" - "na, gut, nehm' ich schon!" und auch alle anderen an denen ich vorbei kam wünschten viel Glück. Wie gesagt: Cool, so ein Team bei einer Einzelsportart 🙂

Hier hätte ein offizielles Wettkampfbild sein sollen - leider habe ich vom Urheber keine Rückmeldung bekommen, ob ich das Bild verwenden darf. Somit musst du leider zum Blog wechseln um das Bild zu sehen :)

Beim Einschießen direkt vor dem Wettkampf hatte Tobi dann noch ein Problem mit seiner Waffe - Batterie entladen? - es löste sich kein Schuss. Wir hatten welche dabei, also gab ich ihm schnell eine, es schien aber mehr kaputt zu sein. Es deutete sich vorher schon an, dass seine Waffe bei großen Temperaturen Probleme machte. Sie landete also nochmal im Kühlschrank bevor es los ging 😉 Ich schoss noch ein paar Scheiben und lief ein paar Meter. Klappte alles ganz gut soweit, ich ging noch einmal einen Schluck trinken und die Mütze wässern um einen kühlen Kopf zu bewahren 🙂 und ich stellte mich gut gelaunt in die Startaufstellung. Nach einer kurzen Vorstellungsrunde der TeilnehmerInnen ging es dann auch ohne großes weiteres Vorgeplänkel los.

Die Meute machte sich auf zum ersten Schießen und ich mitten drin auf Schießbahn 8 neben dem amtierenden Deutschen Meister Robin Schmidt und dem Vizeeuropameister Christian Götz. Alles klar! Das erste Schießen lief eigentlich ganz gut. Ich hatte ein paar

Fehler drin, war aber nach für mich ziemlich guten 20,5 Sekunden fertig und sprintete auf die Laufstrecke. Als Fünfter. Krass. Vorne war Robin, der wie letztes Jahr wieder mit sensationellen 9 Sekunden los zog, dahinter Philipp mit 12 Sekunden Schießzeit und Matthias Bergner (15,5 Sekunden) und direkt vor mir ging Tobi raus (19,8s). Er rief ein "Waffe wechseln!" nach außen - anscheinend war irgendwas kaputt - und ich hängte mich an ihn. Nach 200m waren wir mit Matthias Bergner vorne auf den Plätzen zwei und drei, vielleicht 20 Meter hinter Robin. Ich fühlte mich läuferisch richtig gut, das Tempo war für mich absolut ok und ich beschloss nicht weiter anzugreifen, sondern erstmal hier zu bleiben. Tobi und ich setzten uns etwas von Matthias ab, dafür kam Christian Götz auf der zweiten Runde zu uns und wir kamen im Dreierpack vielleicht zehn Meter hinter Robin zum Schießstand.

Das zweite Schießen lief nochmal besser wie das erste. Gerade mal 15,3 Sekunden brauchte ich - mein bestes Wettkampfschießen bisher. Robin war zwar mit 13,5s einen Tick schneller, jedoch setzte ich mich von Tobi (24,8), Christian (36,5) und Matthias (26,8) ab. Jetzt begann im Kopf kurz das Nachdenken. Erstmal raus auf die Strecke. Auf den ersten gut 200m schloss ich zu Robin auf, entschied mich kurzfristig direkt in der Kurve vorbei zu gehen zu gehen und nicht bis zur Geraden zu warten nur um vielleicht 5 Meter Strecke zu sparen.

Mittlerweile weiß ich, dass so ein Rennen auch viel im Kopf stattfindet und nicht nur in den Beinen. In der Kurve überholen könnte somit "stark" wirken - den Effekt kann man ruhig mal versuchen mitzunehmen. Und andererseits hat sich bei mir im Kopf, als ich so auf Robin auflief, der Gedanke festgesetzt wie geil es doch wäre in einem Rennen um die Deutsche Meisterschaft in Führung zu liegen?! Und wenn es nur bis zum nächsten Schießen oder noch kürzer wäre, wollte ich das mitnehmen. Was hinter mir passiert wusste ich nicht wirklich - oben stehen zwar die Zeiten der anderen, im Rennen habe ich das aber natürlich nicht mitbekommen. Ich rannte also weiter, fühlte mich immer noch stark. Mir war egal was hinter mir passierte, wollte mein Ding machen. Die Runde lief gut.

Ich fokussierte mich - wie schon im Abschnitt vorher - nach der letzten Kurve auf das Schießen. Augenklappe runter. Rüber Richtung Schießstand. Tempo etwas raus. Waffe nehmen. Durchatmen.   Zielen. Schießen. 15,5 Sekunden. Fertig. Wahnsinn.

Vorletztes Schießen

Ich bin glaube ich bin bereits wieder raus, da war der nächste noch nicht im Schießstand drin. Ich zog gleich wieder an, lief konstant mein Tempo wie davor auch weiter. Nach der Kurve blickte ich erstmals rüber Richtung Schießstand, erkannte aber nichts. Bringt nix. Einfach weiter machen. So laufen wie bisher, dachte ich, da kommt heute wahrscheinlich niemand ran und genau so zog ich die beiden Runden durch. In der letzten Kurve kam mir dann der Gedanke: "Jetzt zählt's, jetzt kannst du nur noch verlieren". "Scheiß Gedanke" dachte ich direkt im Anschluss und versuchte wieder einfach an's Schießen und den Ablauf an sich zu denken.

Ruhig bleiben, Zeit lassen. Augenklappe runter. Rein in den Schießstand. Waffe nehmen. Durchatmen. Zielen. Schießen. Bei den Treffern hörte ich im Hintergrund glaube ich Max wie er jubelte, sonst war ich total im Tunnel wie noch nie vorher in einem Wettkampf. 16,1 Sekunden. Fertig. Los rennen, Faust ballen. Ich war mir sicher: das war's! Trotzdem gab ich auf der Laufstrecke natürlich auch nochmal alles, vielleicht habe ich was nicht mitbekommen und weiß der Geier. Am Ende will man sich ja nicht vorwerfen man schmeißt den Sieg weg weil man einfach irgendwas verpeilt hat. Diesmal habe ich nach der zweiten Kurve erstmals einen Blick nach hinten geworfen. Ich hatte mindestens 200m Vorsprung. Das wurde mir glaube ich auch von außen rein gerufen. Egal, weiter so, nichts ändern, einfach rennen. Letzte Runde. Letzte Kurve. Zielgerade, Arme hoch. Strahlen wie ein Honigkuchenpferd. Über die Ziellinie hüpfen. Deutscher Meister. DEUTSCHER MEISTER!!!

DEUTSCHER MEISTER!

Dieser Wettkampf lief von Anfang bis Ende sooo gut! Ich war beim Schießen fokussiert wie nie, kam beim Laufen mit den Bedingungen gut klar und konnte von Anfang bis Ende durchziehen. 12:44,2 war die Zeit am Ende. Ein perfektes Rennen. Ich weiß aber nicht warum 🙂 Das letzte Training mit dem Fokus auf die Präzision hat den letzten Schalter umgelegt es einen Tick langsamer angehen zu lassen. Dass ich davor bestenfalls mit Platz 5 gerechnet hatte (und auch beim ersten Schießen da lag) nahm mir sämtlichen Druck. Das Training schien dann auch ganz gut gelaufen zu sein und der Wettkampf an sich spielte mir in seiner Dynamik voll in die Karten. Wahnsinn. (Den Track zum Lauf gibt's hier bei runalyze)

Nach mir kam Tobi ins Ziel, kurz darauf gefolgt von Christian Götz und wiederum kurz danach Robin Schmidt. Matthias, Philipp und Hermann kamen danach rein.

Bei den Frauen hatte Elli einen schweren Wettkampf. Sie war eh noch nicht lange im Training, schoss da für die Staffel immer mit meiner Pistole und musste jetzt natürlich auf eine Leihwaffe ausweichen. Entsprechend hatte sie 4 mal 50s Sekunden stehen und beendete den Lauf auf dem vierten Platz. Ich hoffte mal, dass das nicht zu frustrierend war für die Staffel später 🙂

Entspannt und strahlend beobachteten wir dann noch die letzten Läufe vor der Mittagspause. Vom Caterer fand ich doch noch was zu Essen: Krautsalatsemmel wird der neue heiße Scheiß sag' ich euch! ... und schon waren wir wieder in der direkten Wettkampfvorbereitung. Nächster Lauf: Staffeln der U11! Drei Staffeln vom TSV Katzwang, drei Geschwisterstaffeln. Was für ein Setting! 🙂 Dazu starteten in getrennter Wertung noch zwei Staffeln in der U13. Ab die Post und die Mädels starteten (in der Staffel immer als erste).

Ein perfekter Tag für die Kinder, aber ich durfte nach einem Lauf Pause ja auch nochmal ran! Irgendwie kam das jetzt sehr schnell... ich wollte das WarmUp-Programm vom Einzel genau so nachstellen. Also kurz einlaufen, bisschen Lauf-ABC, ein paar Scheiben einschießen - das klappte gefühlt nicht mehr ganz so gut wie vorhin - den Lauf vorher anschauen, und dann war es schon soweit. Ich rechnete mir ja mittlerweile insgeheim Chancen auf Platz 3 aus, je nachdem wie Elli durch das Schießen kommt. Das sagte ich ihr natürlich nicht um keinen Druck aufzubauen 🙂 Wir platzierten uns alle mit gutem Blick zum Schießstand. Jeder muss in der Staffel 2 mal Schießen und danach 800m laufen. Der Startschuss fiel, Elli legte los. Und wie! 17,0 Sekunden. Beste Schießzeit der ersten Runde! Zwar dicht gefolgt von allen anderen (24s war die "langsamste" Zeit), aber was soll's? Hiermit waren wir absolut im Rennen! Dass es heiß war hatte ich ja schon erwähnt, aber jetzt auf die 800m zu gehen war für alle nochmal merklich anstrengender als vormittags. Das Feld blieb vorne recht dicht zusammen über die beiden Runden und das zweite Schießen stand an. Diesmal lief es leider wieder nicht gut. Nach 40 Sekunden wollte Elli fast schon los, hatte aber noch nicht alles getroffen - wir schrien sie von außen zurück, nur nicht zu früh vom Schießstand weg. Nach 50s ging's wieder los, zwei andere Staffeln hatten mit 33,6 bzw. 38,7 Sekunden auch deutlich mehr Probleme als im ersten Durchgang. Tobis Partnerin Paula ging souverän vorne raus, die letzte Staffel schoss zwar mit 22,6s wieder sehr gut, hatte aber von der Laufrunde Rückstand. Ich rief Elli noch ein "SCHEIß EGAL, RENN'!" hinterher und machte mich bereit für meinen Einsatz. Erst kurz zum Pavillon - ihr wisst schon, Cap wässern 😉 - und dann in die Wechselzone. Da drin warten obwohl man eigentlich los will ist furchtbar, aber das geht wohl allen so. Elli kam mit etwas Rückstand auf der vierten Position rein, aber die Medaillenränge waren auf jeden Fall möglich.

Pierre war mit dem Schießen halb fertig, als ich in den Schießstand rein kam, insgesamt brauchte er nur 13,1 Sekunden. Vor mir war noch Hermann - er schoss knappe 30 Sekunden und ging vor mir raus. Ich schoss nicht mehr ganz so gut wie am Ende der Einzelwettkampfs, aber immer noch ordentliche 22,3 Sekunden. Alles oder nichts jetzt - gefühlt rannte ich genauso los wie K1 bei seiner Staffel nach seinem ersten Schießen. Ich schloss nach und nach die Lücke nach vorne und kam zum zweiten Schießen in Schlagdistanz zu Hermann. Zu Pierre und vor allem Tobi war die Lücke aber schon arg groß. Letztes Schießen des Tages also.

Tobi rannte weg als ich ankam, aber die anderen beiden waren noch da. Also Risiko ... Leider etwas zu viel Risiko. Es war zwar nicht katastrophal, aber mit 24,3 das schlechteste Schießen des Tages für mich. Dennoch konnte ich Hermann beim Schießen überholen und auf Pierre Zeit gut machen, nur Tobi war vorne bereits auf und davon. Pierre war aber vor mir in Schlagdistanz und ich zog glaube ich auf der ersten Laufrunde an ihm vorbei. Nach vorne versuchte ich es nochmal, aber Tobi war einfach zu weit weg. Egal. Ein fantastischer zweiter Platz in der Staffel - auch damit hatte ich vorher null gerechnet. Yeah! 🙂

Was für ein perfekter Tag! Es folgten noch ein paar Staffeln, der Platzwart vom Sportgelände hat zwischendurch die riesigen Wassersprenger vom Fußballplatz angestellt und so ziemlich alle hatten einen richtig, richtig guten Tag 🙂

Danach kam noch ein letztes Highlight. Die Siegerehrung - ein Highlight für K3! K3? Ja, K3. Wie Anfangs erwähnt war sie ebenfalls zum Helfen eingeplant und nun war sie dran. Sie durfte die Medaillen auf einem Tablett tragen und die drei Erstplatzierten durften sie sich dann - Corona-kontaktlos - vom Tablett nehmen. Das Siegerpodest wurde - um den Sicherheitsabstand einzuhalten kurzerhand aus drei mit Abstand aufgebauten Biertischtürmen gebaut.

Nach der Siegerehrung brachen dann die meisten auf, wir halfen noch kurz beim Abbau und machten uns nach einem anstrengenden Tag glücklich aber geschafft auf den Heimweg. Die Kiddies fielen ins Bett, Oma wurde noch Aufpasserin engagiert und wir ließen den Abend auf der Hierl'schen Helferparty ausklingen!

Zu Guter Letzt möchte ich mal wieder ganz viel Danke sagen!

Danke an "alle Hierl's" die unser Training, das Event und alles drum herum auf die Beine gestellt haben!

Danke an's "Team TSV Katzwang" für die allseits gute Laune - so macht Training und Wettkampf gleich noch mehr Spaß!

Danke an Elli für's Teilnehmen in der Staffel!

Und an K3, die (fast) ohne Murren und Knurren am Sportplatz mit herum turnt während wir beim Training sind 🙂

2020 II

That's it. Deutscher Meister in der „Hauptklasse" einer amtlich anerkannten Sportart. Es ist und bleibt absurd und ich bin mir immer noch nicht sicher, ob ich es schon so wirklich realisiert habe. Ich kann jetzt zu 99,99% sicher behaupten: erfolgreicher wird's sportlich nicht mehr! Ich hatte zuerst „besser" geschrieben, aber da bin ich mir nicht zu 99,99% sicher, denn „gut" definiere ich wie schon öfter erwähnt auch heute nicht nach dem Erfolg. Es war eine unfassbare Reise bis hier hin, aber die Reise ist noch nicht zu Ende und ich bin froh, dass ich auch jetzt schon sagen kann, dass es weitergehen wird und nur weil es vielleicht nie mehr so erfolgreich sein wird, wird es trotzdem gut werden! Ich versuche weiterhin mein Bestes zu geben, egal bei was. Wenn ich das schaffe, dann bin ich glücklich!

Ein paar neue Ziele konnte ich mir seitdem setzen. Es dauert zwar manchmal, bis eines am Horizont auftaucht und sich klar kristallisiert, aber seit der DM sind noch ein paar Sachen passiert - ein paar „kleinere Meister-schaften" (wie das klingt!) konnten im Laser-Run wirklich noch stattfinden (Hessische, Bayrische), aber sogar mit den „virtuellen" Rennen als Ersatz für die vielen ausgefallenen normalen Laufveranstaltungen wurde ich glücklich. Dazu kamen dann noch mehr oder weniger ungeplante Aktionen. Ich wollte mal austesten, was leistungstechnisch gerade so möglich war und konnte neue Bestzeiten über 5km und den Halbmarathon aufstellen. Ich konnte die Mädels und Oli auf Läufen begleiten, damit sie sich Laufmedaillen, bzw. sogar einen Pokal erlaufen konnten.

Bestzeiten und eigene Leistungen sind schön, aber die Kinder zu Läufen begleiten und sie einfach auf ihrem Weg zu begleiten ist mindestens genauso gut!

Zu einer weiteren Stufe auf meinem eigenen Weg entwickelte sich der Januar 2021. Bei den furchtbarsten Bedingungen wurde eine Laufchallenge unserer Fünfkampfgruppe ins Leben gerufen, die allen eine Motivation gebracht hat, die sich vorher so glaube ich niemand auch nur im Ansatz hätte vorstellen können. Ganz persönlich bin ich dadurch in eine neue Laufdimension vorgestoßen, indem ich im Januar kontinuierlich 100km und mehr pro Woche gelaufen bin. Dadurch, dass zeitgleich (aber noch 6 Wochen länger) der virtuelle Winterwaldlauf stattfand, habe ich das Ganze weiter geführt und durch diese 10 Wochen die Grundlage für mein vorerst letztes Highlight, eine weitere eingerissene Mauer, gelegt, von der ich zum Schluss noch erzählen möchte.

Lifegoals

Veröffentlicht am *2. April 2021*

Es ist wieder ein viertel Jahr vergangen, es ist wieder nichts geschrieben worden, aber es ist dennoch einiges passiert. Bis heute aber nichts so individuell spektakuläres, dass es sich "gelohnt" hätte dafür einen neuen Eintrag zu schreiben. Bis heute. ... Aber von vorne!

Ich zitiere einfach mal den letzten Absatz aus dem letzten Beitrag:

Wie geht's weiter? Ich habe ehrlich gesagt keine Ahnung. Ich hoffe sehr, dass es im Sommer wieder Laser-Run Wettkämpfe geben kann. Außerdem schenkt mir die Fünfkampf Challenge ja gerade förmlich die Umfänge, die ich für einen guten Marathon nur brauchen kann. Noch etwas mehr noch längere Einheiten (dafür vielleicht mal wieder Ruhetage ;)) und noch etwas mehr Marathontempo und ich denke das ist eine sehr ordentliche Vorbereitung. So wirklich strukturiert habe ich noch nie trainiert und ich werde mein Marathonziel auch mit "meinem Weg" angehen und schaffen, davon bin ich überzeugt. Tendenziell gehe ich dazu im Frühjahr einfach wieder auf die Bahn und fertig. Einen Wettkampf sehe ich so schnell einfach nicht kommen. Alles Weitere wird man sehen. Da voraussichtlich so schnell nichts mehr hier erscheinen wird schreib' ich vielleicht ein Buch oder so. "From Zero to Deutscher Meister" wäre doch ein passender Titel, oder? 😉

Die Fünfkampfchallenge ist bis zum Ende hin durcheskaliert. Im Endergebnis für den Januar hatte ich (Gruppe 1) offiziell 291,2km stehen. Bedenkt man, dass da nur jeder Kilometer als 500m gewertet wurden, ergeben sich absurde 592,4km für den Januar! Verrückt! Davon angestachelt erweiterte ich den zeitlichen Rahmen der Challenge einfach - denn ich war ja parallel zum Winterwaldlauf angemeldet und dieser ging bis zum 14. März, dem eigentlichen Tag der Veranstaltung, die natürlich leider abgesagt werden musste. Die Regeln waren ähnlich. Hier liefen alle individuell für sich, jeder Kilometer zählte, aber ALLE Kilometer. Also auch Gehen (was ich ab und zu getrackt habe), als auch die "Alltagskilometer". Die habe ich für meinen Teil nicht gewertet, also nicht eingereicht und wurde dadurch am Ende trotzdem noch 14. (bzw. 11. unter den männlichen Teilnehmern). 1652km in 3 Monaten. Cool oder? 🙂 Eher beiläufig schloss ich dadurch auch noch die virtuelle "Appalachian Trail" Challenge ab. Für die 3167km habe ich am Ende 269 Tage gebraucht - also fast 100 weniger als das grob geschätzte Jahr mit dem ich mich registriert habe. Über die Medaille habe ich mich dann auch sehr gefreut!

So, aber zurück zum letzten Blogeintrag! Ich habe ja vor mich hin gedacht und geschrieben:

"Außerdem schenkt mir die Fünfkampf Challenge ja gerade förmlich die Umfänge, die ich für einen guten Marathon nur brauchen kann".

Auch wenn ich das mit den ebenfalls geplanten Läufen in Marathontempo kaum geschafft habe mit einzubauen stand irgendwann im März in meinem Kopf der Plan fest: ja, das mache ich. Ja, das klappt. Und: Ja, das wird genau mit "meinem Style" passieren. Wie ihr, wenn ihr regelmäßig in meinen Blog stolpert, sicherlich mitbekommen habt trainiere ich viel, aber weit entfernt von einem "groß durchdachten Plan" wie man ihn in Lehrbüchern findet. Ich lese viel in Sachen Trainingslehre herum, interessiere mich dafür, wie das "strukturiert" ablaufen könnte. Ich hatte schon öfter mal mit dem Gedanken gespielt mir einen Trainer zu holen - in meiner Sport TL fielen mir da schon ein paar Leute ein, die ich ansprechen könnte, aber ich bin immer wieder zu dem Schluss gekommen: Das passt nicht zu mir. Zumindest momentan nicht. Ich laufe in der Regel vor der Arbeit - zeitlich absolut kompatibel zur örtlichen Ausgangssperre bis 5 Uhr 😳 - da geht kein strukturiertes Training. Intervalle in der Dunkelheit kurz nach dem Aufstehen? Geh mir weg! Das kann ich ab und zu mal einbauen, aber nicht in der Regelmäßigkeit mit

Tempoläufen oder sonstigen Späßen. Also macht man aus der Not eine Tugend: im letzten halben Jahr habe ich sehr drauf geachtet das läuferische wirklich auf die Grundlagenausdauer zu fokussieren. Ich habe mich in der Zeit von +/- 5:10min/km auf +/- 4:45min/km bei gleich niedriger Herzfrequenz herunter gearbeitet. Da kam dann irgendwann auch der Moment, der mit die mentale Sicherheit gegeben hat, dass ich bereit bin das durchzuziehen!

Neben vereinzelten Tempoläufen, es waren wirklich nicht so viele, bin ich nebenbei viel Rad gefahren. Auf Zwift, teilweise alleine, aber auch mit Chrissy und K1 neben mir. Und da das zeitlich dann auch öfter mal so lag, dass der Körper gerne auch höhere Belastungen vertragen hat, nutzte ich die Gelegenheit auch mal ins Intensive zu gehen. Lange anstrengende Berge, kurze, knackige Rennen, länger an Schwelle, oder auch hier einfach mal "beinschonende" Ausdauer. Der Mix tat mir gut und ich hatte keine Zweifel, dass der Weg so irgendwie nicht klappen könnte. Nach dem Winterwaldlauf war ich kurz unschlüssig, wann ich das Ganze denn in Angriff nehmen würde. Ich weiß nicht mehr wirklich warum, am Ende lief es relativ kurzfristig auf das Osterwochenende hinaus. Es war nicht mehr so arsch kalt in der Früh, leider durch die Zeitumstellung aber auch nicht mehr so hell und in der Woche vorher war absehbar, dass es trocken sein dürfte. Mein Wunschort war von vornherein klar: Ich gehe auf die Laufbahn. Ja. Marathon auf der Laufbahn - ich wollte weder Stress mit der Strecke haben, noch mit der Verpflegung (was nehme ich mit?/ wie viel nehme ich mit? /verstaue ich irgendwas irgendwo?). Kreiseln auf der Bahn macht mir tatsächlich Spaß und zusätzlich kann ich mich ja beschallen lassen. Kein Ding also.

Die Osterwoche war dann auch für sich genommen spannend. Zum einen wollte ich noch einen letzten Test auf der Bahn machen und zwei Dinge versuchen:

- Wie fühlt sich "gut schnelles" Tempo an? Also habe ich am Mittwoch 2*5km mit 1km Pause in genau diesem Tempo auf der Bahn absolviert, den letzten dann nochmal schneller um zu sehen, ob das Gefühl auch passte. Ergebnis: 4:10/km, Perfekt. Aber im Nachhinein betrachtet 2 Tage vor dem Marathon auch irgendwie bescheuert. Nun gut.

- Funktioniert der Track Mode meiner neuen Uhr? Mit de Alten hatte ich größere Probleme mit der GPS Genauigkeit auf der Bahn. Irgendwann habe ich auch immer kognitive Probleme auf der Bahn. Also wollte ich eine Uhr mit Track Mode, der die Runden sicher erkennt und die Strecke, sowie die Pace entsprechen sauber anzeigt. Das hat 1a funktioniert!

(Wer jetzt mitgerechnet hat kann sich anhand der 4:10 jetzt auch denken was denn eigentlich das Ziel für der Marathon war: 2:59:59 oder schneller sollte es sein!)

Außerdem war es für die letzte Woche der direkten Vorbereitung vielleicht nicht sooo gut, vielleicht aber auch irrelevant? Ich weiß es nicht: Auf jeden Fall startete Zwift die Tour de Watopia. Doppelte XP pro KM. Das eskalierte etwas unter der Woche und ich bin die Etappe 6 mal gefahren. Jeweils 30+km, am Dienstag sogar 100. Ja gut... Gegen Ende zumindest entsprechend langsamer und die Laufkilometer hatte ich ansonsten auch stark reduziert, aber unter uns: Tapering aus dem Lehrbuch sieht glaube ich etwas anders aus 😉 Aber hey, ich sagte ja bereits, dass ich hier meinen eigenen Weg gehe und nicht den, der in irgendwelchen Büchern steht!

Einen Punkt der Vorbereitung habe ich aber gewissenhaft umgesetzt: Das Carboloading. HA! Immerhin das kann ich! 😃

RACEDAY

Karfreitag. Feiertag. Der Tag, an dem man in Bayern keinen Spaß haben darf. Den starte ich um 4:45Uhr, für einen Lauf gegen mich selbst, auf einer Laufbahn, auf der momentan eigentlich kein Sportbetrieb stattfindet... Ich zog mir also mein Rennoutfit an, mischte mein Pulver in die Trinkflaschen, packte alles mit der sonstigen Verpflegung (Details am Ende, falls es wen interessiert) in einen Karton und machte mich auf. Mit dem Auto zum Sportplatz, ich dachte, das wäre vielleicht für den Rückweg dann nicht verkehrt. Dort angekommen habe ich erstmal gemerkt, dass ich keine Lauflampe dabei hatte. Kurz vor halb 6 ist es doch noch etwas dunkel, aber der Mond (trotz Wolken) und die Straßenlaternen machten die Umgebung hell genug um die Laufbahn-runde problemlos zu erkennen. Ich legte mir alles bereit, ging die Gerade nochmal ab, da im "regulären Sport-betrieb" hier - warum auch immer - Ketten über die Bahn gespannt sind, in die ich nicht unbedingt rein rennen wollte... Um kurz nach 5:30Uhr drückte ich bei meiner Uhr auf Start und ab ging die wilde Rennerei im Kreis!

Jetzt könnte man ja meinen 42,195km auf der 400m Bahn, also 105,5 Runden sind eine ziemlich langweilige Geschichte. Mag sein, aber ich habe auch im Winter Kilian Jornet dabei zu gesehen wie er auf einer verschneiten 400m Bahn in Norwegen versucht hat den Weltrekord im 24h-Lauf aufzustellen und fand das ganz spannend... Vielleicht bin ich auch einfach nur bekloppt 😉 Zurück zu mir nach Katzwang: Der erste Kilometer war etwas flott mit 3:55min. Die folgenden sechs pendelten irgendwo um die 4:10min - mal ein paar Sekunden darunter, mal ein paar Sekunden darüber. Alles voll im grünen Bereich und etwas schneller als geplant - ein kleiner Puffer schadet ja nie 🙂 Ich nahm das erste mal was zu futtern und eine Trinkflasche mit auf die Runde (ToDo für's nächste Mal: Biertisch hin tragen. Vom Boden aufheben ist Mist! ;)) und zog weiter meine Kreise.

Ich wurde minimal langsamer und mir fiel etwas auf. Pro Kilometer läuft man ja 2,5 Runden. D.h. Gerade in eine Richtung drei Mal, in die andere zwei Mal und halt die Kurven dazwischen. Das Wetter war heute so, dass der Wind nicht stramm, aber doch spürbar aus Norden kam, also immer frontal/in den Rücken, je nachdem, auf welcher Gerade ich war. Das musste ich erstmal während des Laufens erst mal verstehen, aber es zeigte sich eindeutig in den Kilometersplits. Ich lief wie ein Uhrwerk: die Kilometer mit drei Geraden Gegenwind in ca. 4:20 Minuten, die mit drei Geraden Rückenwind in ca. 4:10 Minuten. Dieses Tempo - im Schnitt ungefähr 4:15min/km - konnte ich konstant bis Kilometer 26 abspulen. Danach wurde es nicht nur gefühlt etwas schwerer. Bis Kilometer 34 wechselten die Kilometer-zeiten von 4:15 zu 4:30 und wieder zurück... Im Schnitt 4:22, noch ok, aber ich war mir nicht im Klaren, ob das am Ende reichen würde. Körperlich war es mittlerweile natürlich schon anstrengend, aber im Großen und Ganzen ok.

Ich nahm mich mental bewusst zusammen: "Jetzt bist du so weit, zeitlich voll im Soll - zieh's durch!" - und das tat ich auch. Ab 10km Rest war ich sogar noch in der Lage die Zielzeit hochzurechnen, bzw. den Puffer, den ich zu den drei Stunden noch hatte. Glaube ich zumindest ☺ Es müssten an der Stelle so 1-2 Minuten gewesen sein und von hier an war es ein mentaler Kampf. Aber ein mentaler Kampf, bei dem ich mir an der Stelle sicher war, dass ich ihn gewinne, wenn der Körper nicht noch aus irgendeinem "dummen" Grund schlapp macht. Ich schnappte mir hier ein letztes Mal die Trinkflasche, aß nochmal was und war im Kopf auf "letzter Abschnitt" eingestellt. Kilometer 35: 4:11, Kilometer 36: 4:22, Kilometer 37: 4:10. Ich war wieder in meinem Rhythmus, die Sonne spitzte langsam über die Bäume neben dem Sportplatz und ich feierte innerlich jede einzelne der Zwischenzeiten.

5,2km to go. 5er geht immer! Aber mein Lauf war nicht mehr wirklich rund - irgendwas war im rechten Bein nicht mehr so ganz in Ordnung. Aber gut, wenn man so ein Ziel erreichen will muss es irgendwann auch weh tun, oder? Alles oder nichts und durchbeißen: 22,5 Minuten noch bis zur 3 Stunden Marke und 5,2km Reststrecke. Also Tempo halten und alles ist perfekt! 4:28, 4:17, 4:20. 9,5 Minuten für zwei Kilometer. Das muss sich ausgehen! Es ging sich aus! Nach 2:59:26 hatte ich 42,2 Kilometer auf der Uhr, aber vergessen zu Stoppen. Das machte ich nach exakt 3 Stunden und 42,37km.

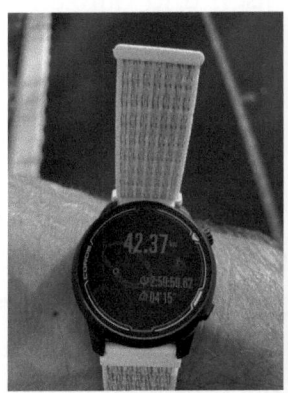

Ich war kaputt, aber ich hatte es geschafft. YEAH!!! Ein Marathon unter 3 Stunden. Ein irgendwo in mir verstecktes lifegoal abgehakt. Geil!

Hätte mir vor nicht allzu langer Zeit jemand vorhergesagt, dass ich die 3h im Marathon knacke hätte ich das nicht geglaubt. Es haben sogar Leute gemacht und ich habe ihnen das nicht geglaubt 😉 Aber der mega umfangreiche Winter hat mir das Vertrauen gegeben, dass es doch möglich ist. Ich war vom Kopf her so am

Start, dass ich jetzt die 3h knacken werde. Nicht *versuchen* werde sie zu knacken. Es stand einfach fest. Das lässt sich im Nachhinein natürlich einfach schreiben, aber ich glaube wirklich, dass genau das der Grund war, warum ich sowohl die "Probleme" zwischen KM 27 und 34 so einfach überwinden konnte und auch die auftretenden körperlichen Schwächen gegen Ende gut wegignorieren konnte. So "spannend" hätte es jetzt nicht unbedingt sein müssen, aber im Großen und Ganzen lief das alles nahezu perfekt!!

Post-Race

Danach war ich auf der Bahn stehend k.o. ich schlurfte die halbe Runde zurück zum Start, versuchte mich elegant hinzusetzen, fiel dabei aber mehr auf den Rasen, genoss die Sonne und trank erstmal noch langsam eine Flasche Iso. Eine Cliffbar legte ich nach einmal minimal rein beißen wieder weg, die wäre mir sonst glaube ich in dem Moment direkt wieder hoch gekommen 😌 Kurz darauf schmiss ich meine Sachen in den Karton, watschelte Richtung Auto und war einfach nur froh, dass es rum war. Daheim angekommen quälte ich mich wieder aus dem Auto raus - gut, dass ich es dabei hatte! -, lies mich kurz feiern 🙂 und verschwand erstmal in der Badewanne!

Da es viele interessiert: mein "Setup" – es war sehr simpel:

Bekleidung - von oben nach unten:
* Stirnband (Challenge Roth ;))
* Kurzarm Baselayer (adidas) + Langarm Baselayer (Odlo) + Laufjacke (Kalenji)
* Lange Lauftights (Kalenji)
* Kompressionssocken (Karrimor)
* Zoom Pegasus 37 (Nike)

Verpflegung:
* 0,7l Flasche Wasser + Tailwind Nutrition (Mandarine + Orange); (zwei weitere 0,5l Flaschen dabei, aber nicht während des Laufs benutzt)
* 4 "Gummibärenriegel" (Decathlon Aponia); (in der Jacke, drei davon während des Laufs gegessen
* 2 Cliff Bars (nicht benutzt)

That's it. Ich muss dazu sagen: ich laufe seit langer Zeit nahezu alles direkt in der Früh nach dem Aufstehen, nüchtern. Bis zu 30km problemlos ohne Verpflegung unterwegs. Deswegen brauche ich nicht so viel – ich wollte nur auf Nummer sicher gehen und hab lieber etwas mehr dabei gehabt und das auch genommen. Der Plan war alle 7-10km (also 3 bis 4 mal) etwas zu mir zu nehmen, das hat gut funktioniert!

Ansonsten lief alles wie geschrieben erschreckend gut. Mir tut das rechte Bein ein bisschen weh, ich bin schlapp (der Tag ist seeeeeeeehr lange, wenn man um halb 9 am Morgen mit dem Marathon fertig ist ;)), ich habe etwas Kopfweh, aber das ist alles absolut im Rahmen des erwarteten. Die Entscheidung auf die Bahn zu gehen war perfekt für mich: Null Gedanken um die Strecke, durch den Track-Mode auf der Uhr konnte ich mich absolut auf die angezeigte Pace verlassen und ich hatte alle 400m einen VP ☺ Sollte ich sowas aber irgendwann nochmal machen muss ich mir einen Tisch für die Verpflegung hinstellen. Das Aufheben der Flaschen vom Boden ist spätestens nach 15km kein Spaß mehr - das Abstellen quasi unmöglich ☺

Ansonsten war es für mich super, dass das eine Aktion war, von der vorher eigentlich niemand wusste - das nahm mir total den Druck raus - klappt's ist es perfekt, wenn nicht: auch nicht schlimm. Es hat geklappt, es hat mir bestätigt, dass meine "alternative Herangehensweise" funktioniert und dass mich mein Kopf nicht getäuscht hat, als er mir das Signal gegeben hat: "Tu es, du bist so weit!"

Und jetzt? Tja, jetzt erstmal sportlich voller Fokus auf den Laser-Run und die kurzen Distanzen. Wie jede(r) nach jedem Marathon habe auch ich die Nase erstmal wieder voll und ehrlich gesagt auch kein Ziel in der Richtung. Zeit verbessern reizt mich gerade überhaupt nicht.

Aber vielleicht mache ich ja nebenbei mal was ganz anderes. Ich zitiere auch hier nochmal den letzten Beitrag: *"Da voraussichtlich so schnell nichts mehr hier erscheinen wird schreib' ich vielleicht ein Buch oder so."* ... Warum eigentlich nicht?! 😊

Epilog

Und da wären wir. Ein letztes Ziel ist eingerissen. Aktuell ist außerhalb vom Laser-Run kein konkret Neues da, aber der #earlybird gibt mir gerade so viel - die Welt zeigt sich gerade wieder von ihrer schönsten Seite!

Laufwettkämpfe finden zwar immer noch keine statt, aber auf jeden Fall im Laser-Run geht 2021 wieder etwas - DM calling! :) Die WM findet gerade in Kairo statt, aber darauf verzichte ich freiwillig. Das hätte mir vor Monaten mal jemand erzählen sollen! Genauso werde ich stand Heute nicht zu einer EM nach Spanien fahren, wenn sie denn stattfindet. Wie es sportlich sonst weiter geht? Wird man sehen. Time will tell. Aber es wird gut!

Falls du bis hierhin gekommen bist, möchte ich noch ein paar Worte loswerden:

Danke für's Lesen! Ich hoffe, du hattest ein wenig Spaß, die Reise bis hier hin nachzuvollziehen und mitzuerleben. Ich habe, wie im Vorwort geschrieben, keine Ahnung, ob das irgendwen interessiert. Falls es dir gefallen hat - oder auch nicht - schreib mir doch eine kurze Mail oder kommentiere auf meiner Webseite. Oder lass ne Nachricht über Social Media da. Egal.

Vielleicht hast du ja auch für dich irgendwas aus dem Buch hier mitnehmen können. Für mich sind - und auch das ist hoffentlich im Buch heraus gekommen - ein paar Dinge enorm wichtig. Meine „Lifehacks in a nutshell" sozusagen:

1. Das A und O ist: Hab Spaß bei dem was du machst! Wenn du Spaß am Sport hast, dann hast du auch die Motivation in dir eigene Grenzen zu verschieben und du findest für alle Hürden eine Lösung!

2. Mache dir klar, was du willst. Sei dir aber auch bewusst, was möglich ist und was (momentan) einfach nicht geht. Ziele sind wichtig, aber sie müssen realistisch sein, sonst frustrieren sie dich.

3. Vergleiche dich nicht mit anderen. Du hast keinen Einfluss darauf was andere können und was nicht. Was du beeinflussen kannst bist du selbst und dein Training. Vergleiche dich also wenn überhaupt mit dir selbst.

4. Mache dir keinen Druck. Für so gut wie alle von uns gilt: Niemand erwartet etwas von einem. Nur man selbst setzt sich unter Druck! Aber ein klarer Kopf ist die Grundlage für alles. Dinge passieren - gerade im Ausdauersport - durch Lockerheit, Geduld und Konstanz.

5. Erzwinge nichts. Ähnlich wie die beiden vorherigen Punkte, aber diesmal auf dein Umfeld bezogen. Wenn du Single bist: spring weiter zu 6. Wenn nicht: ich will grundsätzlich nach dem Motto „gehe Anderen möglichst wenig auf den Sack" leben. Übertragen bedeutet das: integriere den Sport so, dass er dein Familien-/Beziehungsleben nicht belastet. Geht zum Beispiel zusammen raus! Geht nicht? Dann findet Lösungen, wie der Zeitbedarf für alle Beteiligten untergebracht werden kann!

6. Sei offen für Neues! Ohne die Zufälle, aber auch die Offenheit dafür, wäre ich zum Beispiel nie zum Laser-Run gekommen und du hättest dieses fantastische Buch nie lesen können ;) Aber auch den Mammut-

marsch hätte ich nie erlebt, wenn ich gesagt hätte: „ich bin Läufer, ich GEHE doch keine 100km!"

7. Genieße einfach den Sport. Gerade in der momentanen Zeit ist es ein unglaubliches Privileg einfach rausgehen und durch die Gegend rennen zu können!

Mir ist bewusst, dass ich sehr viel Glück hatte und habe. Die Wenigsten werden in die Position kommen an (inter)nationalen Meisterschaften teilzunehmen und da auch noch etwas zu gewinnen. Aber: Das ist am Ende nicht entscheidend!

Ich war mit dem Laufen auch glücklich, als ich Laser-Run noch nicht kannte.

Ich war mit dem Laufen auch glücklich, als ich noch keinen Lauf gewonnen hatte.

Wenn ich mir eine Sache wünschen darf, die du aus diesem Buch mitnimmst, dann das: Such dir das, was dich glücklich macht und tu es! Oder um es mit Farin Urlaub zu sagen:

Vielleicht wirst du's begreifen, irgendwann
Und wenn's so weit ist, bitte denk daran:
Glück ist zerbrechlich, fass es vorsichtig an
Wie Porzellan

…

Glück gibt es überall, bestimmt auch hier - es liegt an dir

Porzellan - Farin Urlaub (Youtube)

Ansonsten hoffe ich nur noch, dass das vielleicht wichtigste Ziel in meinem Leben ähnlich gut klappt wie es bisher funktioniert. Ich möchte für meine Kids ein gutes Vorbild sein. Sportlich, ich hoffe auch menschlich. Bisher sieht es so aus, als hätten die Kinder wirklich Spaß am Sport - das ist das Wichtigste! Welcher Sport ist mir dabei eigentlich relativ egal. Es wird sich alles zeigen, sie werden ihren Weg gehen, da bin ich mir sicher.

Wenn sie - ganz unabhängig vom Sport - auch nur halbwegs so weitermachen wie bisher können Chrissy und ich mehr als Stolz auf die drei sein!

Ein kleines Easteregg löse ich zum Schluss noch auf: Wenn du gut aufgepasst hast wirst du gemerkt haben, dass der Titel eigentlich falsch ist, schließlich habe ich ja auch Mannschaftsgold bei der EM 2019 gewonnen. Der Buchtitel war aber so schon eine schwere Geburt, daher habe ich diese Medaille im Buchtitel unter den Tisch fallen lassen. Ich hatte sie im Wettkampf null auf dem Schirm, habe sie auch danach am längsten nicht realisiert und ehrlicherweise auch am „wenigsten" dafür geleistet, da es keine Konkurrenz im eigentlichen Sinne gab. Ich musste „nur" unter die besten drei deutschen Starter bei der EM kommen, da kein anderes Land überhaupt eine Mannschaft am Start hatte.

Über den Autor

In meiner Twitter-Bio steht:

3*Papa mit (hoffentlich) ausreichend gesundem Menschenverstand und (sehr sicher) grandioser Selbstüberschätzung :) 2020 Deutscher Meister #LaserRun!

Und das trifft es eigentlich ziemlich gut. „Witzig" fehlt.